Paul Delaroche

peintre du juste-milieu ?

(1797-1856)

Olivier DESHAYES

Paul Delaroche

peintre du juste-milieu ?

(1797-1856)

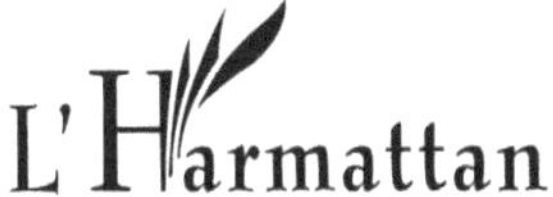

L'Harmattan

© L'Harmattan, 2016
5-7, rue de l'Ecole-Polytechnique, 75005 Paris

http://www.harmattan.fr
diffusion.harmattan@wanadoo.fr

ISBN : 978-2-343-09124-2
EAN : 9782343091242

INTRODUCTION

La tentative de porter un regard sans passion, mais non sans conviction, sur l'un des artistes les plus académiques de l'histoire de l'art du XIXe siècle est sans doute celle qui permettra d'échapper en quelque sorte à l'hégémonie des peintres sacrés et consacrés. Non que je mette en cause leurs réputations qui n'ont rien d'usurpé. Mais il est légitime de penser qu'en Paul Delaroche se fait jour la force d'une évidence longtemps ignorée : une inspiration personnelle hors du commun, une originalité picturale qui s'épanouit dans des mises en scène historiques mais aussi en elles et par elles, mises en scène dont la résolution est toujours renvoyée *sine die*. En effet, il s'agit de démontrer, chez ce génial *inventeur d'images*, ce qui constitue de véritables innovations stylistiques ; je m'attache également à mettre en lumière son *sens de l'histoire* qui reste l'une des conceptions les plus novatrices de son temps ; je rends compte de son sens aigu et décisif de l'*instant suspendu*, invention que ni Delacroix ni Ingres ne sont jamais parvenus à atteindre.

Pour ce faire, il m'a fallu replacer l'œuvre et l'artiste dans cette « continuité » des évènements artistiques et historiques qui leur étaient contemporains. Jean Clair rappelait naguère l'importance que forme ce *tissu continu* qui environne l'œuvre en un lieu et un temps uniques[1].

Dans les années 1980, Delaroche, comme d'autres artistes académiques, fit déjà l'objet d'une éphémère réhabilitation qui rendait justice à leurs talents. De grandes redécouvertes permirent ainsi d'exhumer nombre de créateurs jusque-là méconnus. Après d'intenses débats sur l'intérêt de certaines de ces exhumations et, plus généralement, sur les enjeux mêmes de ce mouvement qui apparaissaient à certains comme incongrus, tout a repris sa place dans un *statu quo*

---

[1] Jean Clair, *L'hiver de la culture*, Paris, Flammarion, 2011.

généralisé. C'est précisément à l'encontre de ce consensus que s'inscrit ce livre qui contribue à renouveler la connaissance d'un art qui parle directement au spectateur en lui racontant des histoires, souvent cruelles mais toujours sur le mode du merveilleux. Riche en termes de bénéfice et de plus-value esthétiques, l'œuvre de Delaroche est une *peinture narrative* qui sollicite cette faculté d'imagination en chacun de nous.

N.B. J'ai eu recours dans certains chapitres à des citations plus ou moins longues. Elles ne se résument pas à des procédés et n'ont pas pour dessein de suppléer artificiellement ce qui manquerait au texte. Elles ne prétendent pas non plus à l'érudition mais offrent au lecteur des fragments originaux, parfois savoureux, toujours instructifs, riches enfin de cette « couleur locale » qui confère aux propos leurs tonalités si caractéristiques.

POUR UNE RÉVISION DÉPASSIONNÉE DU XIXe SIÈCLE ?

Aussi paradoxal que cela puisse paraître, Delaroche est d'abord et avant tout victime de son *succès populaire*. J'insiste sur les deux derniers termes car je suis persuadé que leur combinaison constitue une insulte proférée à l'encontre des critiques de l'époque pour lesquels il ne peut y avoir de salut hors de leurs jugements esthétiques. Il n'est pas bon de conquérir tous les suffrages, surtout quand ceux-ci représentent un très large éventail de la population. La raison invoquée pour expliquer le divorce entre les critiques qui font autorité à chaque Salon[2] et les simples amateurs serait l'inculture de ces derniers. Cette lacune les rendrait incapables d'apprécier la création sous toutes ses formes et dans toutes ses subtilités. Tout au plus sont-ils séduits par les narrations picturales adroitement mises en scène par des artistes rompus aux ficelles de la dramaturgie. L'argument tourne court et la mauvaise foi n'est pas exempte de considérations méprisantes.

Théophile Gautier avoue un épisode de sa vie qui, s'il n'est pas glorieux, est toutefois d'une grande honnêteté rétrospective. Dans sa jeunesse, ses compagnons et lui n'hésitèrent pas à éreinter Delaroche par des propos outranciers alors même qu'ils n'avaient jamais vu aucune de ses toiles ! Ce qui comptait avant tout, selon l'auteur de *Mademoiselle de Maupin*, c'était la polémique que l'académisme

---

[2] Il s'est tenu seize Salons sous la monarchie de Juillet, de 1831 à 1847. D'après Pierre Vaisse, ce n'est pas la sévérité du jury qui est la cause du déclin de cette institution mais, entre autres raisons, sa propension à accepter un nombre trop important d'œuvres sans critères de sélection. Voir P. Vaisse, « L'esthétique XIXe siècle : de la légende aux hypothèses », in *Le débat*, n°44, Paris, Gallimard, 1987, p. 92. À titre d'exemple, le Salon en 1800 ne présentait que 542 œuvres alors que celui de 1848 en exposait plus de 5000 !

faisait naître, c'étaient les haines esthétiques que provoquait l'art de Delaroche et qu'il fallait entretenir coûte que coûte.

Quelle raison motive cette profonde aversion ? Gautier est on ne peut plus précis sur ce point : le *talent populaire*, celui-là même qui, non content d'être à la source de la réussite de l'artiste, représente ce que Gautier et son groupe abhorrent : le *romantisme bourgeois*. Racontée en 1858 dans le quotidien *L'Artiste* et reprise dans les *Portraits contemporains*[3], l'anecdote est édifiante. Elle démontre en quoi, par-delà le fanatisme juvénile fondé sur des *a priori*, la peinture académique de Delaroche et, plus généralement, celle qui tire sa force de ressorts dramatiques sont marquées du sceau infâme d'*art bourgeois*, en d'autres termes : un style factice mais qui plaît au public, une peinture prudente et sage, mais qui entraîne l'admiration de la foule. C'en est trop, non pour les hérauts du romantisme que sont Eugène Delacroix et Victor Hugo, que l'art académique est censé compromettre, mais pour leurs défenseurs. Cette erreur de jeunesse – Gautier a 47 ans lorsqu'il évoque ce récit pour la première fois – relève d'un mépris dont l'origine est avant tout idéologique. L'académisme *petit-bourgeois* opposé à la modernité supposée des romantiques, voilà l'argument massif d'une jeunesse impatiente d'en découdre avec les valeurs d'un autre âge. Plus profondément, l'ostracisme dont Delaroche est l'objet à travers cette anecdote est capital, car il jette l'opprobre sur toute une génération de peintres que l'histoire de l'art a longtemps qualifiés de médiocres. Dès lors l'équation est simple qui assimile *création bourgeoise, succès populaire, peinture narrative, facture soignée, académisme* et *art du juste-milieu*, autant de qualificatifs négatifs que l'œuvre de Paul Delaroche cristalliserait. L'artiste eut pourtant en son temps sinon le quasi-monopole, du moins une très large estime publique jamais démentie.

---

[3] Théophile Gautier, *Portraits contemporains*, deuxième édition, Paris, Charpentier et Cie Libraires-éditeurs, 1874, p. 291-292.

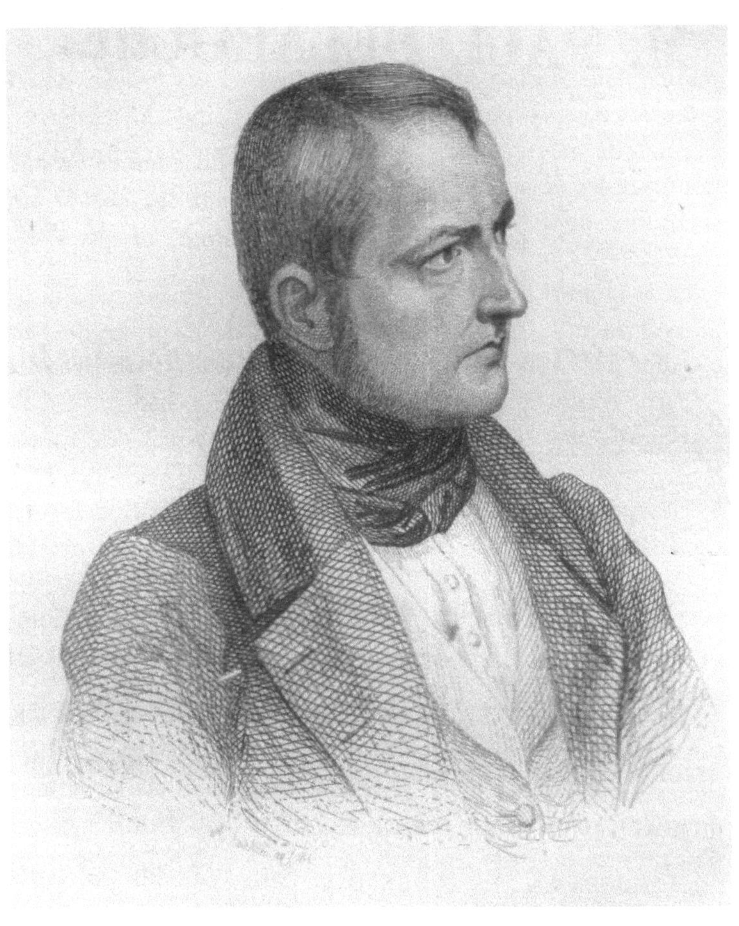

Exhumé à la faveur de la création du musée d'Orsay en 1978 et, parallèlement, d'un renouveau d'intérêt pour un ensemble d'artistes oubliés du XIXe siècle, Delaroche a bénéficié depuis plusieurs années d'un regain de faveur. Des expositions sur *La France des années 1830*, sur *L'histoire de France* à travers l'iconographie du XIXe siècle, sur *L'invention*

du passé, l'édition de monographies, l'apparition dans des revues spécialisées de très nombreux articles et débats contradictoires, parfois virulents, ont incontestablement permis de porter un nouveau regard sur Delaroche, ses condisciples et ses élèves. L'ensemble des contributions a eu le mérite de poser une question qui relevait – et relève toujours – d'un tabou qui ne cesse d'exercer son emprise dans le champ des études artistiques : déterminer ce qui est admis, ou non, dans le cercle autorisé de l'histoire de l'art. Restent à définir et à légitimer les critères à partir desquels tel artiste plutôt que tel autre sera retiré des réserves des musées pour y être exposé. Il a également permis de fonder la reconnaissance d'un art pluriel dont la compréhension ne se borne pas aux seuls romantiques. L'attention portée dorénavant à des créateurs considérés jusqu'à présent comme mineurs élargit la conception d'un XIXe siècle complexe, infiniment varié, aux codes esthétiques hétérogènes.

La résurrection dont il est question fut spectaculaire. Elle permit des confrontations de points de vue passionnantes, mais dévoila aussi leurs soubassements politiques et leurs querelles partisanes. Charles Rosen et Henri Zerner n'hésitèrent pas, par exemple, à inscrire la réhabilitation des peintres académiques, et spécialement des « pompiers », dans les courants réactionnaires qu'ils croyaient déceler à la fin des années 1980 en Europe[4]. Les larges développements qu'a connus depuis l'histoire de l'art ne permettent plus de penser cette discipline comme le font les deux critiques, grands zélateurs de la création indépendante dans les années 1980. Leur étude[5] sur l'art du XIXe siècle, pour importante qu'elle soit, n'est plus satisfaisante, pas plus que celle de

---

[4] Voir Charles Rosen, Henri Zerner, « Les limites de la révision », in *Le débat, op. cit.*, p. 189.
[5] Charles Rosen, Henri Zerner, *Romantisme et réalisme, Mythes de l'art du XIXe siècle*, Paris, Albin Michel, 1986.

Léon Rosenthal[6], leur mentor, dont il sera question plus loin. En excluant des artistes tels que Paul Delaroche, Horace Vernet, Léon Cogniet ou Ernest Meissonier, ils ne tiennent aucun compte de la pluralité des expressions produites au sein d'une même époque. Soumise à des processus de simplification et d'épuration, leur conception de l'art devient une écriture purement idéologique, consacrant quelques références artistiques emblématiques d'une histoire canonique. Rosen et Zerner ne manquent pas de dénoncer les expositions révisionnistes qui nient le clivage entre art d'avant-garde et art officiel (États-Unis en 1979 et Europe en 1981) et qui visent à démontrer le nivellement, voire l'équivalence, de créateurs de premier ordre et d'artistes de moindre importance. En ce sens, ils ont raison, mais le problème n'est pas de prouver que Manet est supérieur à Bastien-Lepage et Courbet à Bonvin. La chose est entendue. Il faut bien plutôt dresser un panorama des différentes tendances, fussent-elles faibles ou considérées comme telles aujourd'hui, s'interroger sur l'idée que l'art du XIXe siècle se faisait de la représentation tout entière et ne pas réduire cette dernière aux seuls références majeures d'une histoire de l'art officielle. Il en va de sa cohérence, de sa logique et de sa lisibilité, et, disons-le, d'une certaine justice ! Geneviève Lacambre[7] rappelle à ce propos que Thomas Couture, Théodore Rousseau, Corot, Daubigny, Millet, Courbet et Gauguin… furent également victimes de cette révision générale des valeurs esthétiques.

Il n'est certes plus temps de réveiller des procès dont l'érudition et la passion se sont emparées. Néanmoins, j'ai tendance à croire que la figure tutélaire de Léon Rosenthal, qui n'a jamais cessé de planer sur les historiens d'art, n'est

---

[6] Léon Rosenthal, *Du romantisme au réalisme, Essai sur l'évolution de la peinture en France de 1830 à 1848*, Paris, H. Laurens, 1914.
[7] G. Lacambre, *Le musée du Luxembourg en 1874*, cat. exp., Paris, Éditions des Musées Nationaux, 1974, p. 7-11.

plus d'actualité. Ma position n'est ni radicale ni iconoclaste. Si l'on s'en tient à la lecture attentive et rigoureuse de *Du romantisme au réalisme,* qui fit les beaux jours des adversaires acharnés de la peinture académique, il apparaît très clairement que l'ouvrage aujourd'hui n'est plus fiable. Comment concevoir en effet une histoire de la création fondée sur un sentiment de l'art unique, sur un goût exclusif qui rejette toute forme artistique qui ne relève pas d'une prescription exclusive, personnelle et partiale ? C'est dire que cette problématique rend les thèses de l'ouvrage suspectes.

Il est toujours utile, en revanche, de remarquer que des œuvres autrefois exclues de la politique d'achat du ministère des Beaux-Arts entre 1851 et 1874 sont devenues des œuvres phares du musée d'Orsay, alors que celles qui étaient familières et populaires aux contemporains de Louis-Philippe, après une longue période d'oubli, sont depuis les années 1970 revenues sur le devant de la scène, avec cette particularité essentielle, néanmoins, qu'elles symbolisent toujours, malgré leur apparente réhabilitation, un académisme servant souvent de faire-valoir à des créations présentées comme incontestablement modernes. On avait craint que l'exhumation des œuvres officielles jusque-là ignorées changerait du tout au tout notre perception d'une histoire de l'art garante de l'orthodoxie. Il n'en est rien. Après une période de redécouverte intense et de recherche réellement passionnante, tout se passe comme si la renaissance de la grande tradition académique était devenue quelque peu problématique du fait même de son importance. Trop encombrante, elle a été récupérée au profit d'une histoire de l'art normalisée : cruel retournement malgré des perspectives prometteuses. Forte de ses convictions, l'histoire de l'art ne renonce pas si facilement à cette ligne de partage immuable entre les chefs-d'œuvre appartenant à la culture patrimoniale universelle – images fortes devant rester dans la conscience collective – et les productions mineures, d'un intérêt insignifiant et marginal. Michel Laclotte n'affirme pas autre chose en 1987 à propos des peintures « pompiers » d'Alexandre Cabanel, William Bouguereau et Jules Lefebvre. Il les considère ni plus ni moins comme des œuvres vulgaires et réactionnaires, d'un académisme outrancier[8]. À la même époque, Rosen et Zerner tracent eux aussi une frontière infranchissable entre la bonne et la mauvaise peinture : la première relève du mouvement moderne, la seconde de l'art officiel. En ce sens, ils ne font qu'accréditer cette utopique continuité de la modernité qui, sans ruptures, irait de l'impressionnisme aux nabis en passant par Van Gogh et Cézanne. Remarquons qu'il n'existe pas beaucoup de risques à miser sur des valeurs sûres que la postérité a pérennisées, rejetant dans les remises des musées de province cette peinture officielle, pourtant contemporaine de Manet, Monet et Cézanne. En des propos cinglants, l'article du Français et de l'Américain conclut : « Dans le grand débat de l'art moderne, celui-ci ne se comprend qu'en opposition avec l'art en place à la fin du XIXe siècle, un art du luxe insolent, de l'exhibition des richesses, de la gratification. Cet art a parfois du panache et, dans ses débordements mêmes, un goût troublant de mort. Mais, même s'il nous intéresse, il reste esthétiquement incompatible avec le modernisme de l'époque[9]. » Tout est dit.

Posant les éléments du problème de manière plus équilibrée, Michel Laclotte reconnaît la juste et nécessaire révision d'artistes oubliés jusqu'au début des années 1960. Il dénonce en revanche la tendance à restaurer coûte que coûte le lustre de créateurs justement ternis par l'histoire de l'art. Cette propension est d'autant plus nécessaire qu'elle donne lieu à des résurrections qui, dans certains cas, paraissent indispensables. L'auteur souligne que ces procès en révision

---

[8] Voir « Le projet d'Orsay. Entretien avec Michel Laclotte », in *Le débat, op. cit.*, p. 12.

[9] C. Rosen, H. Zerner, « Les limites de la révision », in *Le débat, op. cit.*, p. 192.

font naître également des spéculations scientifiques douteuses, habiles en revanche à alimenter les galeries et à soutenir un marché de l'art en pleine expansion. Il est difficile, selon l'auteur, de démêler pour les artistes du XIXe siècle le bon grain de l'ivraie, tant manque une perspective historique indispensable. M. Laclotte s'interroge sur les critères d'évaluation. Pourquoi soumettre la même grille d'analyse à des artistes que deux générations séparent tels Paul Delaroche et Georges-Antoine Rochegrosse ? N'est-il pas hâtif de juger si favorablement un peintre sur ses seules esquisses, brillantes et enlevées, que l'œuvre définitive ne restitue pas ? Il appelle de ses vœux la multiplication des monographies et des expositions complètes qui permettront, par le regroupement d'œuvres séparées, de dresser un inventaire précis permettant des révisions et des réhabilitations justifiées. Depuis 1974, date à laquelle ces recommandations ont été exprimées, l'histoire de l'art a accompli cet indispensable travail avec le recul nécessaire. A-t-elle tout résolu pour autant ? Loin s'en faut.

Francis Haskell, peu de temps après M. Laclotte, publiait en 1976 *La norme et le caprice*, vaste essai d'érudition sur les divers paramètres qui jouent un rôle décisif dans *les redécouvertes en art*. L'ouvrage ne se borne pas au seul XIXe siècle mais étend l'étude sur les périodes antérieures, marquant ainsi un phénomène qui compte parmi les aspects les plus importants de la culture européenne. Ces réévaluations ne sont pas nouvelles puisqu'elles datent du XVIIIe siècle. Elles traduisent, à côté des noms d'artistes prestigieux que tout amateur éclairé se doit de vénérer, un « culte des inconnus » exprimant une certaine forme de snobisme. La *relativité de la notion du goût*, selon Haskell, est une donnée capitale des redécouvertes d'artistes oubliés. Elle est également un concept dangereux. Si elle permet de remettre en cause les valeurs conventionnelles et normées d'un goût partagé par le plus grand nombre, elle présente l'inconvénient d'aboutir à l'anarchie. En d'autres termes, si elle peut être considérée comme une conquête, permettant d'élargir les connaissances des manifestations artistiques des époques et des civilisations, elle est abusivement interprétée comme « progressiste » et ce systématiquement. Ce n'est donc pas tant l'*éclectisme* qui est visé dans l'ouvrage que son instrumentalisation. L'intérêt financier est aussi un facteur essentiel dans ces redécouvertes et ces changements de goût d'une époque. Possession et profit matériel constituent des renseignements décisifs quant à l'évolution du goût et des mentalités.

L'un des rares historiens d'art américains à se féliciter de cette vaste réhabilitation est Robert Rosenblum (1927-2006). Il explique dans un numéro du *Débat* datant de 1987 que cette situation constitue une opportunité inespérée pour la connaissance de la discipline[10]. Face au conformisme post-moderne, qui rejette toute la peinture du XIXe siècle présentant une dimension d'illustration et de réalisme illusionniste, Rosenblum propose de remettre en question une histoire dominée par quelques artistes universellement reconnus, pour plusieurs raisons : d'abord parce que le concept d'une histoire de l'art à valeurs universelles n'est plus recevable, ensuite parce que la vision internationale de l'art, la présence d'un vaste corpus artistique en et hors de France et l'intérêt de découvrir des créateurs inconnus ou négligés permettent d'élargir les dimensions esthétiques et contextuelles de la recherche, enfin, parce que l'histoire de la photographie contribue puissamment à requalifier cette peinture à l'apparence quasi réaliste. Là où peintures et photographies étaient confondues dans une même appréhension des apparences, censées reproduire le visible de façon identique, la recherche fait maintenant valoir des peintres possédant des styles propres, aussi personnels et variés que ceux des grands noms de la photographie, autant

---

[10] Robert Rosenblum, « Reconstruire la peinture du XIXe siècle », in *Le Débat, op. cit.*

de raisons qui doivent inciter les chercheurs, selon l'ex-conservateur du Guggenheim Museum, à élargir leurs bases de travail, sous peine de passer à côté de découvertes esthétiques et historiques fondamentales.

Versons au dossier un dernier élément issu de l'essai de F. Haskell. À l'opposé des conceptions les plus doctrinaires qui furent majoritaires au XIXe siècle, des collectionneurs, nobles héréditaires ou nouveaux riches, manifestèrent dès les toutes premières décennies du XIXe siècle en Europe une nouvelle conception du goût fondée sur un éclectisme éclairé et audacieux. Ce sont eux finalement qui révisèrent et anéantirent le discrédit dont fut l'objet l'art du passé totalement délaissé jusque-là. Cette mutation du goût, limitée certes, se fonde néanmoins sur une ouverture d'esprit, mais aussi sur *l'acuité du regard* et non plus sur les préjugés du temps, les valeurs artistiques dominantes ou l'investissement financier. Autrement dit, aux préférences artistiques du moment se sont opposés des amateurs de stature exceptionnelle, qui adoptèrent des politiques d'achat hors normes, comportant aussi bien des œuvres du patrimoine artistique universellement reconnues que des artistes plus confidentiels, méconnus ou discrédités. Ce furent des choix faits en toute conscience, marqués par les goûts personnels des acquéreurs et échappant, de ce fait, au conformisme ambiant.

L'historien de l'art britannique termine son essai en évoquant les polémiques qui ne manquent pas de se faire jour concernant les « redécouvertes » de peintres académiques du XIXe siècle, inacceptables pour les uns, passionnantes pour les autres, et de remarquer que ce phénomène, contemporain de la parution de son livre en 1976, est identique à celui qu'il a précisément traité dans celui-ci, phénomène d'autant plus singulier qu'il se fait jour dès le milieu du XVIIIe siècle. Compulsion de répétition d'une histoire de l'art qui n'en finit pas de ressasser les mêmes problématiques ? Assurément si l'on considère, avec F. Haskell, qu'une partie de la réponse porte sur l'idée même de la *qualité en art* et sur la *quête des valeurs* que l'histoire implique nécessairement. Problème complexe que la discipline n'a jamais résolu, trop occupée à maintenir un consensus des valeurs hiérarchisées traduisant une *stabilité* et une *permanence* dont Haskell remet en cause l'existence même. Le goût reste lié avant tout à des raisons d'ordres religieux, politique, nationaliste, économique, social et culturel. Les tensions et les conflits qui apparaissent entre ces différents paramètres modulent le goût, l'infléchissent et finissent, dans certains cas, par bousculer cette admiration universelle pour une histoire de l'art officielle.

Pour clore ce chapitre, il me faut revenir très rapidement à Rosen et Zerner. Reprenant la thèse d'Haskell, ils l'interprètent comme celle d'un « esthétisme fondamental[11] » auquel ils ne peuvent souscrire. Pour les deux associés, les évolutions du goût ne sont pas hasardeuses et les hiérarchies qu'impose l'histoire de l'art, mettant Manet avant Delaroche, Courbet avant Meissonier, « participent du même mouvement général de la critique d'art[12]. » Le révisionnisme, en peinture comme en sculpture, en littérature comme en musique, proviendrait d'une prétendue « haine de l'art moderne[13] », consciente ou inconsciente. En outre, la quête de sujets neufs amènerait les historiens à valoriser cette peinture pour en faire un sujet digne d'étude. Rosen et Zerner voient dans la réhabilitation de la peinture officielle un défi, voire une provocation face à l'esthétique dominante (Delacroix, Ingres, Degas, les impressionnistes, Cézanne, Gauguin, Seurat, les fauves, les cubistes). Enfin, ils n'ont de cesse de dénoncer la volonté affichée d'objectivité absolue, prétendant réexaminer le XIXe siècle sans préjugés. De ce

---

[11] C. Rosen, H. Zerner, *Romantisme et réalisme, op. cit.*, p. 215.
[12] *Idem*, p. 216.
[13] *Idem*, p. 225-226.

point de vue, ils n'ont pas tort. Mais aucune approche théorique, et la leur n'échappe pas à la règle, ne peut se prévaloir d'une impartialité dans le choix et le traitement d'objets d'étude issus d'un système de pensée fixé une fois pour toutes. Au-delà de ces prises de position, il reste le problème fondamental repris par les deux auteurs : « au nom de quelle esthétique faut-il réhabiliter l'art « officiel[14] » » ?

Si cette interrogation datant de 1984 est effectivement essentielle, elle me semble posée en termes peu pertinents. Les tenants et les aboutissants du problème n'y sont pas mentionnés, sinon de manière partisane. Il ne s'agit pas de réhabiliter l'art officiel en vue d'une vague satisfaction esthétique, mais bien plutôt de se demander au nom de quelle esthétique – suivant quelles valeurs – on peut échapper à l'emprise de l'histoire de l'art sans tomber sous l'accusation de détruire un système de convenances ou de saccager une politique d'images imposées, et de passer pour un trouble-fête dans le concert harmonieux des valeurs consacrées, rassurantes, immuables et constantes.

En découlent ces questions : quels sont les bénéfices de ce regain de curiosité s'il ne s'inscrit pas dans la durée ou s'il est instrumentalisé pour servir et renforcer l'autorité d'une histoire de l'art canonique ? Quelle est la plus-value scientifique d'un élargissement des conceptions artistiques du XIXe siècle s'il ne transforme pas en profondeur nos représentations ? Ces interrogations méritent d'être posées car elles sont au cœur de la réflexion que j'ai menée sur Paul Delaroche, l'un des artistes les plus importants de sa génération. Attirer l'attention sur la signification tant historique qu'esthétique de ce peintre, c'est réveiller l'enthousiasme pour un art longtemps délaissé et en favoriser l'expérience sensible, intellectuelle et spirituelle. Son œuvre peint n'est plus inconnu depuis longtemps des

---

[14] *Idem,* p. 227.

spécialistes et ses toiles ne sont plus reléguées hors des cimaises des grandes expositions. De manière conséquente, l'artiste français reste majoritairement le domaine de spécialistes anglo-saxons : Norman D. Ziff, Stephen Dufy, Stephen Bann... En l'occurrence, les ouvrages de ce dernier sont de loin les travaux récents les plus complets.

Il ne s'agit pas, dans les développements qui suivent, de réhabiliter un style officiel qui passe toujours, plus ou moins, pour réactionnaire. Là encore, il conviendrait de se demander pour quelles raisons, selon quels critères, suivant quelle idéologie. Il ne s'agit pas davantage d'établir les lois nouvelles d'une histoire de l'art célébrant une pseudo-modernité sous les oripeaux d'un académisme archaïque. Le XIXe siècle ne suscite d'ailleurs plus les controverses passionnées qu'il a fait naître à la fin des années 1980. De plus, il faut reconnaître que l'art académique n'attire pas les foules. Quant à Delaroche lui-même, il reste totalement méconnu du grand public. La constatation est d'autant plus surprenante que le grand mouvement de réhabilitation de la peinture officielle date du milieu des années 1970 et que la première thèse américaine sur Delaroche a été soutenue par Norman D. Ziff en 1974 et publiée trois ans plus tard.

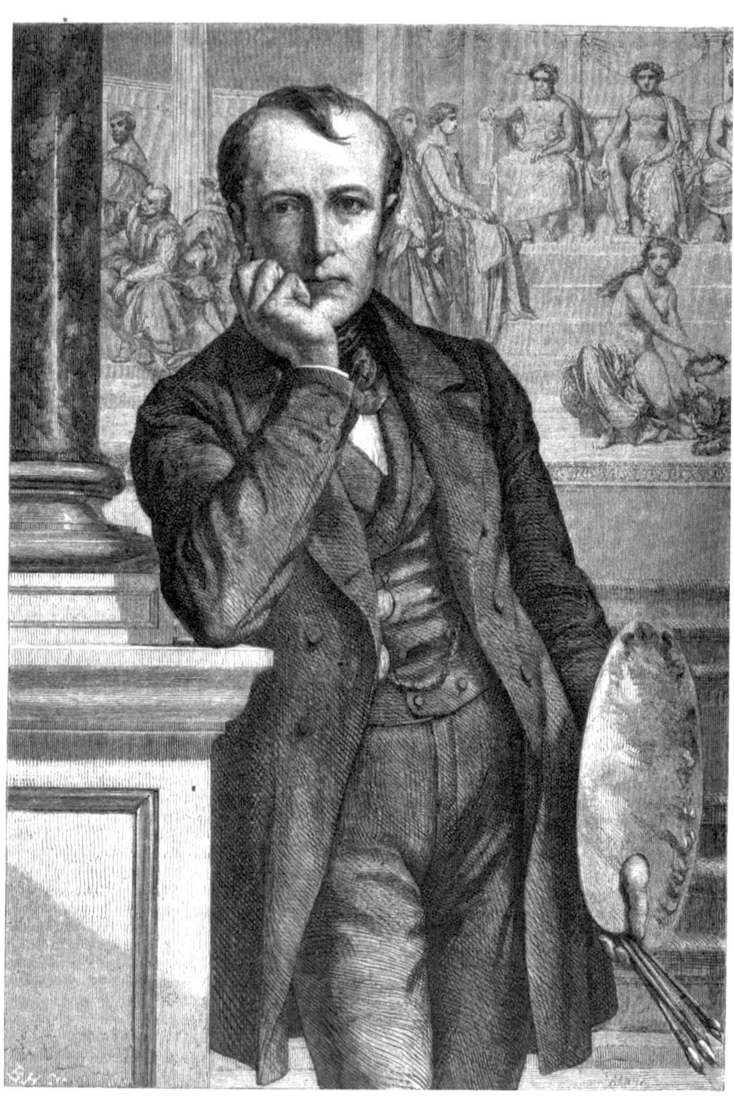

Dessin de Marc d'après un autoportrait de Paul Delaroche.
Le Magasin pittoresque, Paris, 1859, p. 116.

On reconnaît derrière l'artiste à la pose mélancolique la partie centrale de la fresque de la Salle des Prix de l'hémicycle de l'École des beaux-arts, ultime chef-d'œuvre de Delaroche.

« Deux passants en haillons échangeaient ces répliques remarquables,
grosses d'une apparente jacquerie :
- Qui nous gouverne ?
- C'est monsieur Philippe.
- Non, c'est la bourgeoisie. »

Victor Hugo, *Les Misérables*, tome 7, Quatrième partie,
Paris, Pagnerre, 1862, p. 63-64.

QUELQUES REGARDS CROISÉS SUR LA BOURGEOISIE

Pourquoi les chansonniers qualifient-ils Louis-Philipe de « Louis XIV de la bourgeoisie [15] » ? Que recouvre la terminologie de « bourgeois » sous la monarchie de Juillet ? Et qu'est-ce au juste que la bourgeoisie dans la France du XIXe siècle ? Peut-on précisément définir cette catégorie sociale qui semble attachée à Delaroche, à l'œuvre comme à l'artiste ? Le pouvoir s'est toujours préoccupé d'utiliser les images pour servir sa cause, et les bourgeoisies que Louis-Philippe promeut aux sommets de l'exécutif ne font pas exception. Les images traduisent une relation d'appartenance et constituent une nouvelle économie visuelle en particulier dans les portraits du XIXe siècle. Attitude, maintien, regard, attributs, fond neutre ou accessoirisé, tout donne à lire une identité commune et néanmoins personnalisée. L'art de Delaroche est intimement lié à l'expression de la haute bourgeoise et à celle de l'État, qui sont majoritairement ses clients. Il tire de cette relation des bénéfices importants et une renommée renforcée. Sa célébrité en France et la notoriété de ses œuvres de son vivant en Europe, il les doit

---

[15] Boutade du chansonnier français Béranger (1780-1857).

aussi aux princes, aux banquiers et aux industriels. Collectionneurs et grands amateurs d'art, ses mécènes, souvent très proches du pouvoir, jouent un rôle essentiel en lui commandant des œuvres, en lui achetant régulièrement des toiles, en lui permettant d'exposer, enfin en le présentant à d'autres amateurs susceptibles de lui passer commande... On comprend dès lors que les relations complexes qui lient l'artiste au pouvoir ne sont pas univoques, que chacune des deux parties a tout à gagner dans cette collaboration privilégiée. La bourgeoisie a su trouver en Delaroche l'un des artistes pouvant le mieux répondre à ses attentes. D'ici à en faire un artiste bourgeois, il n'y a qu'un pas que les détracteurs du peintre n'ont pas hésité à franchir.

Maurice Block, dans son *Dictionnaire général de la politique* (1863), associe assez logiquement la bourgeoisie au Tiers État. Il peint une société où le milieu populaire s'est élevé jusqu'à pouvoir jouir de droits politiques et où les différentes classes sociales ne forment plus qu'une seule et même nation. Cette vision certes idéalisée a toutefois le mérite de concevoir l'émergence de la bourgeoisie comme un fait social et politique. Pour Block, elle serait une catégorie poreuse, entretenant des relations étroites aussi bien avec la noblesse qu'avec le prolétariat. Et l'auteur de constater que dans une société où les mouvements d'argent sont importants, où les fortunes se font et se défont avec une vitesse fulgurante, il est fréquent que le passage d'une couche à l'autre se produise avec une confondante facilité. Enfin il caractérise les qualités de la bourgeoisie telles que la conduite raisonnable des affaires, le goût de l'indépendance et le besoin de contrôler le gouvernement. Il résume a contrario ses défauts en quatre points : un trop grand attachement à ses profits particuliers, une timidité à conduire des réformes, une habileté à pratiquer de petits calculs plutôt que d'imaginer de grands desseins, enfin une manière de concevoir la politique au jour le jour, sans perspective à long terme.

Figure du mouvement républicain, Eugène Duclerc (1812-1888), qui participe à la même époque que Block à la rédaction collective d'une *Encyclopédie du langage et de la science politiques*, fait également de la bourgeoisie l'alter ego du Tiers État jusqu'en 1789. Elle s'en distingue toutefois après cette date, devenant une puissance politique et sociale à part entière. Autonome, elle est indépendante du pouvoir qu'elle convoite par la détention de la richesse, des instruments de travail et du crédit. Elle fait la loi et la fait appliquer ; ses membres composent en effet la représentation nationale. Sa supériorité au sein des assemblées en est une preuve tangible. Triomphe de la classe moyenne, la bourgeoisie devient une nouvelle aristocratie dédaigneuse du prolétariat. Dressant un bilan après douze années de recul – l'article de l'*Encyclopédie* date de 1860 –, l'auteur est lui aussi très critique sur la politique qu'elle a menée durant le régime orléaniste et surtout sur l'absence de progrès que l'on pouvait attendre d'une civilisation nouvelle. Il partage avec M. Block l'idée selon laquelle elle était à même de symboliser l'espoir de changements politiques et d'avancées sociales. Il n'en a rien été. Il déplore l'« absence, tout à la fois, et de biens matériels et de moralité, et d'instruction intellectuelle ; point de liberté générale, mais des libertés individuelles sans frein et oppressives ; la ruse, la bassesse et la violence sont le caractère dominant de notre état social[16]. ».

Les observateurs perspicaces de l'époque ne manquent jamais de souligner que la bourgeoisie louis-philipparde est toujours associée au développement et à la défense de ses avantages particuliers. Le très conservateur Alexis de Tocqueville, membre de l'Assemblée constituante, y fait nettement référence dans un discours prononcé le 27 janvier 1848 devant l'Assemblée nationale. Il y déplore la pénétration dangereuse de cet égoïsme qui corrompt la vie

---

[16] *Dictionnaire politique : encyclopédie du langage et de la science politiques*, 6ᵉ édition, Paris, Pagnerre, 1860, p. 166.

publique comme la sphère privée et s'infiltre dans toutes les strates de la société : « Ce que j'y vois, messieurs, je puis l'exprimer par un mot : les mœurs publiques s'y altèrent, elles y sont déjà profondément altérées ; elles s'y altèrent de plus en plus tous les jours ; de plus en plus aux opinions, aux sentiments, aux idées communes, succèdent des intérêts particuliers, des visées particulières, des points de vue empruntés à la vie et à l'intérêt privé. [...] C'est parce que l'intérêt a remplacé dans la vie publique les sentiments désintéressés, que l'intérêt fait la loi dans la vie privée[17]. »

Ce faisant, la bourgeoisie domine une politique qui ne peut mettre en place ni accélérer les réformes sociales nécessaires à son évolution. Selon Louis Blanc, banquiers, marchands, industriels, rentiers, propriétaires sont toujours prompts à s'alarmer du moindre signe lié à l'imprévu, synonyme d'instabilité, de désordre, voire de banqueroute. Avec l'avènement de Louis-Philippe en 1830, la bourgeoisie triomphe[18]. Pour être plus précis, elle triomphe *partout*. Elle conquiert en effet les beaux-arts et les arts appliqués, créant un *style Louis-Philippe* à son image. Particulièrement manifeste dans le mobilier français, ledit style se situe dans le prolongement du style Restauration. Il montre des formes

---

[17] Alexis de Tocqueville, *Discours du 27 janvier 1848*, Assemblée nationale. Source : site en ligne de l'Assemblée nationale : www2.assemblee-nationale.fr

[18] Munro Price, *Louis-Philippe. Le prince et le roi. La France et deux révolutions*, 2007, Paris, Édition de Fallois, 2009 pour la traduction française. L'ouvrage retrace la personnalité de Louis-Philippe du début de son règne en 1830 jusqu'à son abdication le 24 février 1848. Il analyse le rôle essentiel joué par sa sœur Adélaïde, princesse d'Orléans, dans la politique du royaume. Cette entente et cette proximité entre le frère et la sœur firent d'Adelaïde une femme d'influence que Louis-Philippe consultait sur toutes les questions importantes. Celle-ci, comme Louis-Philippe et ses deux autres frères, furent élevés par Mme de Genlis et partagèrent son infortune durant la Révolution de 1789. Ils durent s'exiler à l'étranger durant une dizaine d'années avant de pouvoir revenir en France sous l'Empire.

cossues, solides et confortables au détriment d'une réelle innovation esthétique. Se présentant sous des apparences formelles simplifiées, ornés de motifs réduits, plaqués des mêmes essences de bois, les meubles, à défaut d'originalité, deviennent pratiques. Ils affichent néanmoins l'aisance de leurs propriétaires. La bourgeoisie ne saurait se passer d'un marqueur social, y compris dans la sphère privée.

Dans le domaine public, le caractère parlementaire de cette nouvelle gouvernance donne à la bourgeoisie une importance qu'elle n'avait jamais eue auparavant. La Charte de 1830, dite « modifiée[19] », renforce le rôle des assemblées législatives et restreint les prérogatives du roi. Si l'équilibre des pouvoirs se révèle difficile, il apparaît néanmoins que le jeu des institutions reste aux mains de la seule bourgeoisie aisée, ne permettant pas au peuple d'accéder aux affaires.

Principalement incarnée par Casimir Perier (1777-1832) puis par François Guizot (1787-1874), le duc de Broglie (1785-1870), Mathieu Molé (1781-1855), Adolphe Thiers (1797-1877) et Charles de Rémusat (1797-1875), la bourgeoisie au pouvoir est considérée comme peu scrupuleuse, jouissant de ses succès mais totalement dépourvue de grandeur et d'audace. Pour les publicistes d'opposition, Guizot développe en chaque Français un individualisme qui finit par régner partout, aussi bien dans les affaires matérielles que dans la sphère morale. Personne n'est épargné : démocrates, nobles, gens du peuple, lettrés, artistes... Bien plus, cette tendance au *Moi* incarnée par la bourgeoisie fragilise la société tout entière. Elle la modifie sous l'effet de la fragmentation et par l'omniprésence de l'argent, principe corrupteur et ferment de l'individualisme.

---

[19] La charte modifiée tire son origine de celle octroyée le 4 juin 1814 par Louis XVIII. Préférée au terme de constitution, elle restaure les droits de la monarchie tout en intégrant un certain nombre de conquêtes de la Révolution, telles que la liberté de la presse, de la religion et de l'opinion.

Qui ne se souvient du mémorable « Enrichissez-vous ! » prononcé par Guizot à la tribune de la Chambre des députés ? Mais qui se rappelle son véritable sens ? « Il y a eu un temps glorieux parmi nous, où la conquête des droits sociaux et politiques a été la grande affaire de la Nation […]. Cette affaire-là est faite, la conquête est accomplie ; passons à d'autres. […] À présent, usez de ces droits ; fondez votre gouvernement, affermissez vos institutions, éclairez-vous, enrichissez-vous, améliorez la condition morale et matérielle de la France ; voilà les vraies innovations, voilà ce qui donnera satisfaction à cette ardeur de mouvement, à ce besoin de progrès qui caractérise cette nation[20] ».

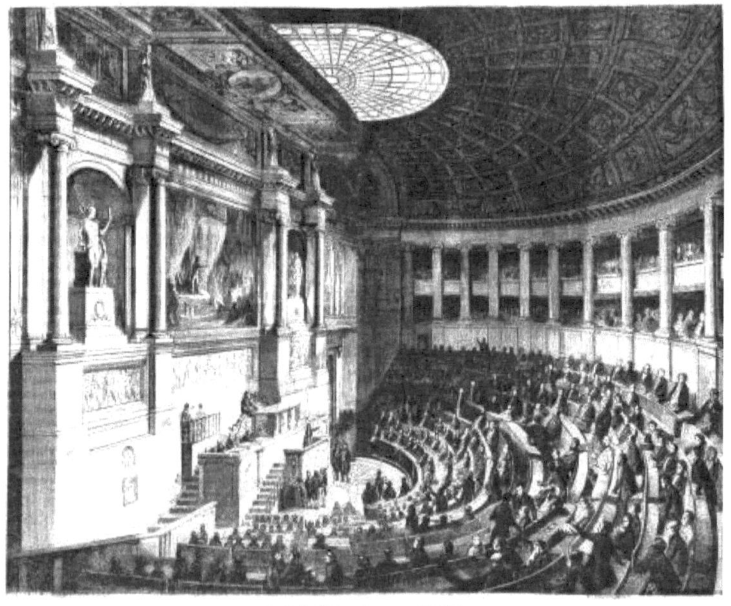

Chambre des députés sous le gouvernement de Juillet.
Edmond Texier, *Tableaux de Paris*, tome I, Paris,
Paulin et Le Chevalier, 1852, p. 377.

---

[20] *Histoire des droites*, tome II, sous la direction de Jean-François Sirinelli, Paris, Gallimard, coll. « Tel », 2015 pour l'édition numérique, n. p.

Le discours méritait d'être rapporté ici dans une extension plus large de l'exhortation passée à la postérité. Extraite de son environnement politique, économique et moral, celle-ci donne à penser que l'acquisition et l'accroissement de la fortune personnelle constituent les seuls objectifs de la bourgeoisie. L'intervention de Guizot se résumerait ainsi à un vulgaire hommage rendu aux avantages exclusivement matériels. Il n'en est rien. Elle s'inscrit au contraire dans une dynamique de croissance économique dont le travail et l'épargne sont les principaux ressorts. Droits politiques et sociaux y sont logiquement soumis. Le conservatisme libéral de Guizot est tout entier dans l'expression de cette nouvelle économie qui exclut les réformes politiques tenues pour déstabilisatrices, néanmoins espérées par l'opposition.

Plus modéré et plus proche politiquement de son souverain que ne l'est Thiers, François Guizot[21] reconnaît à Louis-Philippe des ambitions pour rétablir une France enfin réconciliée avec elle-même. Ordre au-dedans et apaisement avec les puissances européennes au-dehors, tel est le double vœu d'un roi soucieux d'instaurer et de maintenir une politique de paix. S'il n'apprécie pas de prendre des résolutions rapides et soudaines dictées par les évènements, il tente, d'après Guizot, d'apparaître toujours déterminé par la nécessité. Semblant trop prolixe sur toutes sortes de sujets, paraissant s'attacher à des détails et se mêler de tout, Louis-Philippe est perçu comme omniprésent dans les affaires du royaume et de l'opposition parlementaire. Tel n'est pas le cas, selon son ministre, qui remarque néanmoins qu'il apprécie peu de voir le succès de sa politique attribué à d'autres. Toutefois, il en dresse un bilan très favorable :

« Je l'ai dit ailleurs et je le redis ici : au milieu de cette recrudescence révolutionnaire et de ces effervescences

---

21 F. Guizot, *Mémoires [...]*, *op. cit.*, t. 2, 1859, p. 258-259.

chimériques, ce sera la gloire du roi Louis-Philippe d'avoir compris et pratiqué une politique sensée, mesurée, patiente, régulière, pacifique. On en attribue souvent tout le mérite à sa prudence et à un habile calcul d'intérêt personnel. On se trompe : quand on a fait la part, même large, de l'intérêt et de la prudence, on n'a pas tout expliqué ni tout dit[22]. »

La politique sans excès dont Guizot honore son roi, et qu'il n'aura de cesse d'appliquer durant ses différents ministères, relève d'une gestion de bon père de famille, celle des « honnêtes bourgeois » appartenant au juste-milieu. Il en attribue la raison majeure à son sens élevé de la paix, qui lui confère une certaine grandeur.

---

[22] F. Guizot, *Mémoires [...], op. cit.*, t. 2, 1859, p. 258.

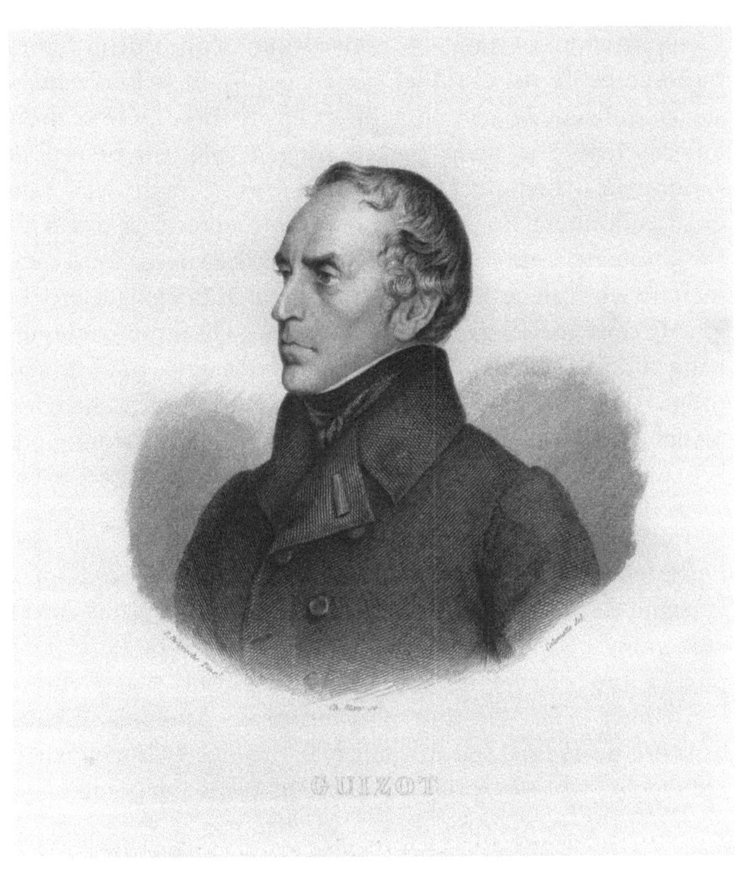

Portrait de François Guizot.
Gravure de Luigi Calamatta d'après Paul Delaroche,
publiée par L.-A. Pagnerre.

Luigi Calamatta grave en 1838 le portrait de François Guizot d'après l'huile sur toile que Delaroche peint en 1837 et qu'il signe deux ans plus tard. La toile est actuellement exposée à la Ny Carlsberg Glyptotek de Copenhague. (Il en existe à Versailles une copie légèrement réduite due au pinceau de Jehan Georges Vibert (1840-1902), plus connu pour ses peintures de genre anecdotique.)

Delaroche a suivi la convention d'une demi-figure, représentée de profil tel un camée, appuyant le bras gauche sur ce qui semble être un support en marbre. Le bras droit, lui, est replié, la main passée sous le gilet au niveau de l'abdomen. La pose n'est pas sans rappeler celle qu'affectionnent les artistes pour représenter Napoléon Ier. La silhouette sombre de Guizot se détache sur un fond clair, mettant en valeur la concentration du modèle. Delaroche joue la carte de la sobriété qui convient à l'homme politique : habit noir, seulement relevé par la discrète boutonnière rouge de la Légion d'honneur, l'extrémité des manches blanches et les deux anneaux en or qu'il porte aux doigts de la main gauche.

Comparé au portrait, peint huit ans plus tôt par Delaroche du comte de Pastoret[23], qui arbore fièrement l'insigne de l'Ordre du Saint-Esprit, la croix de Saint-André et la grand-croix de la Légion d'honneur, celui de Guizot est plus sobre. Avec des moyens plastiques plus réduits, l'ensemble n'en est que plus efficace. Après la facture brillante de *Pastoret* qui magnifiait le prestige et la puissance, Delaroche choisit pour *Guizot* un style dépouillé qui caractérise l'état d'esprit de son modèle : droit, déterminé et pondéré. Il faut dire que le peintre le connaît bien. Les relations amicales qu'entretiennent les deux hommes attestent de cette perméabilité entre le politique et l'artistique dont il a été question précédemment. L'effigie de Guizot reste l'un des sommets de l'art du portrait du XIXe siècle et peut-être de toute l'histoire de l'art.

À la différence de Delaroche, Calamatta ne grave que le visage, le col et la naissance des épaules. Il concentre ainsi

---

[23] Paul Delaroche, *Portrait du comte de Pastoret*, 1829, huile sur toile, 155,3 x 122,6 cm, Boston, Museum of Fine Arts. Le comte appréciait particulièrement son portrait peint par Delaroche. Dans une lettre du 30 janvier 1839 adressée à l'artiste, il le remercie pour l'image flatteuse qu'il laisse à la postérité et pour la célébrité qu'il lui doit.

toute l'attention sur l'expression du faciès dont les traits en imposent par leur austérité. Le graveur rend avec subtilité le caractère inflexible de l'intellectuel issu de la haute bourgeoisie. Les gravures de Calamatta permettront une large diffusion du portait de Guizot sur le marché de l'art[24], bien au-delà de son exil en 1848 au moment de la chute du roi.

Guizot incarne, et incarnera toujours, ce nouveau régime caractérisé par une domination politique et morale. Dans l'imaginaire populaire, il ne cesse d'être le représentant de cette bourgeoisie égoïste et outrecuidante. Tribun exceptionnel, ce protestant est convaincu que les classes moyennes ne méritent pas les allégations et les propos diffamatoires qui les tournent en dérision. Dans ses *Mémoires pour servir à l'histoire de [s]on temps*[25] il prend la défense de la bourgeoisie qu'il considère comme injustement bafouée. Mieux, il l'analyse comme étant l'une des catégories les plus ouvertes de la société française, celle où le travail, le mérite et les capacités de chaque citoyen peuvent légitimement trouver leur place.

Le *Journal des Débats*, quotidien ouvertement conservateur, n'affirmc pas autre chose lorsqu'il proclame dans ses colonnes en 1847 le caractère ouvert et poreux de la bourgeoisie, non sans l'avoir revêtue de rigoureuses vertus : « La bourgeoisie n'est pas une classe, c'est une position ; on acquiert cette position, on la perd. Le travail, l'économie, la capacité la donnent ; le vice, la dissipation, l'oisiveté la font perdre. La bourgeoisie est si peu une classe, que les portes en sont ouvertes à tout le monde, pour sortir comme pour rentrer. Rien ne détermine ses limites […] ; personne ne peut dire précisément où la bourgeoisie commence, où elle

---

[24] Les gravures d'Adolphe-Pierre Riffaut également.
[25] F. Guizot, *Mémoires pour servir à l'histoire de mon temps*, tome 6, Paris, Michel Lévy frères, 1864, p. 348-349.

finit[26]. » Il s'agit bien de défendre l'idée que la bourgeoisie n'est pas l'ennemie des milieux populaires, qu'elle n'est pas non plus un privilège et ne saurait être confondue avec la noblesse ou la féodalité. Elle se mérite et se gagne à force de volonté, de courage, d'opiniâtreté et de vertu[27].

Journal des Débats politiques et littéraires.
1er septembre 1835.

---

[26] *Journal des Débats politiques et littéraires*, vendredi 17 décembre 1847, 1ère page, 3e colonne.

[27] On trouve l'écho de cette vision jusque dans le domaine théâtral. La Comédie-Française donne le 15 mai 1831, salle Richelieu, une comédie en 3 actes en prose intitulée *Naissance, fortune et mérite*. Pièce à succès de Casimir Bonjour, elle sera jouée vingt-quatre fois.

Louis-François Bertin, fondateur du *Journal des Débats*, est immortalisé en 1832 par Ingres dans un célèbre portrait[28] qui frappe par l'intensité du modèle.

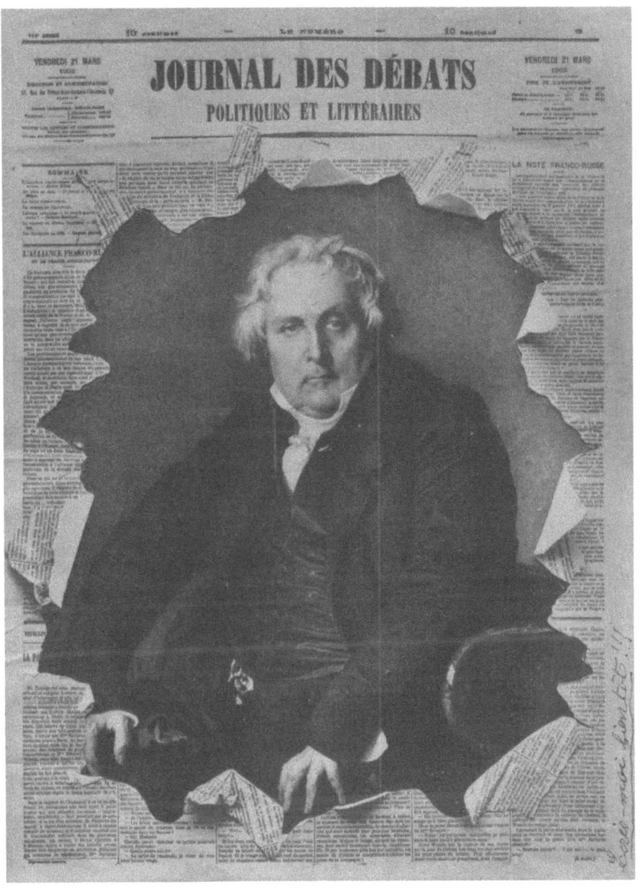

Carte postale – montage
du *Journal des Débats* et du portrait de Bertin par Ingres.
21 mars 1902 - 11,7 x 8 cm

---

[28] Jean-Auguste-Dominique Ingres (1780-1867), *Louis-François Bertin*, 1832, huile sur toile, 1,16 m x 0,95 m, Paris, musée du Louvre.

Il le représente revêtu d'un habit noir, assis dans un fauteuil de bureau, les deux mains fermement posées sur les genoux dans une pose pour le moins inhabituelle. Ingres confère à cet homme au corps trapu, d'une soixantaine d'années, fixant le spectateur avec l'assurance d'un homme placide et sûr de lui, une pointe d'arrogance. La posture non conventionnelle de Bertin, que d'aucuns ont trouvée vulgaire, n'a échappé ni à Édouard Manet, qui voit dans le patron de presse autoritaire « le bouddha de la bourgeoisie, repue, cossue, triomphante », ni aux Goncourt qui le qualifient de « Jupiter-Prudhomme[29] ». Soutien du régime de Juillet, Bertin fait du *Journal des Débats* une tribune tout entière acquise aux idées de cette génération nouvelle formée par la pratique des affaires. En 1845, le journal compte 10 000 lecteurs pour lesquels la souveraineté nationale ne semble guère mise en danger par une bourgeoisie que l'opposition veut rendre odieuse au peuple.

En croisant le tableau d'Ingres et les propos d'Hippolyte Castille (1820-1886) relatifs au *Journal des Débats*, la critique se fait personnification et vise directement son fondateur. Qu'on en juge : « Sortez le *Journal des Débats* de ce milieu, de cette moyenne région des sphères éclectiques, il redevient, de simple bourgeois qu'il est au fond, l'individu d'encolure épaisse, mesquin d'allure, de sentiments et de pensées, doué de cet esprit qui consiste à tirer à soi, à pêcher en eau trouble, à grogner avec le peuple contre les grands, avec les grands contre le peuple ; parlant sans cesse de l'ordre et de la propriété, suscitant sans cesse le désordre pour accroître sa prospérité ; conservateur quand il possède, révolutionnaire

---

[29] Edmond et Jules de Goncourt, *Journal des Goncourt*, deuxième volume (1862-1865), *Mémoires de la vie littéraire*, Paris, G. Charpentier, 1888, 15 mars 1864.

quand il ne possède pas ; [...] utile quelquefois et par hasard au mouvement général, invariablement utile à lui-même[30]. »

Edgar Quinet (1803-1875) dresse le bilan[31] des actions de cette bourgeoisie en laquelle il avait fondé une grande partie de ses espoirs. Il analyse ainsi le rôle pédagogique dont elle aurait dû s'honorer pour éduquer un peuple qui n'aspirait qu'à la démocratie. En vain. La déconvenue est réelle chez l'historien français, qui comptait sur l'enseignement des masses pour régénérer la société.

Victor Hugo[32] met également en lumière le rôle majeur que joua la bourgeoisie dans cette révolution de Juillet qui n'alla pas jusqu'à son terme. Il la rend lui aussi directement responsable de cet avortement qui place au sommet du pouvoir un monarque consensuel. Incarnant paradoxalement les désirs de réformes et de stabilité, le roi des Français ne peut que décevoir. Les uns ne trouvent pas en lui le grand réformateur qu'ils attendent ; les autres vivent dans la crainte de voir leur souverain engager des modifications qui risquent de remettre en cause la conduite de leurs affaires.

Théophile Gautier n'est pas plus complaisant vis-à-vis de la bourgeoisie dont il brosse un portrait à charge tout au long de ses *Portraits contemporains*. Il critique avec humour son représentant type : homme à l'esprit étroit, ne possédant ni poésie ni style, simulant un grand enthousiasme pour la

---

³⁰ Hippolyte Castille, *op. cit.*, p. 131-132. Pour des satires pleines de verves sur Bertin et le *Journal des Débats*, voir Auguste Marseille Barthélemy, *Némésis*, *op. cit.*, p. 103-104, p. 184 et p. 206. Pour un aperçu limité mais significatif du journal d'opposition *La Tribune*, cf. Auguste Fabre, *La Révolution de 1830 et le véritable parti républicain*, tome 1, Paris, Thoisnier-Desplaces Libraire, 1833.
³¹ Edgar Quinet, « *Avertissement au pays* » (25 décembre 1840), in *Œuvres complètes*, Paris, Pagnerre, 1858.
³² Victor Hugo, *Les Misérables*, *op. cit.*, t.7, p. 21-23.

musique – qui l'ennuie profondément – et débitant un flot de lieux communs.

Quant à Henri Heine, il raille « tous [c]es notables de l'honnête médiocrité » que « l'outrecuidance [...] ridicule et la nullité complète » caractérisent : « nobles chevaliers de l'argent, [...] barons de l'industrie, [...] élus de la propriété, [...] enthousiastes de la possession paisible. » Et de dénoncer le règne de la classe moyenne que Louis-Philippe représente, sinon de droit, du moins de fait[33]. Enfin, le roi fait selon lui une grave erreur en plaçant tous ses espoirs dans la Chambre, supposée représenter la France dans toutes ses composantes. Or il suffirait que l'impopularité du roi augmente pour que cette même chambre, pourtant dominée par une bourgeoisie comblée de faveurs, ne lui fasse défaut et l'abandonne à son sort. De toute évidence, Heine voit juste. En 1841, soit sept ans avant la destitution du monarque, il prédit la fin du régime parlementaire corrompu et anticipe l'émergence du communisme : le *Manifeste du parti communiste* sera publié à Londres en janvier 1848, un mois avant la chute de la monarchie de Juillet.

La bourgeoisie décriée trouve toutefois des défenseurs qui analysent avec un recul critique ses implications dans la société, tel Charles de Rémusat[34] qui voit en elle les deux faces du caractère national : prudent et hardi, soumis et indépendant. Rémusat analyse ce qu'il considère comme l'une des particularités majeures d'un hypothétique tempérament français : ici la généralisation, là le déterminisme social, dans les deux cas, la force de l'évidence ! Ils représentent de fait les deux extrémités d'une vue globale et réductrice. Or, ces raccourcis ne sont pas

---

[33] Henri Heine, *Lutèce*, nouvelle édition, Paris, Michel Lévy frères, 1861, respectivement, p. 32, p. X, p. 25, p. 134-135 et p. 298-299.
[34] Charles de Rémusat, *Politique libérale ou Fragments pour servir à la défense de la Révolution française*, Paris, Michel Lévy, 1860, p. 8-9.

convaincants pour définir ce que les sociologues et les historiens nomment aujourd'hui la « couche intermédiaire ».

Ce que l'on désigne par le terme de bourgeoisie révèle en outre une complexité structurelle ; les éléments qui la composent relèvent d'une extrême variété. Sa diversité, son large spectre patrimonial, la pluralité de ses origines, l'enchevêtrement de sa hiérarchie en font l'un des groupes sociaux les plus difficiles à définir. Or, de nouveaux « marqueurs » économiques, scientifiques, sociaux et culturels ont enrichi notre compréhension de la bourgeoisie.

À la fin des années 1950, Charles Morazé situe précisément l'apogée de la bourgeoisie dans la structure économique de l'Europe du XIXe siècle. Son essor s'est fondé sur la curiosité et le goût du neuf, de l'audace et de l'avidité que permet le progrès du commerce et des sciences. Triomphant des monarchies conservatrices, les bourgeoisies élaborent des systèmes bancaires performants, imposent la liberté d'entreprise et, par là même, leurs ambitions politiques dans l'administration des biens publics. Sous Louis-Philipe, c'est un capitalisme naissant qui cohabite avec le pouvoir politique ; sous Napoléon III, c'est un capitalisme arrogant qui s'arrogera les pouvoirs commercial, financier et industriel. Rien, selon l'auteur, ne semble arrêter ces bourgeoisies conquérantes, avides de dominer le monde.

Morazé se défie de la vision globale d'une société qui résumerait à elle seule les changements qui s'opèrent en Europe. Il identifie des sociétés contrastées où coexistent les éléments d'une modernité en marche et des structures dont les modalités relèvent de l'Ancien Régime, voire de la féodalité. Toutefois, ce qui émerge dans cette Europe en pleine mutation, c'est l'extraordinaire montée en puissance de l'industrie et du commerce due à l'essor du crédit. La naissance des grandes familles au XIXe siècle est le fruit de l'abandon de l'agriculture au profit d'une économie reposant sur les puissances bancaires et financières, ce que Heine en 1841 traduit par une formule cinglante : « l'argent est le Dieu de notre époque et Rothschild est son prophète[35]. » En France, pouvoir politique et pouvoir financier sont intimement liés. La bourgeoisie – aristocratie dirigeante – veille scrupuleusement à ne pas maintenir de séparation entre autorité politique et autorité économique. Mieux, elle les contrôle toutes les deux.

Mais entre un petit boutiquier des quais de Seine et un grand banquier, il existe de telles différences qu'il est difficile de concevoir que tous deux sont les représentants d'une seule et même catégorie. C'est la raison pour laquelle les historiens contemporains parlent plus volontiers *des bourgeoisies*. Ils font ainsi valoir non plus une classe *sociale*, trop connotée par l'idéologie marxiste, mais une classe *mitoyenne*, traduisant un ensemble très peu homogène. S'inscrivant entre les milieux populaires et la vieille noblesse, la « couche intermédiaire » est un ensemble large et complexe. Ses membres ont des vues parfois diamétralement opposées et ses divergences sont quelquefois manifestes. Les aléas de la conjoncture économique et politique modèlent différemment les opinions d'un groupe pluriel. Et plutôt qu'une « *conscience de classe* », l'historien moderne préfère caractériser la bourgeoisie par la conscience de sa singularité, voire de son altérité.

En conséquence, la bourgeoisie ne se réduit pas aux jugements de valeurs que les connotations péjoratives associent toujours au pouvoir de l'argent. Il n'est pas difficile de trouver ces préjugés dans les critiques de l'époque. En 1842, Heine joint sa voix au concert général des partis pris. Il y a du Daumier dans la description qu'il fait de la possession paisible alliée à la souveraine désinvolture du libéralisme :

---

[35] Henri Heine, *Lutèce, op. cit.*, p. 183.

« Ici règne actuellement le plus grand calme. Une paix de lassitude, de somnolence et de bâillements d'ennui. Tout est silencieux comme dans une nuit d'hiver enveloppée de neige. Rien qu'un petit bruit mystérieux et monotone, comme des gouttes qui tombent. Ce sont les rentes des capitaux, tombant sans cesse, goutte à goutte, dans les coffres-forts des capitalistes, et les faisant presque déborder ; on entend distinctement la crue continuelle des richesses des riches. De temps en temps il se mêle à ce sourd clapotement quelque sanglot poussé à voix basse, le sanglot de l'indigence[36]. »

Heine ne fait aucune concession à cette France insolente qu'il connaît parfaitement et où il vit exilé depuis le printemps 1831. Il assiste aux métamorphoses économiques, prémices du capitalisme et bouleversements de la société. C'est la bourgeoisie détentrice des capitaux, possédant un vaste réseau d'intérêts, qui est ici dénoncée. Et ce sont l'enrichissement par le travail et l'exploitation des milieux populaires dont il est question en filigrane. Du reste, les sympathies de Heine pour les thèses de Karl Marx, qu'il rencontre à Paris en 1843-44 et avec qui il se lie d'amitié, sont notoires. Il n'est donc pas étonnant que le poète allemand dénonce l'archétype de la très haute bourgeoisie, celle de la banque et du crédit. Cible facile à tourner en dérision, elle se prête à la parodie. Au-delà de la caricature, Heine ouvre la voie d'une idéologie qui place la question de la révolution politique et démocratique au cœur de l'avenir de la nation, et de l'Europe entière.

Thiers est, avec Guizot, l'autre grande figure de la monarchie de Juillet. Contrairement à Guizot svelte et élancé, Thiers est desservi par son physique. De petite taille – il mesure 1,55 m –, son accent marseillais prononcé est faussé par une voix aigrelette qui le dessert incontestablement. Mais ce handicap n'est toutefois pas rédhibitoire. Car Thiers est

---

[36] Henri Heine, *Lutèce, op. cit.*, p. 289.

un remarquable orateur, reconnu par tous, y compris par ses ennemis politiques. Les différents portraits peints ou gravés traduisent bien plus intensément la très forte personnalité de l'homme politique que les très nombreuses photographies prises sous le Second Empire par Nadar ou Baschet.

La mémoire collective a définitivement retenu le portrait de Léon Bonnat (1876) plutôt que celui de Paul Delaroche (1855). Le *Thiers* de Delaroche est le dernier portrait qu'il ait peint. L'exécution du tableau prit un temps considérable : commencé en 1837, il ne fut achevé qu'un an avant la mort du peintre. La comparaison entre le *Thiers* de Delaroche et le *Guizot* du même artiste en dit long sur la différence de conception esthétique. Delaroche a doté Guizot d'une droiture et d'une opiniâtreté qui transparaissent dans le traitement sobre du sujet. En outre, le portrait semble dire que sa remarquable carrière politique, il ne la doit qu'à lui-même, à sa capacité de travail, à sa réflexion, enfin à sa détermination sans faille pour aboutir à des équilibres du juste-milieu. Rien de tout cela n'est suggéré dans le portrait de Thiers. Son apparence est certes celle d'un personnage public important mais rien, dans ce portrait, ne laisse deviner son avenir, celui du futur président de la République française (1871). L'œil n'est ni vif ni spirituel, l'expression n'est nullement digne, mais la physionomie dénote une très longue expérience de la vie politique, une finesse des intrigues et une intelligence des combinaisons. Ici, le compromis rime avec la compromission, la posture avec l'imposture. Thiers, après avoir loué le roi au tout début de la monarchie de Juillet, s'est très rapidement retourné contre lui, devenant l'un de ses plus farouches opposants. Si les deux hommes se connaissent, ils ne s'apprécient pas et s'opposent sur la conception de la gouvernance : Thiers rejette toute idée d'ingérence de Louis-Philippe dans les affaires parlementaires.

Les portraits de Delaroche et de Bonnat n'expriment pas clairement cette tension. Mais transparaissent dans les deux la volonté farouche, la froide détermination d'un homme qui ne s'en laisse compter ni par le pouvoir royal ni par ses opposants. De plus, l'âge du modèle – il a soixante-dix-neuf ans quand Bonnat exécute son portrait – accentue cette ténacité mise à l'épreuve par la maturité et renforcée par les nombreux combats livrés au gouvernement et à l'assemblée. Qu'on préfère aujourd'hui Bonnat, plus incisif, à Delaroche, plus convenu, ces deux portraits de Thiers, caractérisant moins l'homme d'État que le fin politique à la longue carrière, restent parmi les plus saisissantes effigies.

Parmi les contemporains de Louis-Philippe, Victor Hugo[37] est certainement celui qui le connaît le mieux. Les deux hommes se fréquentent à la Cour ou au palais des Tuileries. Ils entament de longues discussions sur des thèmes variés. Le roi évoque bien volontiers avec le romancier sa jeunesse et la rude éducation qu'il a reçue de la comtesse de Genlis[38]. Il n'hésite pas à laisser échapper quelques confidences sur le manque de confiance en Thiers ou exprime sa profonde aversion de la peine de mort contre laquelle il oppose son droit de grâce dès que les conditions constitutionnelles lui en donnent la possibilité. Si l'on peut juger hâtives certaines conclusions de Hugo, le portrait qu'il établit de celui qui l'a nommé pair de France en 1845 révèle une personnalité nuancée, opportuniste et impropre aux grandes aventures politiques, incarnant toutefois à la perfection cet équilibre entre les côtés étroits de la bourgeoisie et sa dimension la plus libérale.

---

[37] Victor Hugo, *Œuvres complètes*, Roman II, *Les Misérables*, Présentation d'Annette Rosa, Paris, Éditions Robert Laffont, 1985, p. 657-658.
[38] Cf. O. Deshayes, *Le destin extraordinaire de Mme de Genlis, Une pédagogue et femme de lettres en marge du pouvoir*, Paris, L'Harmattan, 2014.

Plus singulière, enfin, s'affirme à coup sûr la position de Pierre-Joseph Proudhon (1809-1865), que l'on ne peut guère soupçonner de sympathie ni pour Louis-Philippe ni pour la bourgeoisie qu'il accuse de corruption et d'immoralité. Pourtant, c'est sous sa plume que s'exprime la défense la plus réfléchie du monarque. Elle met en lumière l'inconstance des partisans du roi qui abandonnent leur souverain en 1848 et n'ont pas de mots assez durs pour mettre à mal celui qu'ils ont précédemment encensé. Et d'appeler ses concitoyens à plus de modération. La position de Proudhon ne vaut pas approbation de la politique du roi et encore moins de l'orléanisme qu'il condamne et contre lequel il oppose une théorie révolutionnaire de type anarchiste. Singulière, la diatribe dénonce la déloyauté, l'infidélité et le manque de constance à l'égard d'un monarque et d'une doctrine auxquels les bourgeois avaient pleinement apporté leur soutien et desquels ils tiraient sinon la gloire du moins des bénéfices personnels non négligeables.

Le pamphlet[39] de Proudhon met également en lumière des physionomies multiples et changeantes que des artistes, tels Ingres, Delaroche ou Bonnat, ont peint comme l'incarnation du triomphe des bourgeoisies. Car à travers une apparente uniformité – les habits noirs –, c'est bien une diversité que les différents portraits nous invitent à déchiffrer. Sous l'unité évidente de la bourgeoisie, renforcée par le vêtement, s'exprime en réalité une variété de tempéraments, d'histoires, de milieux et de destins. Financiers, industriels, propriétaires terriens, patrons de presse, professions libérales… toutes les effigies disent néanmoins la même chose et véhiculent les mêmes spécificités : l'ascension sociale, la position élevée dans la cité, l'aisance financière, le goût du pouvoir mais aussi celui de l'art. Peintres, sculpteurs, graveurs, ébénistes, architectes,

---

[39] Pierre-Joseph Proudhon, *Les confessions d'un révolutionnaire pour servir à l'histoire de février*, 3ᵉ éd., Paris, Garnier frères, 1851, p. 65.

tous saisissent parfaitement ce qu'ils peuvent apporter aux commanditaires à travers chacune de leurs spécialités. Le portrait peint reste néanmoins la forme artistique la plus prisée de cette élite. Le XIXe siècle est bien celui de la représentation uniforme des bourgeoisies, première puissance du pouvoir économique. Détrônant les hommes de l'Ancien Régime, ces bourgeoisies s'imposent aussi dans le paysage politique et ce, de manière définitive.

Signature autographe de Paul Delaroche.

LE JUSTE-MILIEU ET SES INFLUENCES AU-DELÀ DE LA POLITIQUE

« Entre l'eau froide et l'eau chaude, c'est le parti de l'eau tiède. Cette école, avec sa fausse profondeur, toute de surface, qui dissèque les effets sans remonter aux causes, gourmande, du haut d'une demi-science, les agitations de la place publique[40]. »

Victor Hugo, *Les Misérables,* in *Œuvres complètes*, Roman II, Présentation de A. Rosa, Paris, R. Laffont, 1985, p. 112.

La bourgeoisie au sommet de l'État ne peut être dissociée du système gouvernemental et du parti politique appelés juste-milieu. Même s'ils ne se confondent pas, ils participent, selon l'opposition, à l'expression du libéralisme qui caractérise la monarchie de Juillet. Au juste-milieu appartiennent de nombreux journaux, tels que *Le Constitutionnel* et *Les Débats*, qui se font l'écho du régime dont ils propagent l'idéologie. A contrario, les feuilles d'opposition, dont *Némésis* et *Le Rénovateur*[41], dénoncent dans le juste-milieu ce qu'elles considèrent comme un repli face à la peur du désordre populaire, de l'instabilité sociale, et un frein aux réformes qu'elles estiment nécessaires. En fait, ce moyen terme entre deux extrêmes – l'anarchie d'un côté, le conservatisme de l'autre – n'est pas en soi une nouveauté. Le XIXe siècle ne peut en effet revendiquer l'apanage d'une position médiane, la seule, semble-t-il, à maintenir un équilibre propre à préserver les règles de la cité. Solon (640-558), Hérodote (484-420) et Aristote (384-322) sont les trois

---

[40] Victor Hugo, *Les Misérables, op. cit.*, p. 112.

[41] Sur le juste-milieu, voir *Le Rénovateur*, Paris, Au bureau du rénovateur, 1832, tome I, 24 août, p. 187 et mars 1832, p. 9-21, p. 47, p. 131, p. 149, p. 228, p. 275.

personnalités grecques les plus souvent citées par les journalistes et les hommes politiques du XIXe pour accréditer l'antériorité de la thèse du juste-milieu. Le recours aux philosophes et historiens de l'Antiquité permet non seulement de cautionner une approche censée garantir un exercice du pouvoir sage et partagé, mais aussi affirmer avec force que cette politique est tout entière fondée sur la vertu. De la Grèce antique à la France de 1830, il n'y a qu'un pas rapidement franchi par les partisans du compromis. Remarquons néanmoins que la sémantique du *médiocre*, au sens de *milieu, moyen*, a été péjorative jusqu'à la Renaissance. Elle ne se fixe qu'à partir du XVIe siècle dans une acception positive en se référant aux questions d'équilibre, de mesure et de mitoyenneté dans des domaines aussi divers que la gouvernance politique, la religion, la littérature et la philosophie. Enfin au XIXe siècle, elle revêt une dimension morale, celle précisément que lui attribuait jadis l'Antiquité.

Loin des passions et des excès, la raison est bien cette position intermédiaire éloignée des extrémités déviantes, cette figure médiane que loue Charles de Rémusat, un ami proche de Paul Delaroche. Pour l'éphémère ministre de l'Intérieur, elle est « le triomphe, l'alliance de ces deux principes : la justice et la passion. Elle consiste à mettre la passion sous les ordres de la justice[42]. » Véritable système érigé en dogme, le juste-milieu permet de mener une politique libérale et modérée, partagée entre les conservateurs et les réformistes. Dénomination d'un parti et d'un système gouvernemental, le juste-milieu doit sa notoriété à Louis-Philippe lui-même. Entre la « *Résistance* », partie la plus conservatrice de la majorité, et le « *Mouvement* », partie fougueuse de l'opposition, le roi prévient que les deux

---

[42] Charles de Rémusat, cité in *Encyclopédie des gens du monde, Répertoire universel des sciences, des lettres et des arts [...]*, tome 15, Paris, Librairie Treuttel et Würtz, 1841, p. 559-560. Voir également de C. de Rémusat, l'article *Juste-milieu*, in M. Block, *op. cit.*, tome II, 1864, p. 161-163.

extrêmes sont incompatibles avec la manière dont il entend conduire le pays. Le 29 janvier 1831, il précise sa position lors d'un discours adressé à la députation de la ville de Gaillac dans le département du Tarn[43], qu'il conclut ainsi : « En politique comme en morale, comme en hygiène, comme en toutes choses, garder un *juste milieu* entre les excès opposés, n'est-ce pas la règle des sages[44] ? »

Ainsi tentent de se concilier la liberté avec l'ordre, le progrès avec l'esprit humain. Raisonnable et vertueux, le juste-milieu pénètre le champ des beaux-arts (peinture, sculpture, architecture, musique) et celui des arts appliqués.

Dans le domaine des arts populaires, les caricatures, les libelles et les pièces satiriques sont aussi des matériaux précieux : ils éclairent les difficultés à trouver une position cohérente au sein du juste-milieu qu'ils parodient pour le plus grand plaisir des amateurs éclairés. Écrits ou publiés avant 1835, date à laquelle le régime de la presse se durcit, ils permettent de décrypter sur un registre humoristique les ressorts des mentalités bourgeoises[45].

---

[43] Je ne reviendrai pas ici, autrement que par l'extrait qui peut être considéré comme une feuille de route, sur l'éclectisme politique, la pratique régulière du régime représentatif, enfin l'art du compromis, seul mode de résolution des conflits.

[44] Discours du roi à la députation de Gaillac, le 29 janvier 1831, in Victor de Nouvion, *Histoire du règne de Louis-Philippe Ier, roi des Français, 1830-1848*, tome 2, Paris, Didier et Ce, 1858, p. 205.

[45] Xavier Landrin ne recense pas moins de 22 publications dont le titre porte l'expression « juste-milieu » entre 1830 et 1835 (pièces de théâtre, comédies, vaudevilles, chansons, poèmes, saynètes, épîtres, épitaphes, pamphlets, etc.). À partir de 1835, les *lois de septembre* restreignent la liberté d'information et d'expression par l'application de la censure sur les périodiques. Voir X. Landrin, « Droite, gauche, juste-milieu : la formalisation politique de l'entre-deux sous la Monarchie de Juillet », communication au colloque *Gauche-droite : usages et enjeux d'un clivage canonique*, Université Paris X-Nanterre, 17 juin 2008.

L'une de ces saynètes, intitulée *Le juste milieu ou charité bien ordonnée commence par soi-même*, met en scène un trio féminin : Madame Dupuis, Madame Fontaville, sa vieille tante, et Mélanie, une amie de la famille. L'on comprend que le mari de Mme Dupuis fait d'excellentes affaires. L'on suppose sans difficulté que l'action se déroule sous Louis-Philippe, jamais nommé, mais il est question d'« un roi qui ne redoutera pas le jugement de ses contemporains. » Les trois femmes appartiennent toutes à la bourgeoisie, mais ne partagent pas les mêmes idées.

Pour la première, parfaite représentante du juste-milieu, les nobles insolents et cupides leur ont enfin cédé la place. Ce n'est que justice. Humiliés pendant quinze ans par une noblesse pleine de ridicules et de vices, elle et son mari saisissent enfin leur revanche. Et de s'écrier que « la noblesse n'est qu'une fiction ; l'argent [bien] réel ». Elle se sent parfaitement à son aise entre les deux extrêmes que représentent pour elle les républicains d'une part, les monarchistes d'autre part.

La vieille tante de Mme Dupuis, quant à elle, appartient à une autre génération, fidèle aux modes de vie et de pensée des Bourbons. Ses principes, ses manières, ses idées, son éducation relèvent d'un autre temps et véhiculent des valeurs incompatibles avec cette monarchie constitutionnelle, illégitime à ses yeux. Il n'est donc pas surprenant qu'elle considère sa nièce comme une révolutionnaire !

Enfin Mélanie, bourgeoise progressiste, relève l'ambiguïté de Mme Dupuis qui aspire à l'aristocratie en se montrant à la Cour. Elle s'étonne que celle-ci, « dans le milieu où [elle] prétend [se] tenir, [soit] tellement isolée de tout, qu'[elle] ne [puisse] parler de rien. »

Il est difficile, dans cette configuration, de trouver sa place en se maintenant éloigné des extrêmes tout en faisant de fructueuses affaires. Il est difficile aussi, dans ces conditions d'équilibres instables, de paraître crédible. Incomprise par le conservatisme d'une part et la tendance réformiste d'autre part, Mme Dupuis n'est pas ébranlée dans ses convictions pour autant. La morale de l'histoire lui revient finalement : « C'est là tout mon juste milieu ; je ne donnerai pas un cheveu du reste[46]. » La messe est dite.

Incarnation du modérantisme bourgeois, les personnages de M. et Mme Dupuis font les beaux jours des caricaturistes. Entre 1832 et 1835, Honoré Daumier modèle une quarantaine de bustes-charge en terre crue peinte à l'huile représentant les *Célébrités du Juste Milieu*, commandée par le républicain Charles Philippon pour servir de modèles à des lithographies à paraître dans les journaux *La Caricature* et *Le Charivari* dont il est le fondateur. Une partie de ces bustes est conservée au musée d'Orsay. Le musée des Beaux-Arts de Lyon possède également des *Bustes des Parlementaires*, identiques aux précédents. Datant de 1830-1831, les trente-six bronzes de Lyon, acquis en 1946, offrent la même galerie de portraits comprenant des historiens, des industriels, des journalistes, des magistrats, un avocat, des ministres, un garde des Sceaux, des directeurs de journaux, des banquiers, un diplomate, un médecin, un académicien, un maréchal de France, un amiral, un général, etc.

Ce qui domine dans cette liste de députés c'est le nombre de pairs de France et de magistrats. La remarque n'est pas anodine. Elle rejoint l'analyse d'historiens contemporains relative à la concentration du pouvoir et de la fortune au sein de la haute bourgeoisie. Au regard d'études historiques récentes, le changement de régime ne se traduit pas, contre toute attente, par une lutte des classes et le remplacement

---

[46] Théodore Leclercq, « Le juste milieu ou charité bien ordonnée commence par soi-même », in *Nouveaux proverbes dramatiques*, tome IX, Paris, Fournier jeune, 1833, p. 261-288.

d'une classe par une autre. Or, tout peut faire accroire à une épuration de grande envergure : depuis août 1830, sous le gouvernement de Casimir Perier, des révocations massives frappent la majorité des préfets, sous-préfets, maires et adjoints, procureurs généraux... La vérité historique, plus subtile, relève d'« un processus de placement et de reclassement [...] d'équipes rivales issues des mêmes milieux sociaux[47] » qui touche les postes clés du gouvernement : administration centrale et territoriale, justice, armée, préfecture, sous-préfecture... tant et si bien que richesse et influence politique sont les deux faces indissociables d'une élite de grands bourgeois capitalistes et de nobles fortunés. Juillet 1830 ne constitua pas une rupture : Bertrand Goujon démontre qu'« un examen des équipes ministérielles des onze gouvernements qui se succèdent d'octobre 1832 à octobre 1840 témoigne de la stabilité relative et de l'étroitesse du groupe des « ministrables », en dépit de la valse des ministères[48]. ».

Dans le domaine des Beaux-Arts, les hauts fonctionnaires de l'État assurèrent la continuité du service public, tels le comte de Forbin, Directeur général du musée du Louvre, et Alfonse de Cailleux, Directeur général des beaux-arts. Les commandes artistiques de l'État passées sous la seconde Restauration, avant 1826, furent poursuivies bien après 1830. Le monde des arts n'a donc pas pâti du changement de régime. Il s'est même amplement développé grâce à l'installation au pouvoir d'une bourgeoisie qui ne demandait qu'à renforcer sa recherche de légitimation par la multiplication d'images respectables. Les artistes l'ont d'ailleurs parfaitement compris. La production des portraits de notables n'a jamais été aussi importante que sous la monarchie de Juillet, la IIe République et le Second Empire.

---

[47] Xavier Landrin, *op. cit*, p. 15.
[48] Bertrand Goujon, *Monarchies postrévolutionnaires, 1814-1848*, Paris, Éditions du Seuil, 2012, p. 261.

Il n'est pas un médecin, un avocat ou un député qui ne souhaite posséder son effigie peinte ou son buste sculpté. Ingres, Delaroche, Bonnat, Flandrin, Winterhalter, Cabanel, Carolus-Duran, Besnard, Gervex, Debat-Ponsan, Boldini… autant de peintres parmi les plus réputés du XIXe siècle et du début du XXe dont une partie de l'activité est consacrée aux portraits. Une remarque similaire peut être portée au crédit de sculpteurs tels que Carpeaux, David d'Angers, Carrier-Belleuse, Dalou, Falguière et Clésinger. Cette abondante production picturale et sculpturale – bientôt photographique – reflète incontestablement les positions sociales, politiques, mais aussi culturelles des portraiturés. Les portraits interrogent la manière dont la bourgeoisie souhaite être perçue, les rapports qu'elle entretient avec son image et la façon dont elle conçoit son apparence. Affirmation d'une puissance financière également, ils deviennent l'expression majeure d'un pouvoir décomplexé qui ne craint plus de se donner à voir. Cette forme de visibilité est devenue l'une des conditions essentielles d'une réussite revendiquée. Le *juste-milieu politique* a bel et bien trouvé dans le *juste-milieu artistique* le cadre idéal pour le figurer à son avantage et laisser de lui les images les plus flatteuses. La nouvelle culture visuelle répond ainsi à l'attente sociale de la bourgeoisie. Bien plus, elle participe à la construction de son identité. Les notables en habits noirs s'achètent ni plus ni moins qu'une réputation ; les artistes construisent leur renommée en représentant brillamment les personnalités de Juillet. Il n'en fallait pas plus pour celer le politique à l'artistique, ce qui – en soi – n'introduisait pas de rupture fondamentale avec le passé. Aliénation des beaux-arts pour les uns, débouchés esthétiques conséquents pour les autres, les rapports du pouvoir à l'art furent ce qu'ils ont toujours été : un contrat passé entre deux partis alliés partageant des intérêts communs.

Mais le portrait n'est pas le seul domaine où s'exerce cette entente entre art et pouvoir. Voulue par Louis-Philippe pour des raisons de politique intérieure, la réconciliation des Français est l'une de ses priorités. Pour ce faire, la représentation d'un passé national auquel tous les sujets du royaume puissent se rallier est d'une importance cruciale. Les artistes se mettent au travail et produisent des images conformes au souhait royal, quitte à réinventer l'histoire de France. La restauration de Versailles, qui va bientôt servir d'écrin aux nombreuses commandes passées par Louis-Philippe lui-même, permet de mettre en valeur les gloires nationales au travers des hauts faits d'arme et des actes de bravoure. En 1837, Versailles devient ainsi le premier musée de l'Histoire de France. Ce faisant, il permet de réaffirmer un fort sentiment patriotique autour de valeurs communément partagées.

Pour autant, en déduira-t-on que l'art ne fut qu'au service du pouvoir sous le régime de Juillet ? En d'autres termes, pouvons-nous généraliser la seule sujétion du juste-milieu artistique au juste-milieu politique ? Le problème est plus complexe. Car si le pouvoir eut largement recours aux services des beaux-arts, l'inverse est également vrai. Les commandes de la famille royale, celles de l'État, le mécénat bourgeois contribuèrent à développer les formes les plus subtiles des arts plastiques et des arts appliqués du XIXe siècle. Il n'est donc pas possible de minimiser ici leur rôle déterminant, ni par conséquent, le bénéfice considérable que la création artistique en a retiré entre 1830 et 1848.

Pierre-Joseph Proudhon, quant à lui, distingue le juste-milieu *politique* qu'il condamne, du juste-milieu *domestique* qu'il encourage, le considérant comme un facteur de modération sociale et de bonheur familial.

Du premier, il constate qu'il « a abouti à une honteuse destitution. Cette estime de la médiocrité qui distinguait nos pères a fait place aux impatiences de l'industrialisme, aux convoitises de l'agiotage[49]... ». Et de dénoncer l'apothéose de la classe moyenne – juste-milieu connu des philosophes sous le nom d'*éclectisme* qui s'arrange de toutes les situations pourvu qu'elles soient à son avantage [50] et qui finit inévitablement par une inertie qui en dit long sur la politique d'immobilisme prônée par le régime orléaniste.

Du second, il loue l'honnêteté, le calme des habitudes et le retour à la modération qu'il perçoit dans chaque foyer français : à propos des *Paysans de Flagey*, également appelés *Le Retour de la foire* (1850) de Gustave Courbet, Proudhon définit précisément ce juste-milieu plein de tempérance. Situant la scène en 1820 ou 1830, il interprète les différents personnages du tableau suivant des catégories sociales types. Partant de la figure du paysan de Franche-Comté, il extrapole cette notion du juste-milieu à celle du paysan, puis du Français, enfin de la nation entière. Ce texte d'interprétation, singulier à bien des égards, mérite d'être rapporté : il exprime *par l'image* une conception sociale où se lisent en filigrane les considérations politiques du théoricien.

Tout aussi singulière et inattendue s'y montre l'analyse de Laurent-Antoine Pagnerre[51] (1805-1854), dans un article publié douze ans après la chute de la monarchie de Juillet. À en croire le libraire et homme politique, le rôle que s'attribue le juste-milieu est paradoxal et mensonger. Paradoxal car il n'est pas exact que ce parti soit un moyen terme entre deux positions extrêmes et opposées. Mensonger car il est faux de prétendre que l'Ancien Régime, totalement affaibli, constitue une force morale et politique pouvant s'opposer à l'accession au trône de Louis-Philippe. La thèse de Pagnerre soutient en effet que le Tiers État organise et invente de

---

49 P.-J. Proudhon, *Du principe de l'art et de sa destination sociale*, Paris, Garnier frères, 1865, p. 195.
50 Voir P.-J. Proudhon, *Les confessions d'un révolutionnaire*, *op. cit.* p. 25-26.
51 Voir de L.-A. Pagnerre, son article sur le « Juste milieu », in *Dictionnaire politique*, *op. cit.*, p. 510-512.

toutes pièces des extrêmes à partir desquels il se pose en arbitre. Cette posture légitime le nom de juste-milieu, qui apparait dès lors comme une évidence indiscutable.

En entretenant dans les esprits ces extrêmes permanents que sont les excès populaires et ceux du pouvoir royal, le juste-milieu limite les libertés et s'assure les pleins pouvoirs. L'adoption des *lois de septembre* constitue, pour l'auteur, l'exemple le plus significatif de cette confiscation des libertés d'expression. À la suite de la tentative d'assassinat de Giuseppe Fieschi sur la personne de Louis-Philippe le 28 juillet 1835, les conservateurs s'emparent du prétexte de l'attentat qui fait dix-huit morts et une quarantaine de blessés. Dans une opinion publique indignée et épouvantée, ils répandent l'idée selon laquelle un tel acte est relié à une presse corruptrice qui n'épargne ni le roi ni sa politique, notamment par le biais de la caricature. Si l'argument d'une presse dénoncée comme un instrument de sédition est fallacieux, il permet toutefois aux députés de voter en septembre 1835 des lois qui en limitent les possibilités d'expression en créant de nouveaux délits comme « les offenses au roi et l'attaque contre le principe et la forme du gouvernement[52] ». Ce crime est classé dorénavant au rang des attentats contre la sûreté de l'État. La *loi sur les crimes, délits et contraventions de la presse et des autres moyens de publication* du 9 septembre 1835 précise qu'aucun dessin, aucune gravure, lithographie, médaille et estampe, aucun emblème ne peuvent être publiés, exposés ou mis en vente sans l'autorisation préalable du ministère de l'Intérieur (Titre III, article 20). Le même régime s'applique aux pièces de théâtre et aux spectacles, de quelque nature qu'ils soient (Titre IV, article 21).

---

[52] Cf. A. Chauveau, *Journal du droit criminel ou Jurisprudence criminelle du Royaume*, Paris, Au bureau du journal du droit criminel, 1835, p. 321-322.

À l'initiative de Thiers, ces *lois de septembre* bloquent brusquement et durablement les opportunités d'information et d'expression du régime de Juillet.

En faisant pression sur les journaux d'opposition[53], en rétablissant la censure sur les périodiques, en imposant la surveillance des théâtres et des spectacles, les perspectives républicaines et l'attente d'un renouveau politique s'obscurcissent pour un long moment. Avec le contrôle des journaux de la majorité, subventionnés par le régime, et l'adoption des *lois de septembre*, la presse est bel et bien muselée.

Dans les affaires intérieures comme en politique extérieure, le parti du juste-milieu s'est fixé comme principal objectif le maintien à tout prix de la paix, de la prospérité et de la stabilité de la nation. Casimir Perier en plaide la cause le 18 mars 1831 à la tribune du palais Bourbon en une formule demeurée célèbre : « Au-dedans, l'ordre sans sacrifice pour la liberté ; au-dehors, la paix sans qu'il en coûte à l'honneur[54]. » Mort en 1832 à la suite de l'épidémie de choléra qui frappe la France, Perier n'aura pas le temps de mettre en pratique cette déclaration de politique générale. Il reviendra à Guizot de la défendre avec conviction au sein du gouvernement, tout en assurant la préservation des libertés fondamentales et en maintenant l'ordre public.

Mais de cet ensemble de faits une autre analyse est possible, nettement moins favorable au juste-milieu. Avec Pagnerre, l'immobilisme politique de cette modération

---

[53] Les rédacteurs du journal républicain *La Tribune*, fondé par Victorin Fabre en 1829, furent accusés par le nouveau gouvernement de Juillet d'être des anarchistes opposés à l'ordre public. *La Tribune*, en contrepartie, ne ménageait pas ses efforts pour présenter la révolution de Juillet comme une conspiration orléaniste dont le seul but était de s'approprier le pouvoir par le complot.

[54] Cf. *Mémoires pour servir à l'histoire de mon temps, op. cit.*, tome 3, p. 496.

outrancière est une violence faite à la raison et à l'humanité. Le juste-milieu n'est pas situé à égale distance des deux partis extrêmes : la « *Résistance* », représentée par les conservateurs, et le « *Mouvement* », symbolisé par les progressistes. Ces positions opposées ne sont ni plus vraies ni plus justes l'une que l'autre. La place du juste-milieu doit être fixée indépendamment des partis. Le gouvernement ne doit pas basculer dans l'une ou l'autre de ces deux tendances, mais suivre les évolutions de tel ou tel parti dès lors que les affaires de l'État l'y obligent dans le bien et l'intérêt de la nation. Cette politique de modération ne contente finalement ni les légitimistes, pour lesquels on innove déjà trop et qui recommandent une marche graduelle des réformes, ni les radicaux pour lesquels cette timidité, qui passe pour de la faiblesse, ne peut que freiner le progrès social.

Chateaubriand est l'un des plus sévères et des plus caustiques critiques du parti du juste-milieu. Après deux ans de monarchie constitutionnelle, l'auteur des *Mémoires d'Outre-tombe* s'adresse à la duchesse de Berry : « Il est difficile, Madame, que vous connaissiez de loin ce qu'on appelle ici le *juste-milieu* ; que Son Altesse Royale se figure une absence complète d'élévation d'âme, de noblesse de cœur, de dignité de caractère ; qu'elle se représente des gens gonflés de leur importance, ensorcelés de leurs emplois, affolés de leur argent, décidés à se faire tuer pour leurs pensions : rien ne les en détachera ; c'est à la vie et à la mort[55]… » Au-delà du verdict assassin d'un des observateurs les plus pertinents de l'époque, c'est la stratégie politique de Louis-Philippe qui est incriminée. Il faut unir le peuple coûte que coûte en le rapprochant tout à la fois de la Révolution de 1789, de l'Empire et de la Monarchie ! Le juste-milieu se pose comme le principal acteur de la réconciliation des Français autour

---

[55] Edmond Biré, *Les dernières années de Chateaubriand (1830-1848)*, Paris, Garnier frères, [1905], p. 105.

d'une histoire nationale recomposée pour les besoins d'une unité fédératrice. Gageure pour les uns, absolue nécessité pour les autres, le juste-milieu se situe bien au cœur même de cette tentative de créer une concorde nationale assumant fièrement son passé.

La création du musée de l'Histoire de France dans le château de Versailles au début de la monarchie de Juillet, on l'a vu, répond précisément à cette intention. Il illustre une France unie par son histoire et rassemblée autour de valeurs nationales communes. Peintres et sculpteurs se mettent au service d'un message politique consensuel, celui du juste-milieu. À défaut d'une histoire véridique, on n'hésite pas à l'inventer. L'unité nationale vaut bien qu'on sacrifie à la vérité. Or, le courant artistique de « genre historique » inventé et promu par un peintre tel que Delaroche est en fait le résultat d'un processus dont l'origine est antérieure puisqu'elle remonte au Consulat (1799-1804). Les années 1800 virent en effet l'émergence d'un « Style Troubadour » qui puisait déjà ses racines dans un passé revisité à l'aune de préoccupations plus esthétiques que véridiques et où dominait une peinture d'histoire marquée par le « genre anecdotique ». Fleury Richard et Pierre Révoil furent les chefs de file d'un groupe d'artistes issus de l'atelier de David qui n'hésitèrent pas à remettre en question la tradition classique dominée par la suprématie de l'Antiquité. Ils illustrèrent abondamment des épisodes de l'histoire dont les sujets étaient issus du Moyen Âge, de la Renaissance ou du XVIIe siècle.
Delaroche et les élèves de son atelier s'inscrivent dans cette tradition tout en faisant évoluer la création. La peinture « troubadour » est peu à peu abandonnée au profit du « genre historique », plus conforme à l'idéal prôné par le juste-milieu et répondant précisément au nouveau contexte social, politique et culturel de la monarchie de Juillet. Une fois encore, le juste-milieu a partie liée avec la création et,

inversement, esquisse une histoire de l'art dont il convient d'apprécier les relations avec le pouvoir.

La peinture n'est pas le seul domaine où s'imposent le juste-milieu et ses représentants bourgeois. La musique n'échappe pas à la règle. Il n'est pas jusque dans le « grand opéra français » où l'écrivain et journaliste Henri Heine ne trouve matière à déceler les signes politiques cryptés du juste-milieu [56]. *Robert le Diable*, composé par Giacomo Meyerbeer (1791-1864), sur un livret d'Eugène Scribe et de Germain Delavigne, fut représenté pour la première fois à l'Opéra de Paris le 21 novembre 1831. Immense succès populaire, il est pour Heine une allégorie du juste-milieu, un opéra à clés où les principaux personnages ne seraient ni plus ni moins que Louis-Philippe (Robert), son père Philippe-Égalité (Bertram/Satan), sa femme Marie-Amélie (Isabelle) et sa sœur Adélaïde (Alice). En visionnaire de son époque, Heine fait une lecture de l'œuvre chargée d'allusions politiques contemporaines. Celles-ci renverraient aux fragilités institutionnelles de la jeune monarchie de Juillet et à l'attitude indécise du principal protagoniste (Robert/Louis-Philippe) dont l'expression caractérise le juste-milieu. Bien plus, l'opéra de Meyerbeer saisirait les enjeux d'une nouvelle politique qui se débarrasse définitivement de 1789 et consacre la ligne conservatrice de l'orléanisme, non sans se terminer par une réconciliation des familles Bourbon et d'Orléans, confirmant le retour à une politique mesurée, reposant sur des préceptes conservateurs issus de la monarchie.

Quelle que soit la pertinence de l'analyse de Heine, il est manifeste que le juste-milieu en politique s'insinue dans tous les domaines de la création, qu'elle soit picturale, sculpturale ou musicale. Arts plastiques et arts appliqués, arts savants et arts populaires, tous ont partie liée avec le nouveau régime

---

[56] Voir H. Heine, *De la France*, 1833, Paris, Gallimard, 1994, p. 87-88.

de Juillet. Le discours officiel annonce partout la réconciliation nationale, le retour à la modération et la condamnation des extrêmes. L'émergence d'une esthétique qui rend compte de cette nouvelle donne consacre ainsi les bourgeoisies au pouvoir non sans en tirer profit.

DELAROCHE ET SA RELATION À L'HISTOIRE

Exactitude archéologique ou évocation historique ?

La reconstruction cohérente du passé s'inscrit au XIXe siècle dans un courant continu de recherche de sources fiables, doté d'un appareil critique et méthodique. Après les fantaisies du style « troubadour » qui tente un retour au Moyen Âge mais n'en garde que les motifs pittoresques et décoratifs, le souci d'une *vérité historique* devient la préoccupation constante des historiens comme des artistes. Michelet, Cousin, Thierry, Quinet, Barante, Hauréau, Guizot, Thiers, Villemain publient des sommes considérables sur des sujets aussi divers que l'histoire de la *Révolution française* et des *Ducs de Bourgogne*, celle du *Consulat et de l'Empire* et de *La bataille de Waterloo*, de *Charlemagne* et de *Cromwell*, de *La jeunesse de Mazarin* et du *Tiers État*. Sous la pression de ces historiens, la recherche du passé se fait plus exigeante, l'examen des sources plus méthodique, l'utilisation des pièces originales plus scrupuleuse [57]. Delaroche, lui, a l'intuition des événements et sa peinture historique répond à cette préoccupation du temps. Sa fidélité, son scrupule à reproduire avec exactitude les costumes, le mobilier et l'architecture en portent témoignage. Mais cette reconstitution censée être fidèle aux originaux qu'elle prend pour modèles est-elle suffisante pour se hisser à la *peinture d'histoire*, l'un des grands genres de l'art par excellence ? La question fait l'objet d'une polémique qui ne cesse d'entourer l'œuvre de Delaroche depuis sa première exposition au Salon en 1824 – il a alors vingt-sept ans. Par ailleurs Victor Hugo

---

[57] Sur le détail des approches historiques de Jules Michelet et d'Augustin Thierry, voir le chapitre 4 de mon ouvrage *Le corps déchu dans la peinture française du XIXe siècle*, Paris, L'Harmattan, 2004, p. 202 et suivantes.

laisse clairement entendre que l'histoire et l'art, travaillant tous deux dans le sens d'une renaissance du passé, ne sont pas astreints aux mêmes exigences, l' « historien [étant] plus obligé de se critiquer sur la réalité des faits que le poète dramatique (...)[58]. » L'aveu est important. Il autorise à penser non seulement l'écart qui existe entre l'histoire et la reconstitution historique par le dramaturge, mais aussi la marge de liberté plus facilement accordée à l'artiste qu'à l'historien : un même objectif, deux statuts différents, une singularité qui accorde à l'un ce qu'elle refuse à l'autre. La thèse hugolienne selon laquelle l'art doit l'emporter sur la fidélité historique, on la retrouve sous la plume de Louis Ulbach, non sans quelques nuances d'importance.

Dans les lignes qui suivent, le journaliste tente en effet de ménager les impératifs de l'art et les nouvelles obligations de l'histoire. C'est ainsi qu'il affirme que « la première condition de la peinture est donc, moins le choix du sujet, la fidélité historique, l'exactitude officielle des accessoires, que cet arrangement supérieur, que cette entente suprême des couleurs et des attitudes qui correspond à des idées morales. [...] Mais, si les ressources de l'érudition ne remplacent pas le sens dramatique, il faut convenir qu'elle peuvent l'aider admirablement, et que ce n'est pas un cadre indifférent à un sujet bien choisi et bien compris, que des costumes, des ameublements, des paysages exacts[59]. » L. Ulbach traduit ici l'ambiguïté de cette peinture toujours en équilibre entre la vérité artistique, d'une part, la fidélité historique, d'autre part. L'exercice n'est pas simple ; s'il exprime un entre-deux qui peut se traduire par un juste-milieu artistique, il doit également être entendu comme une nouvelle conscience de

---

[58] V. Hugo, *Préface* (1833) de *Lucrèce Borgia*, in *Théâtre*, édition R. Pouilliart, Paris, Garnier-Flammarion, 1979, p. 47.
[59] Delaroche, cité par Louis Ulbach, « Paul Delaroche », *Revue de Paris*, t. XXXVI, 1er avril 1857, p. 356.

l'histoire, favorisant une figuration qui se distingue des libertés prises avec les images historiques antérieures.

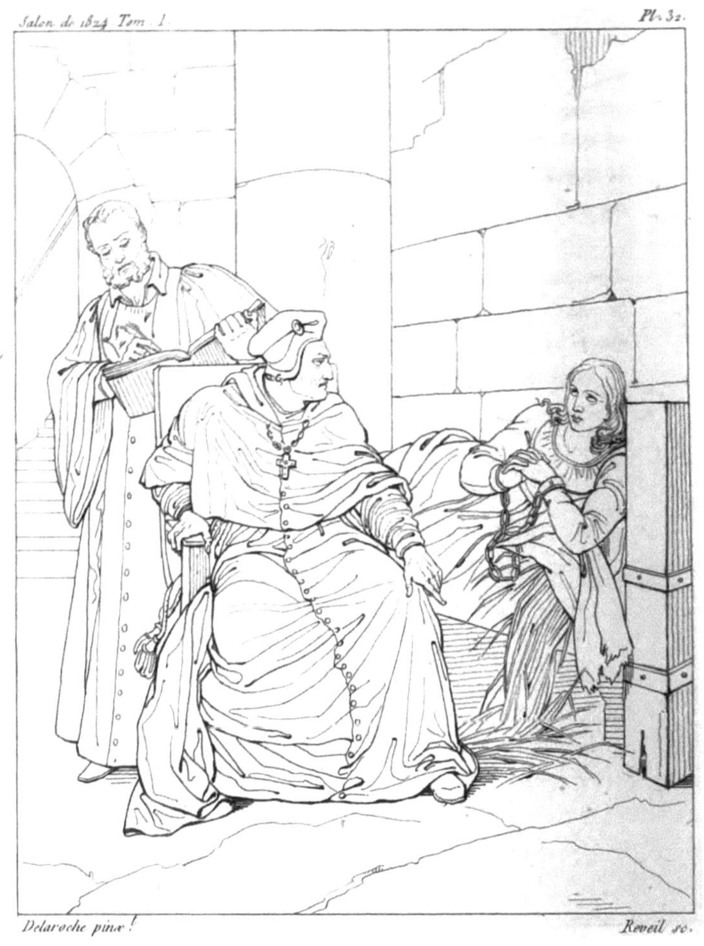

Jeanne d'Arc
Gravure d'après Paul Delaroche.
Annales du musée et de l'école moderne des Beaux-Arts, Landon,
Salon de 1824.

La représentation du passé et sa traduction dans le langage de la peinture sont un problème particulièrement bien posé par Delaroche qui élabore un type de peinture nouveau : le *genre historique*. Ni peinture d'histoire, ni peinture anecdotique, il se caractérise à la fois par le recours à la dimension sensible du drame et par une plus grande fidélité au contexte historique représenté. Ni grandiose, ni sentimental, le *genre historique* se veut proche d'une vérité tangible confortée par les recherches scientifiques contemporaines. De surcroît, il renouvelle les schémas de la narration qu'il porte à un niveau jamais atteint auparavant. Pour autant, les licences prises avec l'histoire par Delaroche sont quelquefois flagrantes. La rencontre représentée dans sa *Jeanne d'Arc, malade, [...] interrogée dans sa prison par le cardinal de Winchester* n'eut jamais lieu entre les protagonistes. Qu'importe ? Il invente ici une figure radicalement novatrice, éloignée du moralisme auquel était attaché le personnage de la pucelle d'Orléans.

Présenté au Salon de 1824, le tableau fit la quasi-unanimité de la presse et s'imposa comme une œuvre majeure doublement novatrice d'abord parce que l'instant représenté est tout à fait inhabituel. Henri de Beaufort interroge la jeune prisonnière espérant lui faire avouer des exactions qu'elle n'a pas commises et la menace des peines éternelles. La lutte du bien et du mal, ici inversés, rend particulièrement aigu le moment dramatique choisi par l'artiste. La représentation propose une nouvelle lecture de la geste de l'héroïne, non plus « gente demoiselle », non plus guerrière, mais sujet de Dieu. Ce type d'effigie ne pouvait que plaire à la Restauration, soucieuse d'asseoir son autorité en retrouvant les valeurs, les croyances spirituelles et les convictions religieuses qui avaient été les siennes. Plus forte que le mal, incarné ici par le cardinal, Jeanne d'Arc s'en remet à Dieu qu'elle prie les mains jointes, les yeux levés vers le ciel. Le geste péremptoire du prélat ramène de force le spectateur dans l'espace clos et sombre du cachot.

Le tableau s'imposa ensuite parce que, plus encore que la gestuelle théâtrale, qui n'atteint guère la jeune femme absorbée par ses prières, la pourpre cardinalice est l'élément essentiel à partir duquel s'ordonnent les composantes du tableau. La fiction romanesque repose entièrement sur cette couleur, qui s'impose comme un *impératif esthétique* et rend parfaitement crédibles les rapports inégaux de l'oppresseur et de la victime. Cette tache de couleur prouve à quel point l'œuvre de Delaroche, quelquefois conventionnel, parvient à des effets visuels novateurs qui n'ont rien à envier à ceux d'un Delacroix. L'éclat de la robe du cardinal paraît emplir tout l'espace de la toile alors qu'elle ne représente qu'un quart de la surface totale. Mais la puissance de la couleur doit également beaucoup à l'effet de clair-obscur utilisé à des fins expressives. Celles-ci pourraient presque faire oublier la présence du greffier situé dans l'angle supérieur gauche du tableau. Jeanne d'Arc devient une victime offerte en sacrifice à un pouvoir religieux implacable. Une fois encore on connaît la fin prochaine de l'héroïne. Jeanne d'Arc sera brûlée vive le 29 mai 1431 pour hérésie et sorcellerie. Mais l'artiste a réussi le tour de force de saisir non pas le moment qui signe la fin du sujet, mais sa condamnation, non pas l'action funeste mais l'instant qui la précède, proposant ainsi une iconographie nouvelle. Tel est le romantisme de Delaroche qui aborde l'histoire nationale sous l'angle de la dramatisation inhérente au genre.

Dans *L'exécution de Lady Jane Grey*, il est peu probable qu'on ait laissé les mains libres à la victime – ce qui n'était pas l'usage – de même que les condamnés à mort n'étaient pas agenouillés mais couchés à plat ventre ; enfin on leur coupait les cheveux avant la décapitation… Je pourrais multiplier les exemples, ce qui n'aurait que peu d'intérêt. Ce court aperçu démontre, en revanche, que l'artiste privilégie avant tout la tradition du drame historique au détriment de la stricte exactitude. La souveraineté du créateur est en quelque sorte légitimée par la prédominance de cette tension dramatique qu'Alexandre Dumas appelait « l'adresse du peintre ». Par cette expression, l'auteur de *La Dame de Monsoreau* n'entend pas la conventionnelle habileté technique, le « fini » méticuleux qui assoit sa réputation populaire, mais ce moment particulièrement bien choisi, tendu à l'extrême, qui engage le spectateur à imaginer les préambules les plus terribles de la scène et ses conséquences les plus effroyables.

Mais la tromperie historique est sans doute finalement moins grave que le reproche d'une recherche quasi archéologique qui, d'après certains critiques contemporains, grève tout l'œuvre peint de Delaroche. Celui-ci rechercherait moins la vérité que la vraisemblance sous une volonté affichée d'exactitude dans les moindres détails d'armure, de mobilier, de costume et d'architecture intérieure. Or, cette patiente étude du détail et de l'accessoire oblige à s'interroger sur sa pertinence : ce long et patient travail sert-il véritablement la cause de l'art ? L'avis d'Alexandre Dumas est ici sans ambiguïté. Après avoir remarqué que les esquisses de Delaroche valent souvent mieux que ses tableaux, probablement dans la mesure où l'artiste n'est pas bridé par ce souci obsessionnel de la perfection, il note que « Delaroche cherche longtemps, tâtonne beaucoup, compose lentement […]. [Il] étudie tout : draperies, vêtements, chair, jour, lumière, demi-teinte ; tous les effets de Delaroche sont cherchés, calculés, préparés […]. Quand Delaroche rêve un tableau, tout est mis à contribution par lui, la Bibliothèque pour les gravures, les musées pour les tableaux, les magasins de fripiers pour les draperies ; il se fatigue en croquis, s'épuise en ébauches, et met souvent dans une esquisse le plus pur de son talent. Il en résulte de cette fatigue préparatoire une certaine lourdeur dans le tableau, laquelle, du reste, au lieu d'être un défaut, est, aux yeux des gens laborieux, une qualité[60]. » Il conclut que Delaroche, homme de transition, a les succès qu'il mérite : celui des bourgeois ;

____

[60] A. Dumas, *Mes Mémoires, op. cit.*, t. IX, 1884, p. 49.

les expositions de 1826, 1831 et 1834 en seraient les meilleures manifestations.

Sainte-Beuve, collaborant à la *Revue universelle des arts*, est plus incisif. En 1863 il brosse le portrait de l'artiste, rejoignant les propos de Dumas : « Delaroche, si ingénieux, si fin, toujours inquiet du mieux, a beaucoup tenté, beaucoup embrassé, et s'est, en partie, consumé à la peine[61]. » Plus subtil, Alexandre Decamps, frère du peintre Alexandre-Gabriel, écrit avec justesse que l'habileté d'exécution qui se décèle dans les moindres détails nuit à l'expression d'ensemble. Autrement dit, la finesse des étoffes, la vérité du rendu des accessoires viennent immanquablement distraire le spectateur d'une attention logiquement orientée vers la représentation du drame. Malgré tout, il reconnaît à Delaroche une exécution originale et personnelle qui ne doit rien à aucune école antérieure. Bien plus, en devenant le trait d'union entre l'école classique de David et celle de Géricault et des romantiques, il « a changé d'époque l'ancienne peinture d'histoire, il l'a rapprochée de nous ; sous ce rapport, c'est un progrès[62] ».

Delaroche expose au Salon de 1826 *La Mort d'Augustin Carrache* et le *Portrait de Casimir Delavigne*, à celui de 1831 *Le Cardinal de Richelieu, Le Cardinal Mazarin mourant, Cromwell et Charles Ier* et *Édouard V, roi mineur d'Angleterre, et Richard, duc d'York, son frère puîné*. Enfin, après deux ans d'attente, les visiteurs du Salon de 1834 peuvent découvrir *L'exécution de Lady Jane Grey*. Pour toutes ces œuvres il obtient un très vif succès populaire. Les toiles du *genre historique* supplantent la peinture « troubadour » à l'apparence pittoresque. Elles s'opposent aussi au courant traditionnel de la peinture

---

[61] *Revue universelle des arts*, tome XVII, 1863, notice rédigée par Sainte-Beuve, p. 158.

[62] Alexandre D[ecamps], *Le Musée, Revue du Salon de 1834*, [Paris, Imprimerie Everat, 1834], p. 35.

d'histoire dont les sujets appartiennent essentiellement à l'Antiquité et à la Bible. Avec Delaroche, l'anecdote se dissout dans l'entreprise plus ambitieuse du *genre historique.*

Celui-ci est également la plus évidente manifestation d'une réflexion sur le passé tout autant qu'un véritable questionnement sur l'anachronique. Qu'est-ce à dire ? Tout simplement que si Delaroche se renseigne de manière scrupuleuse, recherche longuement les sources les plus fiables, collectionne les recueils de costumes et d'accessoires des temps anciens, il n'a qu'une connaissance partielle et approximative de l'époque qu'il représente. Qualité, matières et couleurs des tentures, mobilier, coiffures, modes, pliants, bois de lit, lustres, orfèvrerie… autant de « citations » qui *évoquent* sans doute à la perfection une époque mais n'en rendent pas fidèlement compte. Les « citations » expriment aussi bien la capacité de l'artiste à faire vivre un temps révolu de manière pittoresque que celle de les organiser selon des codes esthétiques et suivant des contextes politique, social et culturel contemporains. La mise en scène du passé conformément à ces citations (ou « poncifs » pour certains historiens d'art) est représentative du style de Delaroche, confluence entre un imaginaire romantique et un désir de vérité historique. Car, contre toute attente, il est considéré par ses contemporains comme un romantique à l'instar d'Eugène Delacroix et d'Ary Scheffer, à ces différences près que sa peinture dénote plus de réserve et ne témoigne d'aucun engagement politique. Ainsi sa *Mort d'Élisabeth, reine d'Angleterre* est-elle considérée par certains observateurs avec la *Naissance de Henri IV* d'Eugène Devéria et *La Mort de Sardanapale* d'Eugène Delacroix comme un manifeste romantique[63]… étonnante perspective qui renouvelle les *a priori* et fait du peintre du juste-milieu un artiste romantique, plus tempéré que l'auteur de la *Barque de Dante* et peut-être aussi plus acceptable ! À bien y réfléchir, rien n'est moins

---

[63] F. Claudion *et al.*, *Encyclopédie du Romantisme*, Paris, Somogy, 1980, p. 45.

certain. Car Delaroche ne cesse d'essuyer les papiers les plus cinglants. Les reproches portent moins sur une temporalité incertaine que sur cet excès de détails qui étouffent l'expression véritable de l'art.

Le critique d'art Miel (1775-1842), dit Miel l'Aîné, exprime avant l'heure la tentation d'une représentation encombrée. Elle est préjudiciable à l'art en ce que « la supériorité des accessoires n'en justifie pas la surabondance. Cet excès devient un défaut. Cela fait bien, dira-t-on peut-être ; oui, bien pour les yeux, que la merveille de l'imitation séduit, mais mal pour l'esprit et pour l'âme, qui veulent de l'intérêt, des émotions douces ou fortes, et toujours de la simplicité [64]. » D'un tempérament modéré, Miel l'Aîné soutient, dans un *Essai sur les Beaux-Arts* de 1817, qu'il existe une « Peinture d'Histoire » et une « Peinture de Genre », la première étant la plus élevée hiérarchiquement, la seconde ne devant pas être confondue avec le « genre anecdotique ». Quoi qu'il en soit, l'auteur affirme qu'il existe de l'excellente peinture en chaque genre. Mais les genres n'appellent pas les mêmes exigences plastiques : composition d'ensemble, disposition des personnages, distribution de la lumière, observation des lois de la perspective aérienne, fermeté de la touche, consistance de la couleur, habileté du dessin... Par conséquent, l'un et l'autre ne présentent pas les mêmes difficultés. Des sous-catégories forment les « genres sérieux » et les « genres gracieux ». Enfin l'auteur se prononce pour un *genre historique* qui ne se borne pas à rendre minutieusement la nature par une imitation réussie, mais doit intéresser l'esprit et surtout toucher et élever l'âme par l'expression des passions et des sentiments, tant et si bien que « ce n'est pas la grandeur de la toile qui fait la peinture grande, mais bien la grandeur des personnages et celle du style qui doit s'y proportionner. [...] Ici, comme en littérature, les dimensions

---

[64] E. F. A. M. Miel, *Essai sur les Beaux-Arts*, Paris, Didot le Jeune, 1817 et 1818, p. 98.

ne font rien ou presque rien : c'est le style qui classe les ouvrages[65]. »

A contrario, la carence du caractère historique des œuvres de Delaroche n'a pas échappé à la sagacité d'un Thoré-Burger, grand découvreur de Vermeer dans la seconde moitié du XIXe siècle. Certes, le peintre de la monarchie de Juillet n'a pas les faveurs du critique républicain. Le fait est avéré. De manière contemporaine la peinture du juste-milieu lutte en effet avec la tendance d'une critique sociale, voire socialiste, qui prône l'émergence d'un art puisant ses sujets dans le registre de la réalité. « Le portrait d'un travailleur en blouse vaut bien le portait d'un prince en costume doré[66] » écrit Thoré-Burger dans le *Salon de 1863*. Il est ainsi difficile d'affirmer que la critique n'a ici aucune portée politique. Plus exactement, il n'est pas sans conséquence d'alléguer que Thoré ne peut pas se départir de ses idéaux et de ses engagements républicains dans l'appréciation d'une peinture qui ne correspond en rien à ses convictions. Se fondant néanmoins sur l'observation des personnages qui évoluent dans l'univers pictural de Delaroche, il en déduit qu'ils sont interchangeables. En fait, ils peuvent fort bien figurer dans la représentation d'un évènement historique d'un temps et d'un pays différents. Leur caractère amovible n'a du reste pas une grande importance car la peinture à laquelle ils sont rattachés traduit une expérience qui n'est ni novatrice ni authentique. De même le témoignage rendu à la fragilité de la puissance et à la vanité cruelle des vainqueurs est identique d'une toile à l'autre. Aux yeux du critique, le peintre n'est qu'un habile compositeur, toujours reclus dans la mesure et la retenue. En aucun cas, il ne saurait prétendre concurrencer les grands noms de la peinture : Corrège, Titien ou Velasquez. Quant au « fini », qui est l'une de ses caractéristiques picturales, il

---

[65] *Idem*, p. 290-291.
[66] *Salons de W. Bürger, 1861 à 1868*, tome I, avec une préface par T. Thoré, Librairie de Jules Renouard, 1870, p. 145.

est à bannir, même s'il présente une séduction incontestable :
« le système n'est guère approuvable sans doute : ressusciter
les procédés minutieux des artistes antérieurs à la
Renaissance ! mais les résultats, il faut le reconnaître, sont
souvent prodigieux, et ils ont même je ne sais quel attrait
irrésistible[67]. » Si fascinante que soit l'exécution des œuvres
de Delaroche, Thoré leur préfèrera toujours celles qui
témoignent d'une humanité réelle et vivante. Jean-François
Millet (1814-1875) et Gustave Courbet (1819-1877)
appartiennent à son panthéon révolutionnaire, symbole de
progrès, de justice et de vérité. Ici pas de théâtralité
artificielle, pas de minutie de fine brosse, mais l'audace,
l'originalité, le beau dans sa veine la plus rugueuse. C'est à
ces *peintres de la réalité* que Thoré consacre ses pages les plus
inspirées, rejetant dans l'ombre – déjà ! – l'artiste incarnant
les valeurs du juste-milieu.

Qui ne sent combien ces remarques sont essentielles à la
réception toujours mitigée de Delaroche dont le *genre
historique*, bien que radicalement nouveau et populaire,
n'exprime pas chez les historiens d'art et les critiques une
catégorie supérieure ? Qui ne perçoit combien cette peinture
a du mal à les convaincre que l'étude intelligente, réfléchie et
minutieuse ne s'oppose pas nécessairement aux facultés
créatrices ? Qui ne se rend compte que le procès d'intention
n'est pas loin, dans lequel le peintre reste un « esprit irrésolu,
sollicité par des tendances diverses, ne prenant parti pour
aucune, irrémissible défaut en art ; en un mot, un artiste
neutre[68] » ? Dans la presse, le sculpteur romantique Jehan du
Seigneur prend néanmoins sa défense, plaçant son œuvre à
la première place de la « peinture d'histoire » et faisant de
l'artiste un « classique ». Il entend par ce terme

---

[67] *Idem*, p. 121.
[68] *Revue universelle des arts*, tome XVIII, publiée par Paul Lacroix, Paris-
Bruxelles, Renouard-Mertens et fils, notice rédigée par le Cte L. Clément
de Ris, 1863, p. 84.

« l'attachement à une correction scrupuleuse et à l'observance de certains principes établis par nos prédécesseurs, principes qui leur valurent de pouvoir fixer, pour ainsi dire, et reproduire la nature sur la toile et dans le marbre. [...] Si donc la nature a des règles fixes, si la mission de l'Art est d'imiter la nature, comment l'imitateur pourrait-il procéder autrement que procède la chose à imiter ?[69] » L'auteur fustige enfin le mauvais goût du siècle qui, à travers de médiocres artistes, loue des défauts rédhibitoires en peinture et satisfait son orgueil en se débarrassant des difficultés du métier. Rien de plus simple, en effet, que de préconiser l'affranchissement des règles, le désordre et l'ignorance qui passent pour du génie. Rien de plus expéditif – aussi – que de dénoncer à travers ce jugement sans appel les artistes dont la veine réaliste s'oppose au romantisme ambiant teinté d'inspirations moyenâgeuses.

Dans une autre étude élogieuse publiée en 1846, relative à la salle des prix de l'École des beaux-arts dont Delaroche entreprend la décoration de l'hémicycle, Louis, dit Ludovic Vitet, perçoit dans sa peinture un « accord harmonieux » entre l'idéal et l'humain. Précédemment édité en 1841, l'article de celui qui fut le premier inspecteur général des monuments historiques est orienté vers ce qu'il nomme la « grande peinture[70] » au sommet de laquelle trône l'œuvre de Delaroche. Elle exprime conformément à ses convictions une alliance parfaite à la confluence de l'homme et de ses idéaux ; elle élève l'âme et ennoblit l'esprit sans pour autant renier la particularité vitale des entreprises de l'humanité. L'idée d'un art au croisement du caractère instinctuel de l'homme et de son élévation spirituelle est l'un des éléments

---

[69] *Revue universelle des arts*, tome I, publiée par Paul Lacroix, Paris-Bruxelles, M. France Libraire-A. Labroue et comp., 1855, p. 295-296.
[70] L. Vitet, « M. Paul Delaroche. La salle des Prix à l'École des beaux-arts » (1841), in *Études sur les beaux-arts. Essais d'archéologie et fragments littéraires*, t. I, Paris, Comptoir des imprimeurs unis, 1846, p. 225.

fondamentaux de la création de Delaroche. Ses drames traduiraient cette tension entre un humain trop humain et son désir d'arracher à sa condition de mortel ses pensées les plus pures. Ce qui intéresse ici n'est pas le statut de vérité de cet énoncé, mais le rapport qu'il entretient avec les critiques favorables à son œuvre. C'est en effet un trait itératif des propos en sa faveur : concilier deux tendances qui jettent habituellement l'homme dans d'effroyables passions.

On ne résiste pas à l'observation selon laquelle Delaroche réussit cette médiation dans le cadre d'un passé où la fidélité historique, pourtant revendiquée comme l'une des conditions de l'art, a finalement moins d'importance que le sens de la mise en scène et l'intelligence d'une reconstitution vraisemblable. En un mot, l'artiste a l'*intuition de l'histoire* ! On porte à son crédit une évocation du passé à travers des sujets terribles qui ne sont ni plus ni moins que des *écritures fictionnelles.* Aussi interroger sa peinture pour démêler la vérité de l'anachronisme n'a guère de sens. Car s'il est aisé de révéler une erreur qui paraît aujourd'hui manifeste dans tel costume ou telle sculpture, il n'existe pas chez Delaroche ce que Madame de Staël nomme avec à-propos un « anachronisme dans les sentiments et dans les pensées[71] ». D'après l'auteur de *Delphine* (1802), « les sujets historiques exercent le talent d'une tout autre manière que les sujets d'invention ; néanmoins il faut peut-être encore plus d'imagination pour représenter l'histoire dans une tragédie que pour créer à volonté les situations et les personnages. [...] l'histoire a besoin d'être artistiquement combinée pour faire effet au théâtre, et il faut réunir tout à la fois, dans la tragédie, le talent de peindre le vrai et celui de le rendre poétique[72]. » *Peindre le vrai* tout en l'associant au talent de *le rendre poétique,* telles sont précisément les exigences que s'est

---

71 Madame de Staël, *De l'Allemagne* (1810), nouvelle édition, avec une préface de X. Marmier, Paris, Charpentier, 1844, p. 222.
72 *Idem*, p. 221.

imposé Delaroche à travers le *genre historique* : accorder ses facultés d'imagination aux lois d'une esthétique qui évoque plutôt qu'elle ne montre. L'artiste tire ainsi parti de la *valeur suggestive* des situations auxquelles les accessoires apportent un alibi d'authenticité. Le centre d'intérêt n'est jamais celui de l'action elle-même, mais bien celui du *temps suspendu*. Sa peinture répond à cette double exigence de la ressemblance et de la vraisemblance historiques. Au-delà du contexte social et politique qui marque de son empreinte une nation qui célèbre les grands faits et gestes de son passé, l'artiste préfère la dimension évocatrice du *genre historique*, habile à émouvoir. Enfin, l'œuvre de Delaroche privilégie le drame de l'homme dans un contexte qui le dépasse et le renvoie à sa condition de mortel. L'effroyable destin pèse de tout son poids sur un sujet qui ne peut lutter contre lui. Jane Grey, les enfants d'Édouard, Élisabeth, Charles Ier, Marie-Antoinette, la jeune martyre figurent autant de victimes de la fatalité, mises en scène dans des situations réelles ou imaginaires. La fortune de cette *force du destin* est telle qu'elle perdure jusqu'à la fin du XIXe siècle. Mais elle atteint incontestablement son acmé avec le mélodrame en quatre actes de Giuseppe Verdi, *La forza del destino*. Créé le 10 novembre 1862 au Théâtre Impérial de Saint-Pétersbourg, l'opéra est redonné à la Scala de Milan sept ans plus tard dans une version remaniée et mise en scène par le compositeur lui-même[73].

La quête d'authenticité, liée à l'émergence d'une histoire non plus exclusivement faite de dates, d'évènements politiques et militaires, et le jaillissement d'un passé incarné par des héros non plus idéalisés mais rendus presque familiers et ressemblants, constituent les fondements sur

---

[73] Il n'est pas indifférent de remarquer que le thème du destin implacable est toujours présent au XXIe siècle, dans les médias notamment. Il est décliné au Mexique sous la forme d'une *telenovela* intitulée *La fuerza del destino*, diffusée en France sur la chaîne numérique IDF1, sous le titre *La Force du Destin*.

lesquels repose la « couleur locale ». Car il s'agit tout autant de découvrir la poésie dans la réalité, de peindre des caractères plutôt que des personnages, de restituer les usages et les mœurs de l'époque considérée, de laisser deviner ce qu'il ne faut pas dire ou ce que l'on ne peut montrer, d'aborder l'aspect intime et pittoresque des évènements… En somme la couleur locale se met au service d'une parfaite synthèse entre la page érudite et la jouissance de la pure peinture. Si l'historien revendique une histoire sinon subjective du moins habitée par celui qui l'écrit[74], l'artiste, lui, prétend précisément par la couleur locale peindre plus qu'analyser, raconter plus que démontrer. La couleur locale est devenue si importante qu'elle devient au XIXe siècle l'un des critères d'une œuvre de qualité. Si l'expression est employée dès 1806 par l'historien Prosper de Barante[75], c'est Victor Hugo qui en parle le premier en littérature. En octobre 1827, il définit le rôle qu'elle doit jouer et la place qu'elle doit occuper dans la dramaturgie romantique : « Ce n'est point à la surface du drame que doit être la couleur locale, mais au fond, dans le cœur même de l'œuvre, d'où elle se répand au dehors, d'elle-même, naturellement, également, et, pour ainsi parler, dans tous les coins du drame, comme la sève qui monte de la racine à la dernière feuille de l'arbre. Le drame doit être radicalement imprégné de cette couleur des temps ; elle doit en quelque sorte y être dans l'air, de façon qu'on ne s'aperçoive qu'en y entrant et qu'en en sortant, qu'on a changé de siècle et d'atmosphère[76]. » Cependant, poursuit Hugo, la couleur locale, trop utilisée ou employée à mauvais escient, peut aussi se révéler négative, allant à l'encontre des effets voulus par l'artiste. Le style

---

[74] Voir Jules Michelet, *Histoire de France*, tome 2, Paris, Hachette, 1852, p. 673 et *Œuvres complètes*, tome I, Paris, Flammarion, 1893-1898, p. 9-10.

[75] Voir Prosper de Barante, *Histoire des ducs de Bourgogne*, tome I, 4e édition, Paris, Ladvocat, 1826, p. 13-14 et p. 26.

[76] Préface de *Cromwell*, in *Œuvres de Victor Hugo*, tome VII, Paris, Furne et Cie Libraires-Éditeurs, 1840, p. 34.

« troubadour » en est un exemple par sa naïveté et son approximation vague du passé ; le goût excessif du détail en est un autre, qui dénature la *restitution* des mœurs d'une époque.

Or, à travers elle, c'est la *résurrection* de l'histoire qui est en question. L'enjeu est d'une importance capitale puisqu'il conditionne la réception et la lecture des œuvres dramatiques et plastiques aussi bien que celles des études historiques. Toutes sont traversées par cette obsession d'un rendu vraisemblable – narratif, plastique, poétique, dramatique – validé non par l'histoire, mais par la conception que le XIXe siècle s'en fait, soit, en peinture, une compréhension anachronique comme le sont le *style troubadour* d'un Pierre Révoil et le *genre historique* d'un Paul Delaroche. L'invention du passé, en tout état de cause, puise ses sujets véridiques dans une histoire qui l'est fort peu *in fine*. Qu'importe puisque l'art est bien cette faculté de modifier des images, de transformer des pensées et de les répandre dans l'imaginaire collectif ? De bonne foi, le XIXe siècle rend crédible un *passé retrouvé* qui s'enorgueillit d'exactitude. Erreur d'appréciation tout au plus, arrangement nécessaire quand les preuves manquent ou que les documents se font rares. Mais, je le répète, compromis ne riment pas avec compromissions. Il faut savoir gré aux historiens d'initier un mouvement qui se répand chez tous les créateurs et que résume Prosper de Barante en 1826 dans son *Histoire des ducs de Bourgogne* : « [L'histoire] doit être, avant tout, exacte et sérieuse ; mais il m'a semblé qu'elle pouvait être en même temps vraie et vivante[77]. » C'est précisément à partir de ces deux principes – vérité (supposée) et vraisemblance – que tout un courant artistique se déploie, enrichissant la peinture d'histoire pour s'épanouir sous la forme du *genre historique* initié par Delaroche.

---

[77] P. de Barante, *op.cit.*, p. 41.

Vérité et vraisemblance sont d'emblée posées dans la tragédie que Madame de Staël a consacrée à Lady Jane Gray quarante-six ans avant que Delaroche n'en donne sa magistrale version picturale. Dans la préface, elle vante l'avantage des sujets historiques sur les sujets de pure invention, les premiers étant à ses yeux plus efficaces dramatiquement que les seconds [78]. L'intérêt y est plus efficacement sollicité et la vérité, ou ce qui en tient lieu, soumet sa loi à la vraisemblance sans lui faire obstacle. Ainsi l'imagination n'égare jamais la pensée et c'est dans la perspective d'une leçon des siècles passés que se dessine l'évocation historique pour la génération présente. Telle est la philosophie de Madame de Staël relative aux mérites de la tragédie. Pour ne mentionner ici que la question de l'exactitude historique, la baronne affirme qu'elle l'a suivie de façon scrupuleuse. Est-ce si sûr ? Elle s'autorise toutefois à inventer un personnage dont dépend entièrement le destin des personnages principaux. Résumons brièvement la tragédie de Mme de Staël.

La pièce débute par l'annonce de l'accession au trône d'Angleterre en 1553 de la protestante Jane Gray à la suite de la mort d'Édouard VI. Or Jane refuse la couronne au profit de Marie, sa cousine catholique. Néanmoins le lecteur apprend qu'une bataille décisive a lieu opposant les troupes de Marie, qui aspire au pouvoir, à celles de sa rivale luthérienne. Après un fol espoir, la bataille est perdue pour Jane, Guilfort Dudley, son époux, et le duc de Northumberland, son beau-père. Un projet de fuite en France est un moment envisagé mais assez rapidement abandonné. Tous trois se sacrifient en restant en Angleterre, certains du sort qui les attend. Après un simulacre de procès, les protagonistes sont envoyés à la Tour de Londres, attendant le verdict. Après d'inutiles tractations secrètes

---

[78] Germaine de Staël, *Jane Gray*, in *Œuvres complètes*, tome II, Paris, Firmin Didot, 1871, p. 306 et suiv.

menées par le comte de Pembroke, dont l'amour pour Jane décuple dans ces circonstances tragiques, la condamnation à mort est prononcée pour les trois héros. Ainsi s'achève cette tragédie en cinq actes et en vers écrite en 1787. On imagine sans peine que l'enseignement à tirer de la lecture de l'œuvre est l'abnégation du sujet dont l'amour et le sens du devoir surpassent la volonté de pouvoir, l'ambition et le désir de vengeance. Mais cette morale n'aurait jamais pu voir le jour sans l'invention de ce personnage clé, Pembroke, dont l'amour pour l'héroïne est le ressort même du drame. Ainsi la tragédie repose-t-elle sur une fiction amoureuse qui, non contente de compliquer le sort des personnages, finit par sceller leur destin funeste. Or, si l'on prête quelque attention à cet imbroglio amoureux, force est de constater que rien ne l'atteste dans les récits de l'histoire d'Angleterre du XVIe siècle.

Rien que de banal, au fond, dans ce paradoxe. Les libertés prises avec le passé ne sont ni plus ni moins que courantes dès le XVIIIe siècle et tout au long du XIXe. Elles répondent soit à la contrainte de combler les lacunes liées aux connaissances historiques soit à la nécessité de rendre la narration plus cohérente, quand elles n'obéissent pas aux deux ! Les licences et les anachronismes qu'un lecteur attentif peut relever visent la recherche d'une vérité historique en accord avec les conceptions du temps. Ils traduisent pour une société donnée une manière spécifique de concevoir une *esthétique du passé*. Si l'exactitude historique procède d'une prise de conscience et, dans le même temps, d'un changement des mentalités, elle ne saurait pour autant sacrifier l'imagination qui préside toujours au domaine artistique et littéraire. La tension entre ces deux exigences, l'une scientifique, l'autre artistique, n'est pas une contradiction ; elle exprime la difficulté de ces deux domaines à se rejoindre en une logique convergente. Au-delà, c'est la question capitale de la liberté de représenter le passé dans la création qui est soulevée. Plaire et intéresser sans sacrifier la précision scientifique, telle est la gageure d'un XIXe siècle qui prétend à l'exactitude scrupuleuse d'une histoire arrangée. Il est pourtant impossible d'interpréter cette *fidélité adultère* autrement que comme les prémices d'une moderne histoire de l'art.

Le goût pour l'histoire d'Angleterre :
entre mythe et réalité

> - « Pas mal, ces *moissonneurs* de Robert ; mais l'Italie, toujours l'Italie avec son ciel bleu et ses femmes noires, c'est bien ennuyeux ! »
> - Delaroche aussi devrait bien choisir ses sujets autre part que dans l'histoire d'Angleterre ! Voilà *Cromwell* après les *enfants d'Édouard*, après *miss Macdonald*… C'est toujours la même chose. »
>
> Auguste Jal, *Des ennuyés* in *Paris, ou Le livre des cent et un,* t. 7, Paris, Ladvocat, 1832, p. 273.

Que n'a-t-on répété sur le goût avéré de Delaroche pour l'histoire d'Angleterre ? Que n'écrit-on, aujourd'hui encore, dans les ouvrages les plus sérieux et sur le site d'un des musées français les plus prestigieux concernant cette appétence supposée de l'artiste pour ces hauts dignitaires, abjects ou sublimes, qui firent l'histoire de la Grande-Bretagne ? Depuis Henri Heine jusqu'à Charles Rosen et Henri Zerner en passant par Jules Breton, tous se font prendre au piège des apparences trompeuses de l'image. En cela, ils poursuivent une tradition qui se fonde sur des œuvres peu nombreuses, eu égard à tout l'œuvre peint de

Delaroche, mais caractéristiques de cette singulière prédilection dans le choix de ses sujets : rois, reines, aristocrates anglais qu'on exécute. Démêlons le vrai du faux, ou plus exactement tentons de nous faire une idée précise sur cette croyance selon laquelle Delaroche se serait spécialisé dans la peinture de l'histoire d'Angleterre. À ne considérer que les toiles du Louvre (*Les enfants d'Édouard*, la *Mort d'Élisabeth, reine d'Angleterre, en 1603*), de la National Gallery (*L'exécution de lady Jane Grey*), du musée des Beaux-Arts de Nîmes (*Cromwell et Charles Ier*), de celui de Rouen (*Jeanne d'Arc, malade, interrogée par le cardinal de Winchester*) ou la belle gravure d'Henriquel-Dupont du fonds Goupil à Bordeaux (*Lord Strafford allant au supplice*), on jurerait que l'artiste a fait de la Grande-Bretagne une source inépuisable de son œuvre peint. Ce n'est pas faux, en un sens, puisque la critique a retenu ces œuvres comme la marque de fabrique d'un Delaroche soucieux de renouveler son inspiration. La mémoire collective a consacré ce trait emblématique qui fait dire ironiquement à Heine en 1841 que « M. Delaroche est le peintre ordinaire de toutes les majestés décapitées[79]. » À elles seules les six toiles mentionnées plus haut représentent et résument dans l'imaginaire des spectateurs tout l'œuvre peint de l'artiste. L'art de Delaroche entrerait-il profondément en résonance avec l'inconscient collectif ? L'espace suggéré des peintures semble le prouver. Se jouant du sujet en lui dérobant la majeure partie de sa production peinte, il l'égare dans une lecture imposée et réductrice.

Le glissement du particulier au général, à partir de quelques exemples certes marquants, ne peut se substituer à une explication satisfaisante. La force plastique des œuvres citées marque probablement beaucoup plus les esprits que n'importe quelle autre toile du même artiste, leur impact psychique et émotionnel également. Il est également un autre facteur, non moins décisif que le précédent : *la réflexion que*

---

[79] Henri Heine, *Lutèce, op. cit.*, p. 226.

mène l'artiste sur l'écriture de l'histoire. Si David et son néo-classicisme ne parviennent plus à ranimer la représentation du passé national au sein de la scène artistique française, Delaroche y réussit fort bien par d'autres moyens. Est-il si contradictoire d'aller chercher ses exemples dans l'histoire d'Angleterre dans la mesure où ils peuvent, déguisés, raviver des problèmes nationaux d'actualité ? Stephen Bann[80] a établi les liens jusqu'alors peu exploités entre Delaroche et le philosophe David Hume (1711-1776), mais aussi l'intérêt que l'artiste porte à la culture historique anglaise et au peintre James Ward (1769-1859), membre de la Royal Academy. Hume est l'auteur, entre autres, d'une *Histoire d'Angleterre*, traduite en 1763, rééditée périodiquement à partir de 1809. D'autre part, François Guizot publie en 1846 une *Histoire de la révolution d'Angleterre depuis l'avènement de Charles Ier jusqu'à sa mort*, des *Études biographiques sur la révolution d'Angleterre* en 1851, un *Shakespeare et son temps* en 1852, une *Histoire de la république d'Angleterre* en 1855, une *Histoire du protectorat de Cromwell et du rétablissement des Stuart* en 1856. Je ne saurais passer sous silence enfin l'influence de Walter Scott (1771-1832). Louis Ulbach compare à ce propos Delaroche à l'écrivain écossais tels des « génies analogues ». Il ajoute que la similitude avec le dramaturge français Casimir Delavigne n'est pas fondée et « que la chasteté, la correction, la tristesse tempérée du romancier anglais répondent mieux aux qualités du peintre français[81]. » Tous eurent, chacun à sa façon, directement et indirectement, un pouvoir déterminant sur le genre « troubadour » puis, au-delà, sur cette nouvelle génération d'artistes qui pouvait dès lors s'appuyer sur des sources historiques fiables. Enfin, il convient de ne pas omettre les deux séjours de l'artiste en Angleterre, le premier en 1825, le second en 1827. Il s'y imprègne entre autres des œuvres de James Ward et de

---

[80] *L'invention du passé, Histoire de cœur et d'épée en Europe, 1820-1850*, tome II, cat. exp., Paris, Hazan, 2014, p. 14.
[81] L. Ulbach, « Paul Delaroche », *Revue de Paris, op. cit.* t. XXXVI, p. 354.

James Northcote (1746-1831). De ce dernier il admire sans doute *L'entretien de Fecknams avec lady Jane Grey dans la tour de Londres* (coll. part.) et *Le meurtre des Princes dans la tour*, deux toiles préfigurant par les thèmes ses propres chefs-d'œuvre.

L'exigence de données plus authentiques, la recherche d'une « couleur locale » plus proche de la réalité, essentielles au « genre historique » de Delaroche, justifient-t-elles ces deux voyages en Angleterre ? Sans aucun doute, comme se légitime cette « frappante analogie » entre un dessin de John Opie (1761-1807), gravé par Skelton et publié en 1795 dans un ouvrage de David Hume, et *L'exécution de lady Jane Grey* de Delaroche. Du reste, l'artiste n'en est pas à son premier emprunt. La composition de la *Mort d'Élisabeth, reine d'Angleterre* doit aussi beaucoup à un dessin de Robert Smirke (1753-1845), gravé à Londres par Neagle. Mais alors que Gustave Planche accuse au XIXe siècle le peintre de plagiat[82] dans ses *Études sur l'école française (1831-1852)*, l'histoire de l'art contemporaine n'y voit plus qu'une proximité d'inspiration, mieux, un travail de réappropriation.

---

[82] Gustave Planche, *Études sur l'école française (1831-1852)*, Paris, Michel Lévy frères éditeurs, 1855, p. 240-241. Cette accusation pèsera sur la carrière de Delaroche de 1824 à 1834.

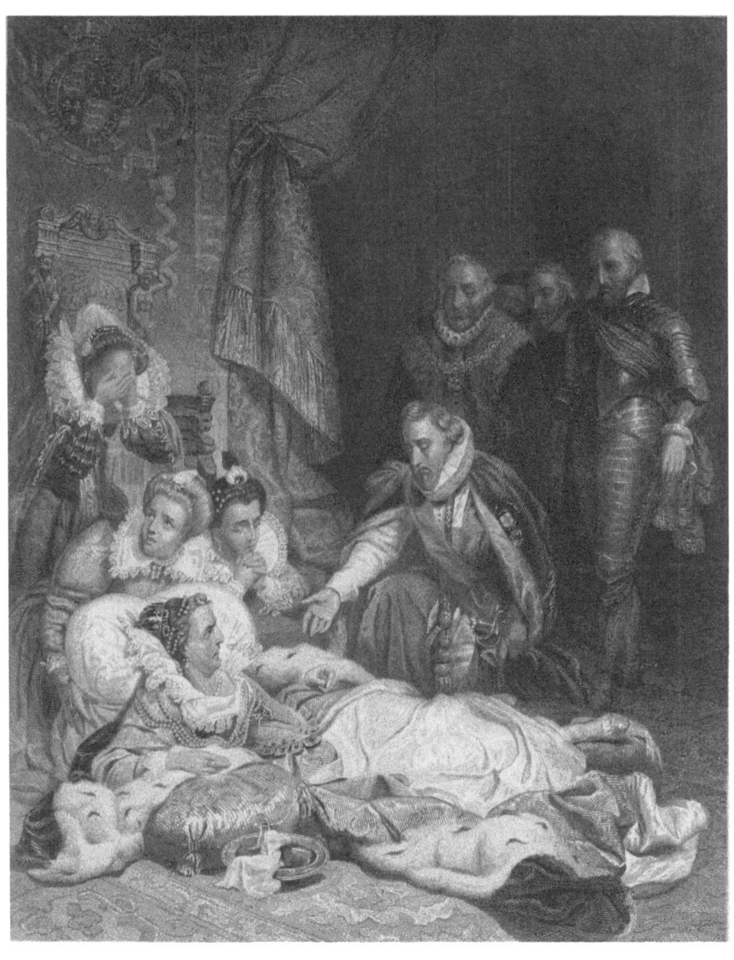

La Mort d'Élisabeth, reine d'Angleterre.
Gravure par Paolo Mercuri , d'après Paul Delaroche.
Galerie du Prince Anatole Demidoff.
17,2 x 21,2 cm.

En 1828, l'artiste signe une autre œuvre majeure, *La Mort d'Élisabeth, reine d'Angleterre*. Aussi n'hésite-t-il pas à reprendre, en la forçant davantage, la formule qui avait fait son succès lors du Salon de 1824 avec sa *Jeanne d'Arc* : peindre un fait historique, en élevant le particulier au niveau de l'universel. L'importante toile du Louvre engage à méditer sur le sort des grands de ce monde : ne recevant pas l'anneau qu'elle avait confié à son favori le comte d'Essex et qui devait le sauver, la reine Élisabeth signe l'ordre d'exécution.

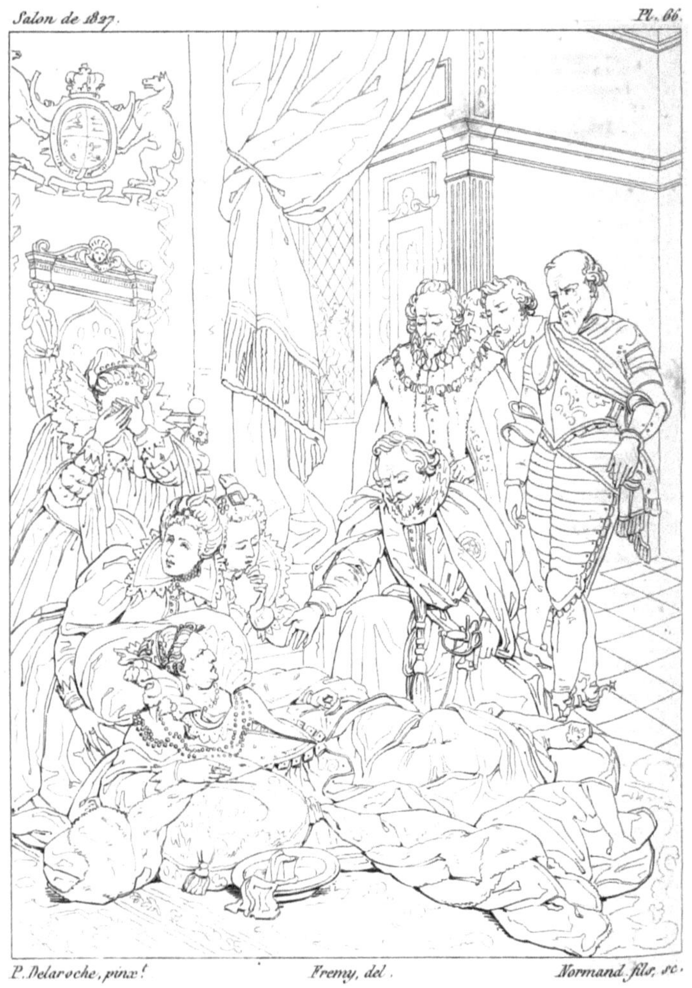

La Mort d'Élisabeth, reine d'Angleterre.
Gravure d'après Paul Delaroche, *Annales du musée et de l'école moderne des Beaux-Arts*, Landon, Salon de 1827.

Comprenant trop tard qu'elle a été jouée par le comte de Nottingham, elle s'abandonne à la plus profonde mélancolie. La notice accompagnant le tableau lors d'une exposition organisée à l'École des beaux-arts le 21 avril 1857 propose un commentaire plus détaillé : « elle rejeta toute espèce de consolation, et refusa même de prendre des aliments ; elle se jeta par terre, y resta immobile, nourrissant ses regrets des réflexions les plus cruelles, et déclara que la vie n'était plus pour elle qu'un fardeau insupportable. Des cris étouffés, des gémissements, des soupirs, furent le seul langage qu'elle se permit. Elle passa ainsi dix jours et dix nuits étendue sur son tapis et appuyée sur des coussins que ses femmes lui apportèrent ; ses médecins ne purent [la] persuader de se mettre au lit, et encore moins d'essayer les secours de leur art. Sa fin parut prochaine[83]. »

La scène évoquée représente le moment où Élisabeth Ière, terrassée par ses amours contrariées, se voit réduite à un état proche de la déchéance physique et du dénuement moral. Avant sa mort, la souveraine fait connaître ses intentions sur le choix de son successeur au secrétaire d'État Cecil derrière lequel se tiennent le lord garde du sceau, le lord amiral et l'archevêque de Canterbury. L'instant est grave : la physionomie royale est remarquablement expressive. Il reste assez de vie à l'agonisante pour que la souffrance y conserve quelque énergie. Le jeu est proprement scénique qui élabore une gestuelle savamment théâtrale.

N'était le livret du Salon, les sources littéraires ou musicales qui inspirèrent le sujet à Delaroche restent inconnues. Il existe bien une *Elisabetta al castello di Kenilworth* de G. Donizetti, opéra créé au Théâtre San Carlo de Naples sur des paroles d'A. L. Tottola, mais il date de 1829 – il est donc postérieur à l'œuvre de Delaroche – et se termine par

---

[83] L. Ulbach, « Exposition des œuvres de Paul Delaroche au Palais des Beaux-Arts », in *Revue de Paris, op. cit.*, 1857, p. 5.

l'acte magnanime de la reine qui évite à Leicester la peine capitale. G. Rossini a également composé une *Elisabetta, regina d'Inghilterra* en 1815 sur un livret de G. F. Schmidt, mais le mélodrame prend fin dans une liesse générale. Il reste le roman de Walter Scott publié en 1821, *Kenilworth*, qui porte davantage sur le sort tragique de l'épouse de Leicester, prétendument coupable d'infidélité conjugale, que sur le destin d'Élisabeth Ière. Il semblerait que l'épisode de la reine mourant d'amours contrariées soit une pure invention. La toile parut au public comme l'expression même du romantisme !

Mais l'accumulation de ces éléments factuels et de ces indices, si probants soient-ils, est-elle suffisante pour affirmer, comme le font encore certains observateurs, que Delaroche s'est fait une spécialité des « malheurs de l'aristocratie anglaise[84] » ? Contre toute attente, la réponse est négative. La preuve la plus flagrante, celle que rien ne peut démentir, est le nombre de peintures du maître consacrées à l'histoire d'Angleterre dans toute sa production picturale. Je me suis appuyé sur deux sources différentes pour rétablir une vérité qui m'a toujours semblé usurpée.

La première est le *Catalogue des tableaux, esquisses, dessins et croquis de Paul Delaroche*[85] vendus à Drouot les 12 et 13 juin 1857 à la suite du décès de l'artiste survenu un an plus tôt. Cette vente fut précédée d'une exposition de ses œuvres qui dura quarante jours, attira 62 300 visiteurs et permit une recette de 25 000 francs. L'évènement fut d'une importance considérable. Le coûteux catalogue, produit à quelques exemplaires et réservé aux collectionneurs, n'en fut pas

---

[84] C. Rosen, H. Zerner, *Romantisme et réalisme, op. cit.*, p. 148.
[85] *Catalogue des tableaux, esquisses, dessins & croquis de M. Paul Delaroche*, vendredi 12 et samedi 13 juin 1957 [Paris, Maulde et Renou imprimeurs de la Compagnie des Commissaires-Priseurs], 1857.

moins un réel succès qu'on ne peut manquer de rattacher à cette première exposition rétrospective complète de l'artiste.

La seconde est l'*Explication des tableaux, dessins, aquarelles et gravures exposés au Palais des Beaux-Arts, le 21 avril 1857*[86]. Parmi les signataires de cette exposition figurent Horace Vernet, Président de l'exposition et beau-père de l'artiste, J.A.D. Ingres, Ary Scheffer, Eugène Delacroix, Robert Fleury, le graveur Henriquel-Dupont – tous membres de l'Institut –, le vicomte P. A Labouchère… Dans la liste figurent également les noms d'Henri Delaborde, auteur de la *Notice sur la vie et les ouvrages de Delaroche* photographiés par Bingham en 1858, d'Émile Pereire[87], homme d'affaires portraituré par l'artiste, ou encore celui d'Adolphe Goupil, éditeur, célèbre pour être l'un des plus grands marchands de tableaux et de gravures d'art de son temps.

En recensant les œuvres de Delaroche, petites ou grandes et de diverses natures, vendues à Drouot les 12 et 13 juin 1857, j'en ai dénombré 44 relevant des thèmes religieux, *18 appartenant à l'histoire d'Angleterre*, 3 à des thèmes antiques, 6 à des scènes de genre, 35 aux études préparatoires de l'Hémicycle de l'École des beaux-arts. Le catalogue comporte également 1 portrait. Il convient d'ajouter à cette liste onze dessins que possédait Delaroche ; il s'agit de Buttura, Charlet, Decaisne, Géricault, Granet, Gudin Heele, Marilhat et Ziem.

---

[86] *Explication des tableaux, dessins, aquarelles et gravures exposés au Palais des Beaux-Arts, le 21 avril 1857*, Paris, Charles de Mourgues frères, 1857.
[87] Émile Pereire (1800-1875) possédait l'une des plus belles collections de peintures anciennes et modernes, à l'éclectisme assumé. Sur les relations étroites entre l'homme d'affaires et Delaroche, voir Pauline Prevost-Marcilhacy, « La collection de tableaux modernes des frères Pereire », in *Études transversales, Mélanges en l'honneur de Pierre Vaisse*, sous la direction de L. El-Wakil, S. Pallini, L. Umstätter-Mamedova, Lyon, PUL, 2005, p. 149.

Pour l'exposition du Palais des beaux-arts le 21 avril 1857, l'inventaire fait apparaître 18 thèmes religieux, 9 scènes de genre pouvant évoquer pour certaines d'entre elles le style « troubadour », 16 scènes extraites de l'histoire de France, *8 scènes de l'histoire d'Angleterre*, 26 portraits, 52 dessins et aquarelles dont, à égalité, 4 scènes ayant trait à l'histoire de France et *4 à l'histoire d'Angleterre*, 4 gravures dont, à égalité, 2 ressortissent à l'histoire française et *2 à l'histoire anglaise*, 1 étude de têtes de moines camaldules, 7 scènes de genre, 5 portraits aquarellés, 1 épisode religieux et deux autres scènes sans motif particulier dans la même technique, enfin dans les ouvrages mentionnés sur le catalogue mais non exposés, 13 portraits, 10 scènes religieuses, *4 scènes historiques anglaises*, 5 scènes historiques françaises et 8 opus inclassables. Quant aux gravures non exposées, on compte 3 portraits, 4 scènes religieuses et *3 scènes ayant trait à l'histoire nationale anglaise*.

À l'aune de ces relevés chiffrés, je perçois mal pour quelle raison on affirme que Delaroche est voué à ne peindre que des épisodes clés de la nation anglaise. Tout se passe comme si le regard trouvait sa pâture dans quelques images significatives et y associait tout naturellement le créateur. En fait, les images qu'il a produites sont des mécanismes producteurs d'illusions. La fascination qu'exercent ces quelques toiles éclipse finalement toutes les autres. Au mieux, on ne dénombre que sept œuvres appartenant à cette catégorie, dont la plus symbolique, *L'Exécution de lady Jane Grey*[88]. Cette toile en particulier se révèle un véritable *trompe-l'œil*, non par son extraordinaire facture, mais parce qu'elle s'offre comme l'opus majeur qui résumerait à lui seul tout

---

[88] Les sept œuvres en question sont *Les Enfants d'Édouard*, la *Mort d'Élisabeth, reine d'Angleterre, en 1603, Cromwell et Charles Ier, Jeanne d'Arc, malade, interrogée dans sa prison par le cardinal de Winchester, Lord Strafford allant au supplice, Charles Ier insulté par les soldats de Cromwell* sans oublier l'une des œuvres les plus emblématiques de l'artiste *L'Exécution de lady Jane Grey.*

l'œuvre peint de Delaroche. Ce qui est faux du seul point de vue numérique devient vrai dans la mémoire collective, ou, pour le dire autrement, la vérité des chiffres ne contredit nullement ce rapport singulier du spectateur au visible. La question posée par cette image est bien celle d'une transgression des conditions communes de visibilité. À la transparence et à la lisibilité d'une peinture que l'on saisit du premier regard succède la visibilité obscurcie qui fait prendre l'ombre pour la proie. Repenser la question du visible chez Delaroche c'est assurément se saisir de cette solution de continuité entre le visible et le vu, entre l'œuvre peint, riche d'une très grande diversité de sujets, et ce qu'il en reste dans la conscience collective, soit quelques œuvres – moins d'une dizaine – illustrant une nation étrangère ! Il y a là une violence faite à l'artiste qui en dit long sur la tyrannie de l'image. Delaroche serait-il victime de son œuvre ? Je ne cesse de le penser et de l'écrire. Si l'on sait depuis longtemps que l'innocence de l'œil n'existe pas, pas plus que celle du regard, il convient dès lors de s'interroger sur les enjeux de ces quelques toiles qui se donnent en spectacle et qui s'imposent *in fine* au détriment de toutes les autres. Des œuvres, en somme, qui défient le regard du public, disent la fixité et réduisent l'artiste à être *le* représentant *d'une* seule peinture, celle du juste-milieu, voire d'un seul tableau !

Quoi qu'il en soit, faire reposer l'œuvre de toute une vie sur seulement sept toiles est une opération singulière qui n'a, à ma connaissance, jamais été relevée comme telle et qui, dans tous les cas, s'affirme comme une méprise, d'où l'image tenace d'un Delaroche spécialiste des morts tragiques inspirées de l'histoire d'Angleterre. Cette fiction a longtemps été retournée contre l'artiste de son vivant par des critiques malveillants cantonnant son travail à un domaine circonscrit, voire à un genre spécifique. Mais elle a également fait sa fortune. Sa renommée populaire, il la doit aussi à cette spécificité. Dans le grand imagier du public, Delaroche se confond avec l'histoire d'Angleterre au point de faire naître des images emblématiques d'une culture visuelle universelle. Si la lecture de ses peintures expose à de singulières équivoques, elle les inscrit entre mythe et réalité, bel et bien.

DELAROCHE PORTRAITISTE

L'inventaire que j'ai établi permet donc de classer en première position les portraits, puis les thèmes religieux, enfin les travaux appartenant à l'histoire de France. Pourquoi le portrait comme image identitaire tient-il une place prépondérante ? Le phénomène s'explique essentiellement par le fait qu'il est un moyen particulièrement lucratif pour un peintre talentueux. Delaroche ne fait pas exception à la règle, qui y consacre du temps et beaucoup d'énergie ; selon Norman Ziff, il aurait peint quarante-cinq portraits à l'huile sans compter les portraits dessinés. Les classes moyennes ou les couches intermédiaires sont avides de laisser d'elles-mêmes des images reflétant leur position parmi les dignitaires de l'État ou indiquant leur ascension sociale aux générations futures. Les notabilités de la Chambre qui règnent sur la France trouvent en Delaroche l'artiste qui sait *traduire en images* leur respectabilité par un dessin soigné, une couleur sobre et une exécution équilibrée. Loin du tempérament fougueux des romantiques, il incarne par son style, aussi bien que par le bon goût dont son travail ne se départit jamais, des qualités plastiques qui rassurent les commanditaires les plus exigeants. Dira-t-on dès lors que Delaroche est un peintre du juste-milieu ? Pas vraiment si l'on admet que ses principaux acheteurs n'appartiennent pas à la bourgeoisie mais bien à l'aristocratie. S'il n'envoie qu'à deux reprises des portraits au Salon, il est un grand pourvoyeur d'effigies de personnages de très haut rang. C'est un peintre qui collectionne l'élite de l'époque. Le *Portait de Cécile de Poilly, comtesse de Fitz-James* (vers 1836), le *Portrait de François Guizot* (1837), le *Portrait du comte Alphonse de Feltre* (1839), le *Portrait du pape Grégoire XVI* (1844), le *Portrait du comte Charles de Rémusat* (1845), le *Portrait du comte Narcisse-Achille de Salvandy* (1846), le *Portrait du comte James-Alexandre de Pourtalès-Gorgier* (1846), le *Portait du baron Mallet* (1847), le *Portrait de Ludmille-Komar, princesse de Beauvau-Craon* (1849), le

Portrait d'Eugène Ier Schneider (1850), le *Portrait de Constance Schneider, née Lemoine des Mares* (1852) suffiraient à faire valoir que ce n'est pas que la bourgeoisie que Delaroche portraiture, mais les plus grands représentants de cette société aristocratique qui constitue sa plus riche et sa plus fidèle clientèle.

Le portrait devient très vite l'un des genres les plus ennuyeux pour la critique qui en dénonce l'inflation à chaque Salon. C'est pourtant dans cette catégorie que l'artiste est le plus apprécié par Henri Heine notamment, qui dénonce par ailleurs la dimension inutilement théâtrale de ses compositions d'histoire. Il loue dans le *Portrait de M. Émile Pereire* toute la pénétration psychologique de l'homme d'affaires, bien connu du milieu artistique pour sa collection d'œuvres d'art aussi riche qu'éclectique. Alphonse de Calonne reconnaît dans le *Portrait de François Guizot* une exactitude dans les traits du modèle qui force l'admiration, mais qui ne traduit en rien cette ressemblance qui exprime tout à la fois le penseur, l'historien et l'homme d'État. De surcroît il attire l'attention sur le point probablement le plus délicat du travail de Delaroche : son *équilibre* qui doit au juste-milieu une honnête représentation de l'élite parisienne sans grands défauts mais aussi sans grandes qualités[89], ce que Baudelaire définit comme « les régions moyennes du talent et du bon goût[90]. » Ce bon goût conduit l'artiste non seulement à comprendre les aspirations de son époque, mais à s'y adapter par des réponses parfaitement adéquates, des réponses « actuelles » et « modernes » qui plus est, comme le souligne Alexandre Decamp, qui précise que le talent de Delaroche « s'harmonise singulièrement avec un certain ordre d'idées qui existent parmi nous ; il y a quelque chose

---

[89] Sur cette notion d' « équilibre », voir également Charles Lenormant, *Beaux-arts et voyages*, I, Paris, Michel Lévy frères, 1864, p. 267.
[90] Charles Baudelaire, *Curiosités esthétiques, op. cit.*, p. 207.

de la raideur et de l'apparat des formes de la haute société[91] », ce qui lui vaut de réels succès populaires, des commandes privées et publiques prestigieuses ainsi qu'une consécration officielle, qui lui attire également le reproche de ne pas avoir de style propre. Adressée de manière récurrente par une critique parfois malveillante, l'accusation devient si difficile à supporter que l'artiste décide de ne plus exposer au Salon à partir de 1837. Or, la prestigieuse manifestation artistique parisienne fait l'objet depuis déjà quelques années de reproches de plus en plus nombreux : son fonctionnement même est jugé inéquitable, les membres du jury partisans et la sélection des œuvres, au début trop sévère, est considérée par la suite comme trop complaisante. En 1846 Gustave Planche[92] s'étonne dans *La Revue des Deux Mondes* du laxisme des jurys qui ne limitent pas suffisamment le nombre des ouvrages au sein d'une institution officielle qui s'éloigne de sa mission première : une émulation de talents voués à l'expression de la beauté, si bien que se presse une foule de talents médiocres qui suppléent la qualité par la quantité. Les journaux et les almanachs ne se privent pas, quant à eux, de caricaturer le Salon et tous ceux qui s'y rapportent : du peintre prétentieux aux rapins en passant par toutes les physionomies des modèles.

---

[91] Alexandre Decamps, *op. cit.* p. 34. Charles Blanc, quant à lui, parlera non sans équivoque de la notoriété de Delaroche qui possédait « à un degré supérieur l'intelligence des idées contemporaines ». *Histoire des peintres de toutes les écoles*, III, Paris, Vve Jules Renouard Libraire Éditeur, 1863, p. 1.

[92] Gustave Planche, *La revue des Deux Mondes*, tome 18, Paris, Au Bureau de la Revue des Deux Mondes, 1847, p. 366 et tome 14, 1846, p. 299.

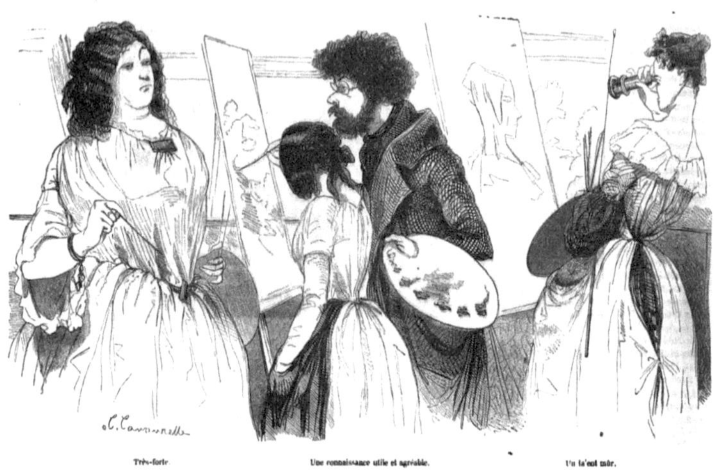

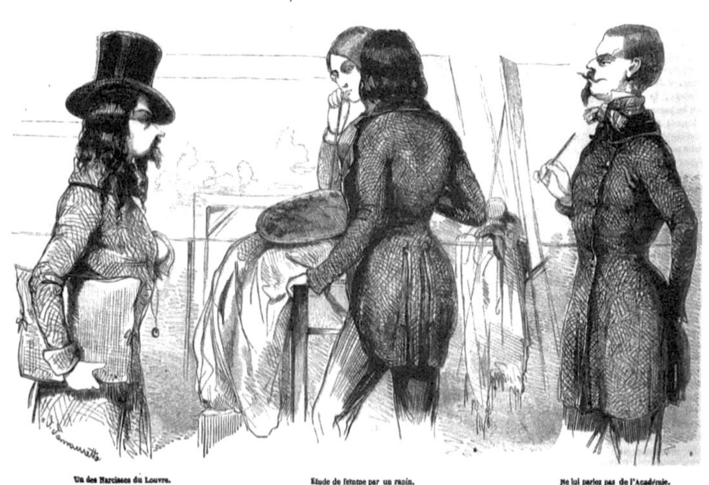

Études physiognomoniques et morales faites au Louvre.
Edmond Texier, *Tableaux de Paris*, tome I, Paris,
Paulin et Le Chevalier, 1852, p. 288.

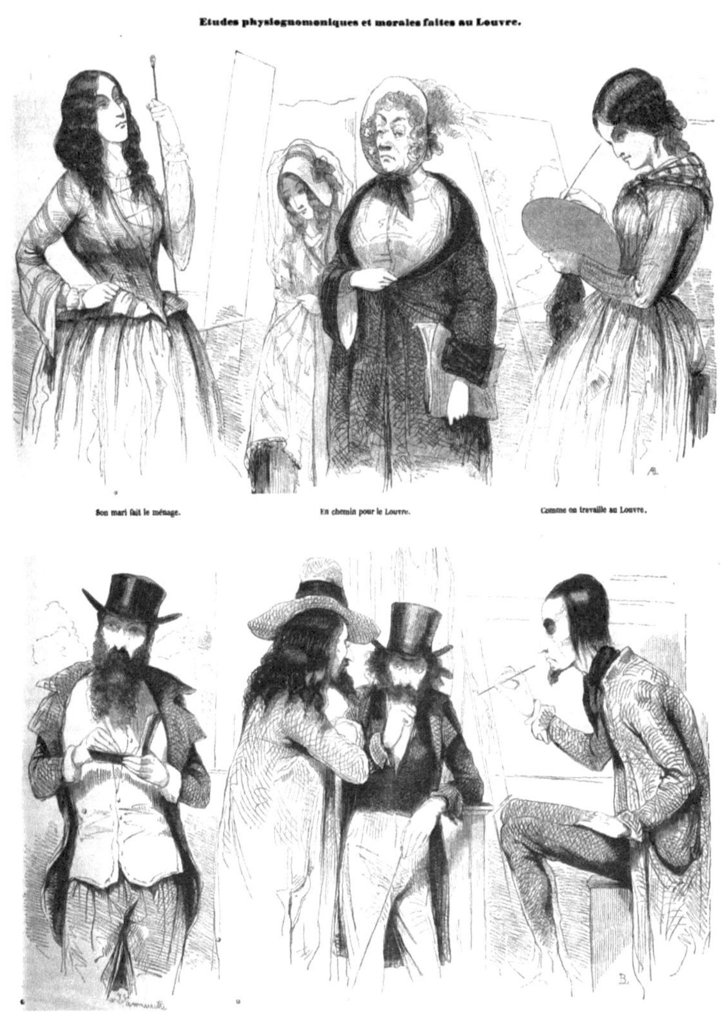

Études physiognomoniques et morales faites au Louvre.
Edmond Texier, *Tableaux de Paris*, tome I, Paris,
Paulin et Le Chevalier, 1852, p. 289.

Le retrait définitif[93] de Delaroche du Salon peut sembler insignifiant. Il ne l'est pas, pour trois raisons au moins.

La popularité du peintre s'en trouve décuplée, notamment par la diffusion à grande échelle de ses œuvres par la gravure, l'estampe et la photographie[94].

Delaroche a été le premier, d'autre part, à bénéficier d'une reconnaissance liée à un système destiné à supplanter le Salon, cette grande manifestation artistique annuelle : la rétrospective personnelle, couvrant toute la carrière de l'artiste, reflétée par un catalogue illustré, qui deviendra par la suite la *monographie*. Celles de 1857 qui lui sont consacrées un an après sa mort en sont des preuves patentes.

Ne présentant plus rien au Salon, Delaroche peut dès lors se consacrer aux portraits dont il tire des revenus substantiels. De fait, sa clientèle particulière se développe à partir de la fin des années 1830. La peinture de portraits ne peut être désolidarisée du contexte politique et économique de la monarchie de Juillet. Le nouveau pouvoir de l'argent trouve à s'exprimer, entre autres manifestations, par l'effigie de ses représentants. Les classes moyennes veulent des figurations d'elles-mêmes qui attestent et valorisent leurs positions sociales. Comme le remarque Isabelle Julia dans un article consacré aux *habits noirs*, « il n'est point nécessaire d'aimer l'art pour désirer une image de soi-même, de son épouse ou de sa famille. L'amour, l'amitié, voire l'égoïsme, la vanité sont des prétextes suffisants pour faire réaliser un portrait[95]. » Genre commercial, le portrait est aussi

---

[93] Delaroche n'est pas le seul à déserter le Salon. Dix ans plus tard, l'exposition publique enregistre les absences volontaires ou forcées d'Ingres, d'Ary Scheffer, de Gleyre, de Schnetz, de Decamps, de Cabat, d'Aligny, de Jules Dupré et de Meissonnier.
[94] Voir infra, p. 205.
[95] I. Julia, « Les habits noirs », in *Paul Delaroche. Un peintre dans l'histoire.* cat. expo. Nantes-Montpellier, Paris, Éditions de la RMN, 1999, p. 159.

l'affirmation publique, voire politique, de son statut et de son appartenance à un groupe d'idée ou d'intérêt. C'est ainsi qu'hommes politiques, banquiers, médecins et industriels sont immortalisés par le pinceau de Delaroche ; ils ne trouveront pas meilleur artiste pour traduire leurs *désirs d'images*. Les portraits laissés par l'artiste soutiennent la comparaison avec ceux d'Ingres, plus avare de ses dons pour portraiturer cette classe moyenne qu'il connaît par ailleurs très bien.

Talent incontestable d'une part, intelligence et opportunité de l'autre, le succès de Delaroche est le résultat de cette association mêlant ses qualités propres aux dispositions du moment. L'histoire et l'art dialoguent ici, éclairant en partie les raisons du succès de l'artiste qui touche aussi bien le grand public, la classe intermédiaire que l'aristocratie. Représentation physique, morale mais aussi et surtout individualité sociale, le portrait est un genre spécifique qui fait de l'artiste non un simple copiste mais un peintre de mœurs. En outre, l'étude du modèle qui peut paraître ingrate à première vue laisse place à l'invention. Portraiturer n'est pas synonyme d'aliéner et tout le talent de l'artiste consiste en une reproduction fidèle du caractère du modèle alliée à une liberté qui fait valoir les qualités propres du peintre. Dans un texte exaltant *l'héroïsme de la vie moderne*, Baudelaire déclare non sans ironie : « Quant à l'habit, la pelure du héros moderne [...] n'a-t-il pas sa beauté et son charme indigène, cet habit tant victimé ? N'est-il pas l'habit nécessaire de notre époque, souffrante, et portant jusque sur ses épaules noires et maigres le symbole d'un deuil perpétuel ? Remarquez bien que l'habit noir et la redingote ont non seulement leur beauté politique, qui est l'expression de l'égalité universelle, mais encore leur beauté poétique, qui est l'expression de l'âme publique ; – une immense défilade de croque-morts, croque-morts politiques, croque-morts amoureux, croque-morts bourgeois. Nous célébrons tous un enterrement[96]. » Et le poète de remarquer que les *habits noirs*, qui uniformisent ceux qui les portent, témoignent d'une *égalité* face à la diversité, voire à l'excentricité du siècle précédent où les couleurs et les accessoires jouaient un rôle primordial, égalité toute superficielle, cependant, puisque si elle rend univoque l'apparence des hommes de même condition, elle n'efface pas pour autant les écarts entre les différents états de cette même société. Mieux, elle les en distingue, accentuant un peu plus la distance qui sépare les catégories populaires des classes supérieures pour lesquelles elles travaillent.

Les portraits d'hommes reflètent ainsi l'austérité de l'habit sombre porté par les modèles, véritable uniforme ne désignant plus une fonction mais un groupe social. Si Delaroche est un artiste foncièrement populaire, il est aussi le peintre de cette élite française qui, par-delà sa mode janséniste, souhaite qu'on lui renvoie une image sinon idéalisée, du moins conforme à son appartenance aristocratique ou à sa condition bourgeoise. Si les grands de ce monde ressemblent à ce qu'ils ont toujours été, l'épicier à gants blancs de la Chaussée-d'Antin, lui, doit avoir l'apparence d'un gentleman ! Delaroche, arbitre du goût, remplit cette mission à merveille dans une technique prodigieuse. L'artiste développe une facture des plus traditionnelles ; conjuguée avec sa maîtrise picturale, elle crée des images quasi illusionnistes. Virtuosité du dessin, harmonie tonale, touches fondues, suavité plastique, finesse des carnations, autorité du style… tout, dans les portraits de l'artiste, devient une expérience esthétique majeure. Ses

---

[96] Baudelaire, *Salon de 1846*, Paris, Michel Lévy frères, 1846, p. 127. Ch. Blanc voit dans l'uniformité du costume « une affirmation extérieure des principes d'égalité civique et de liberté, inaugurés dans le monde par la Révolution française. » *L'Art dans la parure et dans le vêtement*, Paris, Loones, 1875, p. 185.

portraits de capitaines d'industrie, de banquiers, de ministres influents ou de grands serviteurs de l'État expriment de manière exceptionnelle l'essence individuelle et sociale de ses modèles. Si la création est subordonnée à une activité des plus lucratives touchant à la représentation mondaine, elle cherche à faire sciemment impression. Et elle y réussit, notamment dans l'accord parfait du mécénat et du contrat figuratif passé entre le commanditaire et le peintre. Toutes les clauses implicites de la représentation y sont respectées : l'image s'impose par une étonnante puissance d'envoûtement due en partie à un avant-goût de réalisme photographique. Le succès de Delaroche est tel que ses portraits seront bientôt largement répandus par la lithographie puis par la photographie. Renforçant sa renommée par des moyens de diffusion modernes, l'auteur de *La Jeune Martyre* dépasse largement sa pseudo-prédilection pour les thèmes de l'histoire d'Angleterre. Il confirme aussi un rayonnement artistique bien au-delà des frontières de l'Hexagone par la portée de sa peinture qui satisfait au goût moderne[97].

---

[97] Sur l'influence de Delaroche et de son atelier en Europe, voir Jean Lacambre, « Un style international en 1850 : à propos de l'exposition Delaroche », in *La Revue du Louvre*, n°5-6, 1984, p. 337-340.

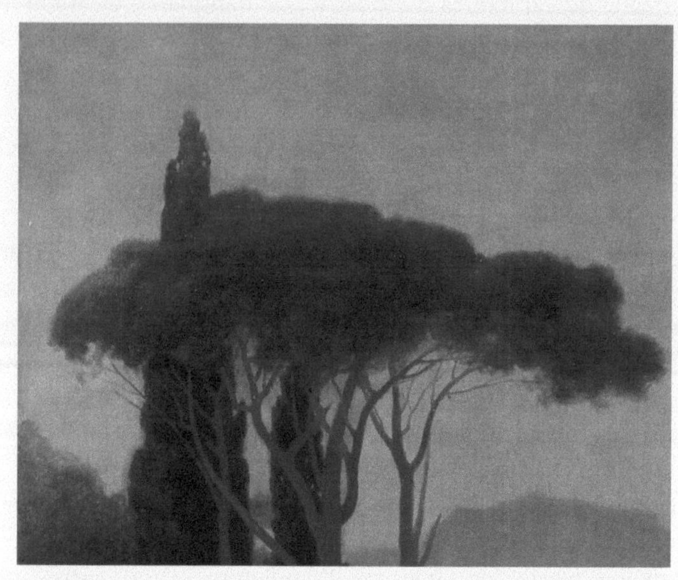

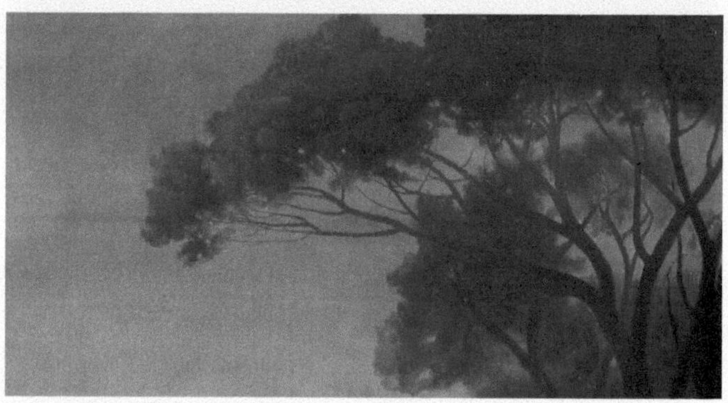

Paul Delaroche, *Jeune fille dans une vasque*, détails.

© Besançon, Musée des beaux-arts et d'archéologie
Photo Charles Choffet.

LE PROBLÈME DU FINI

L'intelligence historique de Delaroche, qualité supérieure remarquée par tous ses contemporains, y compris par ses détracteurs, est indissociable du caractère « fini » de ses tableaux. L'engouement de la bourgeoisie française pour les ouvrages de Delaroche ne s'expliquerait pas autrement que par les qualités d'une peinture propre, lisse, d'une remarquable exécution. Ces éléments d'une facture minutieuse permettent dans une certaine mesure de compenser l'absence de dimension authentiquement historique de la création « juste-milieu ». Pour les adversaires de Delaroche, ce sont autant de trompe-l'œil faisant écran à l'inanité d'un art sans poésie ni lyrisme. Probablement à court d'arguments, ils n'hésitent pas à affirmer que le fini est aussi une manière d'éluder les difficultés du grand art : la loupe plutôt que la vue épique, le détail plutôt que le grand ensemble idéalisé, en somme la main plutôt que l'esprit ! Quoi qu'il en soit, le fini n'a pas bonne presse auprès des critiques alors qu'il est l'un des éléments les plus appréciés dans le jugement artistique du public, toujours plus nombreux à admirer le savoir-faire de l'artiste. Thoré-Bürger ne se lasse pas de souligner, lors de l'Exposition internationale de Londres en 1862, que « le goût d'une certaine classe d'amateurs se portera toujours sur ces ouvriers minutieux qui imitent la porcelaine[98] » mais qui, en aucun cas, ne peuvent être tenus pour des artistes.

Son mépris affiché pour les peintres qui traduisent la réalité avec scrupule ne vaut pas son excellente critique relative aux limites du fini. Elle lui permet en effet de poser la question essentielle de savoir si un tableau est jamais terminé[99]. Ses réflexions sur une finition trop poussée, qui

---

[98] Exposition internationale de Londres, in *Salon de W. Bürger, op. cit.*, p. 226.

[99] Salon de 1861, in *Salon de W. Bürger, op. cit.*, p. 49.

grève immanquablement la représentation, et, a contrario, un état d'avancement incomplet, qui a l'avantage d'être plus expressif, rendent stimulante l'approche esthétique du problème. Elle invite à réfléchir plus avant sur l'une des idées maîtresses de la création qui scinde l'art en deux domaines différents, à jamais irréconciliables, le premier comme représentation factice et parfaite du monde, le second comme restitution s'émancipant de la tutelle du visible par une perception personnelle. L'opposition, qui fait florès dès le début du XIXe siècle, est l'une des plus critiquables car elle suppose une antinomie rédhibitoire entre les trois conceptions esthétiques que sont les approches ingresque, delacrusienne et delarochienne. Autrement dit, Ingres, Delacroix et Delaroche seraient des frères ennemis qu'on confronte complaisamment, préférant mettre l'accent sur ce qui les oppose plutôt que sur ce qui les rassemble en une fraternité artistique. Dès lors, il s'agit bien de dessiner une cartographie présentant la peinture *classique* d'Ingres, celle de Delacroix, *romantique* et résolument moderne, enfin, servant de transition entre les deux, celle de Delaroche, *juste-milieu* sage et sans emportement, ou, si l'on préfère, académiques contre novateurs, passéistes contre révolutionnaires et, à la fin du XIXe siècle, pompiers contre modernes. On admettra volontiers que pareil découpage relève plus du manichéisme que d'une analyse de la réalité historique de l'art. Sans pour autant gommer les différences entre chacune de ces conceptions, les dresser les unes contre les autres est une perception réductrice que la connaissance des contextes politique, social et surtout culturel ne peut soutenir durablement, sauf à caricaturer une situation complexe.

Le Salon de 1863 est celui où Manet présente son *Déjeuner sur l'herbe* ; il est également l'occasion pour Thoré-Bürger de réaffirmer que l'essence même de la peinture est un artifice très éloigné de la réalité[100]. La représentation de l'infiniment petit et des détails sur une même toile s'oppose à la figuration perspective où l'éloignement donne l'illusion de la profondeur et où, de ce fait, les accents et la précision s'estompent graduellement. Sous le rappel de cette perception commune perce la défaite d'une peinture où, du premier au dernier plan, tout, absolument tout serait peint avec le même soin scrupuleux du détail. Cette vision impossible d'un monde improbable éclaire une peinture invraisemblable, entièrement gouvernée par le fini, la propreté et compréhensible par les bourgeois. Ces « fanatiques de l'art délicat », qui n'aiment rien moins que la patience et la délicatesse du pinceau, ne peuvent qu'apprécier Paul Delaroche « dont le talent est une sorte de convenance estimable et d'habileté tranquille, sans hasard et sans audace[101]. » Ce sont bel et bien la faculté d'imagination et l'exercice de la poésie qui sont ici mis à mal au profit d'une supposée tutelle de l'art à un habile procédé. Le fini enthousiasme une population sans goût, Delaroche étant admiré des bourgeois et contesté par les artistes ! Du reste, il n'est pas le seul, à la même époque, à exécuter des œuvres dont la vérité du rendu fait l'admiration des visiteurs du Salon. Tony Johannot (1803-1852), Camille Roqueplan (1800-1855), Joseph-Nicolas Robert-Fleury (1797-1890) portent également dans le travail de leurs tableaux une attention et une étude consciencieuses ; comme Delaroche, ils sont voués aux gémonies par les mêmes critiques. La « peinture sur porcelaine » est toujours décriée comme une distraction inutile par les uns, un manque de style par les autres. Pire, le fini annoncerait l'irrémédiable *déclin de l'art*. La mode d'une facture lisse et soignée ne traduit que vulgarité et corruption du goût. La médiocrité triomphante l'emporte sur la conception d'un art qui exige grandeur et élévation.

---

[100] Salon de 1863, in *Salon de W. Bürger*, *op. cit.*, p. 414-415.

[101] *Salon de T. Thoré, 1846*, présentation par W. Bürger, Paris, Librairie internationale, 1868, p. 340-341.

Les meilleurs artistes ne sont pas à l'abri de cet engouement du siècle qui contribue à discréditer la peinture. Partisan d'une création à l'opposé des ouvrages peints avec une application soutenue et prolongée, Alfonse de Calonne écrit sans concession : « Sur la pente où nous glissons, il n'y a qu'un pas des trompe-l'œil de M. Delaroche aux enluminures de M. Winterhalter. Arrivé là, l'art ne peut plus déchoir, il est tombé[102]. »

Si le critique Alexandre Decamp parvient aux mêmes conclusions, il avance des arguments d'une nature bien différente. Pour lui, la décadence de l'art s'exprime dans cette intelligence raisonnable et ingénieuse qui gouverne l'imagination et repousse toute forme de passion. Remarquablement servis par l'adresse d'exécution, l'élégance et le bon goût ménagent la bienséance et la susceptibilité du public. En faudrait-il une confirmation qu'on la trouverait dans la scène touchante de *L'exécution de Lady Jane Grey* – épisode si convenable, si mondain… en un mot, si bourgeois ! Quant à Henri Heine, qui n'a pas toujours été opposé à Delaroche, il élève sa peinture au niveau du genre historique où les difficultés vaincues par l'artiste sont considérées par la classe moyenne comme le zénith de l'art. Partant d'une analyse renouvelée des œuvres de Delaroche, Théophile Gautier associe une préoccupation obsédante de l'artiste au sujet, de sorte que Delaroche ne peint pas ses toiles mais les *écrit*. Pour l'auteur de *Mademoiselle de Maupin*, la facture d'un fini parfait au service du sujet est inséparable de la mentalité, de l'idéologie, du goût et de la culture de la bourgeoisie à laquelle ses peintures conviennent parfaitement.

De nouveau, le fini comme *code esthétique* est dénié au profit d'une conception réduite à n'être que l'émanation

---

[102] A. de Calonne, « Paul Delaroche et son œuvre », in *Revue contemporaine*, tome 31, Paris, Bureaux de la Revue Contemporaine, 1857, p. 511.

d'une vision bourgeoise à laquelle elle s'identifie. Telle s'affirme aussi l'analyse de Calonne où l'équivalence du fini et de la bourgeoisie est non seulement portée en système, mais où la minutie de la facture ne sert qu'à travestir l'histoire : « Ce talent, expressément de la bourgeoisie pratique et intelligente, qui régnait sans partage à cette époque, se plaisait, comme celle-ci, aux anecdotes historiques plutôt qu'à l'histoire elle-même ; comme elle, il aimait les détails minutieux et trouvait un plaisir infini aux petites choses, aux accessoires ; sérieux comme elle à la surface, il ne fallait lui demander, pas plus qu'à elle, la conception des grandes figures et des entreprises chevaleresques[103]. » À travers ce commentaire, qui place l'art français au niveau de la première nation militaire du monde, le fondateur de la *Revue contemporaine* prône une conception déjà dépassée, pour ne pas dire rétrograde de la peinture d'histoire. L'idée de la grandeur attachée aux ouvrages d'envergure comme aux immenses machines est certes respectable mais commence tout simplement à ennuyer. Stendhal est le premier à en faire la remarque en 1824, non sans humour, vantant les mérites des gravures de format modeste, plus adaptées à la décoration des appartements d'immeubles de rapport[104], de sorte que c'est bien l'évolution lente et irrémédiable des goûts qui motive le déplacement de la peinture d'histoire vers une situation marginale. Au risque de parler brutalement, elle finit par la reléguer aux confins d'un genre certes imposant, mais terriblement assommant.

Les opinions de Stendhal en peinture ont toujours été celles de l'*extrême gauche* ; il ne s'en est d'ailleurs jamais caché.

---

[103] *Idem*, p. 515-516. L'époque dont il est question dans l'extrait peut être très exactement située en 1801, date à laquelle fut commencé le tableau qui sert de référence à A. de Calonne, *Charlemagne traversant les Alpes et forçant les gorges du Mont-Cenis défendues par les Lombards, en 773*. Exposé au musée des châteaux de Versailles et du Trianon, il fut terminé après la mort de Delaroche par J.-L. Gérôme en 1900.
[104] Stendhal, *Mélanges d'art*, Paris, Le Divan, 1932, p. 21 et p. 24.

Pour autant, elles éclairent deux tendances opposées et néanmoins concomitantes : un abus du style qui relève du théâtre et, à l'opposé, une vérité trop crue qui s'oppose à la vraie peinture. Il en appelle à la « vérité des sentiments » qui est la seule voie possible de l'art. Les convictions de l'auteur de *La Chartreuse de Parme* permettent de relever deux tendances qui préfigurent les orientations de la peinture durant tout le XIXe siècle et le début du XXe : le mélodrame, qui doit beaucoup à la dramaturgie théâtrale, et le réalisme, qui s'affirme clairement comme une alternative non seulement à l'art officiel, mais aussi à la peinture romantique et au début de l'impressionnisme. L'esthétique stendhalienne n'est pas celle des conflits mais celle des continuités et des oppositions qui finissent par s'interpénétrer. Toute autre s'affirme notre vision contemporaine qui pense cette multitude de courants simultanés en termes de ruptures fondatrices.

Cette rupture permet à Thomas Couture (1815-1879) de quitter l'atelier de Paul Delaroche ; cette rupture encore donne plus tard l'occasion à Édouard Manet (1832-1883) de quitter à son tour l'atelier de Couture ; cette rupture enfin dégage Edgar Degas (1834-1917) de l'emprise d'Ingres… Autant de solutions de continuité, autant de révoltes qui engagent une nécessaire émancipation, autant de conflits qui règlent le monde artistique… et font dire à André Chastel en une formule aussi brève que lumineuse : « L'art l'exige[105]. »

Pourtant, on a trop souvent critiqué cette facture soignée au XIXe siècle en l'associant au mieux à l'art académique, au pire à de la mauvaise peinture. C'est oublier que des artistes tels Jérôme Bosch (v. 1450-v. 1516) et Albrecht Dürer (1471-1528) avaient une prédilection pour le fini de l'exécution et portaient une attention toute particulière aux

---

[105] André Chastel, « Nouveaux regards sur le siècle passé », in *Le Débat*, *op. cit.*, p. 78.

détails. En fait, ce trait négatif permet de faire valoir une qualité artisanale, voire manuelle, au détriment d'une création d'inspiration, d'imagination et d'idée. Jules Breton (1827-1906) a laissé à ce propos une anecdote de jeunesse savoureuse qui fait passer le rendu parfait des détails pour le summum de la création aux yeux des bourgeois de province qu'il raille sans vergogne. Véridique ou non, elle mérite d'être rapportée, tant l'imitation est ici confondue avec la peinture : « Ce qu'il y a de plus difficile, n'est-ce pas le mélange des couleurs ? – Non, répondit un connaisseur, c'est l'écaille de poisson[106]. » Plus sérieusement, Breton établit une distinction entre deux sortes de « fini » : le premier qui ressortit à la perfection matérielle du métier et mène à l'échec de l'art, le second qui vise l'infini et contribue à faire de la peinture une œuvre de vie et de pensée. « Évidemment je ne parle pas de ce fini qui consiste à perler et à multiplier les détails. Tout détail qui n'est pas nécessaire à l'expression du sujet, l'affaiblit. Toute complication exagérée détruit l'émotion. Loin de compliquer ce que la pochade donne au sujet, on est souvent forcé de le simplifier sur le tableau. Il faut aussi insister sur les accents expressifs, les expliquer (ils ne sont dans l'esquisse qu'à l'état embryonnaire), et il faut en même temps les rendre plus vivants. Quel travail de surveillance pour éviter cette uniformité fastidieuse où tombe toujours un fini qui n'a pas été conduit par une science profonde ! Finir une œuvre c'est en tirer toute l'essence expressive, en l'unifiant, tout en la variant dans ses diverses parties[107]. »

Ces fines observations d'un praticien qui connaît bien son métier relèguent ce goût du fini dans la médiocrité, celle de l'Académie dont Breton est lui-même membre[108] ! Le

---

[106] J. Breton, *Nos peintres du Siècle*, Paris, Société d'édition artistique, p. 41.
[107] *Idem*, p. 248-249.
[108] Jules Breton est élu à l'Académie des Beaux-Arts en 1886. Il fait partie des heureux élus avec Ingres (1825), Delaroche (1832), Delacroix (1857),

paradoxe n'est qu'apparent ; il renforce l'idée selon laquelle l'esquisse, qui s'oppose au fini, est un signe manifeste de la modernité du XIXᵉ siècle. La peinture s'affranchirait dès lors de la tutelle de l'Académie, permettant ainsi l'émergence d'Eugène Delacroix puis des impressionnistes. Spontanéité du geste, liberté de la touche, emportement de la couleur disent l'émancipation et expriment un art libéré des entraves de l'institution. C'est du moins ainsi que s'écrit et s'enseigne l'histoire de l'art.

Plus stimulantes que cette idée de modernité qui naîtrait au cœur d'un système artistique officiel, les réflexions personnelles que Delacroix consigne dans son *Journal* introduisent d'autres perspectives. L'auteur de *Sardanapale* ouvre la question de l'imagination du spectateur qui, devant des ébauches ou des esquisses, supplée ce qui manque. La clôture de l'œuvre achevée dénie à l'esprit le caractère privilégié qu'il confère naturellement à l'incomplétude. Allons plus loin. Les caractéristiques des œuvres esquissées ne sont-elles pas la condition *sine qua non* du privilège dont elles jouissent ? Quatremère de Quincy (1755-1849) défend cette hypothèse. Pour lui, l'idée d'une incomplétude souveraine, d'un fragmentaire exaltant est au fondement des effets de sens et d'émotion. L'importance de la contribution est à souligner, qui consacre la magie des ruines antiques et révèle son potentiel poétique. De ce point de vue, l'imagination qui reconstitue les parties manquantes est une donnée essentielle : elle permet d'aller au-delà de la figuration et de suppléer en toute légitimité les espaces et les éléments perdus ou invisibles. Bien plus, Quincy sous-entend non seulement que le manque à voir serait un aiguillon puissant à cette recréation, mais aussi que le scénario né de l'imagination pourrait posséder une efficace plus importante qu'une image réelle. Elle mérite enfin l'attention en ce qu'elle privilégie le rôle actif du récepteur de

---

Cabanel (1863), Gérôme (1865)…

l'œuvre, sa capacité à restituer par ses dispositions inventives ce qui est soustrait au regard. S'il est vrai que la question de la modernité se pose au XIXᵉ siècle, c'est bien plutôt dans cette posture inédite d'un spectateur devenant l'acteur de sa propre perception.

Delacroix ne dit pas autre chose quand il rappelle que les improvisations de Chopin étaient beaucoup plus hardies que ses compositions achevées. Contre toute attente, l'auteur de *La Barque de Dante* n'est pas opposé à l'achèvement d'une œuvre ; l'œuvre achevée réduit simplement la capacité d'imagination dans des limites qu'elle ne peut dépasser. Et si l'ébauche plaît davantage que l'opus terminé, elle le doit à cette liberté laissée au spectateur de la compléter suivant son gré et ses désirs. De là à penser que l'artiste montre davantage sa personnalité dans le vague de l'esquisse que dans une facture finie, il n'y a qu'un pas que Delacroix franchit allègrement en faisant l'éloge du « vrai peintre [...] chez lequel l'imagination parle avant tout[109] ». Et ce n'est pas sans penser à son confrère Delaroche qu'il condamne la sécheresse et l'indigence modernes, la sobriété et l'application, l'habileté et l'exactitude stérile, autant de déviances qui, d'après le maître du romantisme, relèvent de l'ennui, mais ne sauraient en aucun cas traduire l'essence même de l'art. Seul le génie de l'exécution au service de l'idéal doit guider l'artiste. Sans idéal il n'existe en effet ni peinture, ni dessin, ni couleur. Delacroix en perçoit la quintessence chez Rembrandt, Rubens, Le Corrège et en déplore l'absence chez Léopold Robert et Paul Delaroche chez lesquels tout se résume à la plus élémentaire médiocrité. Plus grave encore, il condamne le mensonge de l'école du juste-milieu qui fait regarder la dextérité de l'exécution comme l'apogée de l'art.

---

[109] Delacroix, *Journal 1822-1863*, Préface de Hubert Damisch, Paris, Plon, coll. « Les Mémorables », 1931-1932 et 1980, p. 366.

En écho à l'esthétisme de Delacroix, Baudelaire insiste quant à lui sur le tableau qui, « fidèle et égal au rêve qui l'a enfanté, doit être produit comme un monde[110]. » La formule fait long feu et le texte auquel cette assertion est empruntée est l'une des plus belles pages poétiques jamais écrites. L'auteur des *Fleurs du mal* sacrifie tout à la dimension onirique qui préside à l'acte créateur et commande à l'artiste. Or, tronquée de son contexte, on oublie que la conception baudelairienne de l'art s'oppose précisément à celle… de Delaroche qu'il cite nommément dans ce même texte. Ce sont effectivement deux théories qui s'affrontent sans jamais trouver de compromis : l'une, poétique, issue du rêve et pour laquelle l'exécution traduit naturellement une pensée déjà imagée dans l'esprit du créateur, l'autre, prosaïque, laborieuse, qui procède difficilement par remplissage[111].

Pour la première c'est une action de grâce, toute de spiritualité, pour la seconde une pénible délivrance. Ainsi s'exprime le poète : « [...] je me rappelle avoir vu dans les ateliers de Paul Delaroche et d'Horace Vernet de vastes tableaux, non pas ébauchés, mais commencés, c'est-à-dire

---

[110] Charles Baudelaire, *Curiosités esthétiques*, *op. cit.*, II, p. 273.

[111] Henri Delaborde, l'un des premiers biographes de Paul Delaroche, relate les difficultés de l'artiste à élaborer ses compositions qu'il ne parvient à appréhender que par les détails et non par une vue globale : « [...] si arrêtées que fussent dès le début sa volonté et ses idées d'ensemble, il n'arrivait à se contenter sur les détails qu'après avoir épuisé la série des études préparatoires. De là les peines sans nombre que lui coûtait l'exécution de ses tableaux. Il est tel d'entre eux dont les figures, dessinées vingt fois isolément, ont été ensuite modelées en cire avant d'être transportées sur la toile, puis peintes en grisaille et enfin coloriées, jusqu'à ce que le grattoir vint anéantir le résultat de tous ces essais et laisser le champ libre à des essais nouveaux. » *Revue des Deux Mondes, op. cit.*, tome 8, 1857, p. 24.
Selon Norman D. Ziff, l'artiste est plus à l'aise dans des sujets intimistes comportant peu de personnages que dans des compositions monumentales. Voir « Dessins de Paul Delaroche au Cabinet des dessins du musée du Louvre », *La revue du Louvre, op. cit.*, n°3, 1975, p. 164.

absolument finis dans de certaines parties, pendant que certaines autres n'étaient encore indiquées que par un contour noir ou blanc. On pourrait comparer ce genre d'ouvrage à un travail purement manuel qui doit couvrir une certaine quantité d'espace en un temps déterminé, ou à une longue route divisée en un grand nombre d'étapes. Quand une étape est faite, elle n'est plus à faire, et quand toute la route est parcourue, l'artiste est délivré de son tableau[112]. »

On ne reviendra pas sur cette conception particulière qui fait de l'œuvre une création enfantée dans la douleur, sauf à souligner la manière singulière dont travaillent Delaroche et son beau-père. L'avancement de la toile se fait fragment par fragment. Cette approche studieuse et appliquée est bien celle de l'ouvrier à la peine, contraire à celle du poète, instinctive et géniale. Éminemment romantique, la thèse conforte l'idée d'un créateur touché par la grâce de l'inspiration. Ingres a d'ailleurs donné de cette conception une très belle interprétation picturale en 1842 avec *Le compositeur Cherubini et la Muse de la poésie lyrique* (Paris, musée du Louvre) : le musicien est représenté en compagnie de Terpsichore, muse de la danse, des chœurs dramatiques, de la poésie lyrique et figure allégorique de la divination. L'image conventionnelle s'impose dans l'imaginaire collectif.

Il n'est pas certain, en revanche, qu'elle corresponde à la réalité. Déjà Théodore Géricault (1791-1824), passé maître dans l'art de la fragmentation, rencontrait sans cesse la même *difficulté à élaborer ses œuvres* : soumettre la composition à un plan d'ensemble et à ses exigences plastiques, contraint de faire valoir sa virtuosité technique *morceau par morceau*. Cette caractéristique mérite d'être soulignée, d'abord parce qu'elle révèle une manière d'organiser l'espace qu'on a marquée, *après coup*, du sceau de la modernité. Ce n'est pas une conclusion fausse, mais on oublie trop souvent qu'au

---

[112] Ch. Baudelaire, *Curiosités esthétiques, op. cit.* p. 273.

fondement de cette prétendue modernité, s'affirme une faille, voire une incapacité à élaborer une synthèse.

Elle mérite d'être soulignée ensuite parce que ce trait, caractéristique de Géricault, est aussi valable pour Jacques-Louis David (1748-1825), qui peint de manière additive et dont les œuvres imposent une lecture plus diachronique que synchronique. Celles-ci, on le sait par les carnets d'esquisses qu'il a laissés, s'élaboraient détail après détail ; l'ensemble était ensuite reporté sur la toile par le procédé de la mise au carreau.

Inclination personnelle, sans doute d'origine compulsive pour Géricault, application d'un précepte d'école pour David, esthétique syncopée pour Delaroche, les trois méthodes en apparence identiques ne doivent pas être confondues. Si leurs manifestations affirment une pratique comparable, elles ne reposent en aucune façon sur les mêmes bases et ne ressortissent pas aux mêmes logiques.

Quoi qu'il en soit, le fini académique est le plus souvent associé aux « œuvres charmantes dans les régions moyennes du talent et du bon goût[113] » dont Delaroche est l'un des représentants. Pire, l'exécution minutieuse trahit non pas un juste-milieu entre classicisme et romantisme, mais un moyen terme entre la bourgeoisie et la culture populaire. Si la peinture lisse aux subtils dégradés est un signe de la bourgeoisie, elle devient aussi rapidement la garantie que recherche l'État en matière d'art pictural. Charles Rosen et Henri Zerner rappellent opportunément que les qualités intrinsèques de l'ouvrage académique reflètent non seulement un travail bien fait mais se portent garantes des valeurs sociales [114] . Mais le fini n'a pas toujours les connotations d'un académisme rassis.

---

[113] *Idem*, p. 207.
[114] C. Rosen, H. Zerner, *Romantisme et réalisme, op. cit.*, p. 236.

« Il a trempé ses mains au sang du roi martyr ! »
Victor Hugo, *Cromwell*, Acte I, scène IX.

Henri Heine, qui n'est pourtant pas l'un des critiques les mieux disposés à l'égard de Delaroche, voit dans *Les Enfants d'Édouard* (Salon de 1831) et *Cromwell devant le cercueil de Charles Ier* (1831) des œuvres majeures de l'école historique. Considérant ces deux toiles de Delaroche comme des injustices exemplaires dont seule l'histoire peut fournir la tragédie, il analyse ce qui différencie Charles Stuart d'Olivier Cromwell : la gloire et la légitimité bafouée pour le premier, la trahison et le sang versé pour le second. Excepté le ton sanguin trop cru et le couvercle du cercueil mal dessiné dans le *Cromwell*, Heine ne trouve rien à redire à ce tableau où tout « est peint avec une incomparable supériorité. » Il ajoute que « c'est tout ensemble la finesse de Van Dyck et la hardiesse d'ombres de Rembrandt[115] ». Le compliment est élogieux, ce qui ne laisse pas de surprendre. De plus, Heine précise que « le caractère du talent de Delaroche […] se rapproche surtout de l'école des Pays-Bas ; si ce n'est que la grâce française traite les sujets avec une légèreté de meilleur goût, et que l'élégance nationale se joue agréablement à la surface[116]. » Il est difficile de trouver plus bel éloge de cette exécution fine et raffinée, multipliant les détails, rappelant l'une des peintures les plus prisées de toute l'histoire de l'art. Dans la seconde moitié du XIXe siècle, Charles Blanc (1813-1882) ne s'y méprend pas, qui considère lui aussi que l'intérêt de Delaroche pour le détail exprime une *poésie* qui élève ses tableaux à la dignité de l'histoire. L'exécution magistrale augmenterait la puissance d'intérêt et d'émotion

---

[115] Henri Heine, *De la France*, Paris, Eugène Renduel, 1833, p. 342.
[116] *Idem.*

liée à la nature même de ses sujets, tous remarquablement choisis[117].

Enfin, Horace de Viel-Castel fait revivre la toile qu'il considère comme l'une des œuvres magistrales du XIXe siècle : « Un repos de mort règne au milieu de la silencieuse poussière de cet appartement ; point de cierges, d'encens, de serviteurs et d'amis en prières auprès du cercueil de l'infortuné Charles Ier ; mais un homme d'un extérieur froid, lourd et commun, a soulevé la draperie de velours et le couvercle de la bière, sans scrupule et sans erreur ; il a voulu voir si la mort ne s'était point trompée, et si le bourreau avait bien fait son devoir ; enfin il est venu chercher près de son roi l'indication de sa route future, et cet homme c'est Cromwell[118]. »

Après avoir loué l'effet de la lumière qui rend la scène expressive et la manière dont sont rendus les accessoires, il souligne l'une des caractéristiques de « la nouvelle école » : la dimension *dramatique* qui atteint dans cette œuvre son point le plus élevé. Le spectateur ne peut qu'être profondément touché par cette entrevue macabre du vainqueur et du vaincu, de l'aristocratie et de la réforme, du pouvoir absolu et du régime démocratique. Par ailleurs, afin de conforter la dimension sérieuse de l'œuvre, Viel-Castel soutient que Delaroche s'est inspiré de Guizot, et plus particulièrement d'un passage de son *Histoire de la révolution d'Angleterre* : « L'échafaud, demeuré solitaire, on enleva le corps : il était déjà enfermé dans le cercueil ; Cromwell voulut le voir, le considéra attentivement, et soulevant de ses mains la tête du tronc : *C'était là un corps bien constitué,* dit-il, *et qui promettait une longue vie*[119] ». L'hypothèse est plausible. La scène représentée

---

[117] C. Blanc, *Histoire des peintres de toutes les écoles*, t III, *op. cit.*, p. 4-5.
[118] Horace de Viel-Castel, « Salon de 1831 », *L'Artiste*, t. I, Paris, *s.n.*, 1831, p. 268.
[119] François Guizot (*Histoire de la révolution d'Angleterre*, Paris, Pichon-Béchet Libraire, 1827, p. 423-424) cité par Horace de Viel-Castel, *op. cit.*,

par Delaroche ne se trouve pas dans la pièce du jeune Victor Hugo (*Cromwell*) mais dans *Les Quatre Stuarts* de Chateaubriand[120], ce qu'indique le catalogue du salon de 1831, écrit probablement par Delaroche lui-même.

Il aura pu aussi s'inspirer de l'*Histoire de Cromwell d'après les mémoires du temps et les recueils parlementaires* d'Abel Villemain[121]. L'auteur prend parti pour Charles Ier et fait de Cromwell un grand mais odieux personnage de l'histoire d'Angleterre, pernicieux et corrompu, violent et rusé, fin politique et habile stratège. Si l'étude est qualifiée « d'histoire nouvelle » par les historiens du XXIe siècle, c'est uniquement parce qu'elle repose sur des sources de première main. Elle reste une histoire narrative, subjective et partiale, se lisant comme un roman. L'auteur y est partout présent, dans son style et jusque dans le choix des qualificatifs.

Delaroche et Guizot se connaissaient et se fréquentaient. Est-ce à dire que le juste-milieu politique fait cause commune avec le juste-milieu artistique ? D'aucuns l'ont prétendu en décryptant dans le *Cromwell* un manifeste légitimiste, ralliant les royalistes contre les hommes de Juillet[122]. Le conflit qui opposait les Bourbons aux Orléans se décelait-il dans cette œuvre à laquelle on prêtait une intention politique ?

Dans tous les cas, l'histoire a partie liée avec cette image, et inversement. Elle en fait sinon une source d'inspiration, du moins un espace mi-historique mi-littéraire où le romanesque n'est jamais très loin.

---

p. 269. Ce même passage se retrouve, légèrement augmenté, dans F. Guizot, *Histoire de Charles Ier*, t. II, Paris, Didier et Cie, 1865, p. 364.

[120] Chateaubriand, *Les Quatre Stuarts*, Paris, Arnaud de Vresse, 1837, p. 74.

[121] Abel Villemain, *Histoire de Cromwell d'après les mémoires du temps et les recueils parlementaires*, 1819, Paris, Bruxelles, 1851 pour l'édition consultée.

[122] Cf. Robert Baschet, *E.-J. Delécluze, Témoin de son temps, 1781-1863*, Paris, Boivin & Cie Éditeurs, s.d., note 1, p. 300.

Plus récemment, Marc Fumaroli (1932) a éclairé les enjeux de la belle facture par l'un des éléments les plus inattendus de la réflexion contemporaine : le déclin annoncé de l'art. Aussi stimulante que dérangeante, sa thèse mérite d'être explicitée. Le crépuscule des arts ne repose pas sur des variations de jugements de valeurs qui auraient fluctué avec le temps. Il est plus sûrement à mettre en relation avec la suppression d'un métier exceptionnel que les artistes acquéraient dans le cadre de l'École des beaux-arts. L'Académie et le Prix de Rome faisaient partie de ce système, critiquable sur bien des points, mais répondant à la nécessité de former des créateurs de talent, voire de génie. Aussi pouvaient-ils faire valoir un métier sans faille qui transcendait par là même la simple technique et légitimait leur travail. Si le phénomène prend sa source dans la contestation des institutions au XIXᵉ siècle, le déclin de ce rayonnement typiquement parisien se situe en 1914, début des premières hostilités entre la France et l'Allemagne[123]. Enfin, Claude Lévi-Strauss (1908-2009) porte sur le face-à-face qui oppose l'impressionnisme aux pompiers une réflexion qui en dit long sur ce qui gangrène, dès le début du XIXᵉ siècle, les relations entre l'académisme et sa facture soignée, d'une part, et le romantisme à l'exécution plus relâchée, d'autre part. Si les pompiers ont délibérément rejeté les impressionnistes, c'est qu'ils craignaient, à juste titre, que cette nouvelle peinture conduise l'art à sa perte. Certes, reconnaît Lévi-Strauss, l'impressionnisme a redonné un souffle de vie à une peinture qui s'épuisait de jour en jour. Mais le dogmatisme des impressionnistes et de leurs zélateurs a fait naître une haine du métier que les plus clairvoyants ont dénoncée, notamment dans la peinture de Manet[124]. Ainsi, pour Marc Fumaroli et Claude Lévi-Strauss le déclin de l'art a partie liée avec l'abandon de cette esthétique fondée sur une science acquise, attachée aux

---

[123] Voir Marc Fumaroli « L'avant-dernier acte », in *Le débat, op. cit.*
[124] Voir C. Lévi-Strauss, « Le cadre et les œuvres », in *Le débat, op. cit.*

valeurs de l'exécution. La remise en question de l'École des beaux-arts comme institution allait néanmoins générer de nouveaux talents et orienter la peinture vers d'autres directions, plus réalistes, aux préoccupations plus sociales.

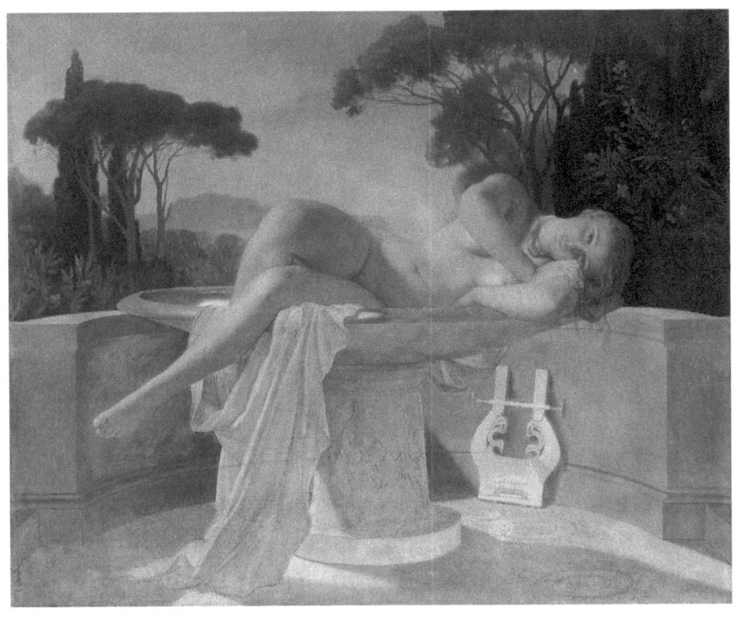

Paul Delaroche, *Jeune fille dans une vasque.*
1844-1845, huile sur toile (inachevée), 147 x 186 cm.

© Besançon, Musée des beaux-arts et d'archéologie.
Photo Charles Choffet.

Il reste à évoquer, ne serait-ce que brièvement, une toile énigmatique intitulée *Jeune fille dans une vasque*, actuellement conservée au Musée des beaux-arts et d'archéologie de Besançon. À l'état d'ébauche aboutie, la peinture n'est pas signée. Elle mesure 1,47 m sur 1,86 m. Peinte à Paris en 1845, au retour du troisième séjour de l'artiste à Rome, elle représente une jeune fille nue allongée dans une vasque en marbre. Des indications préparatoires, dessinées sur la peinture elle-même, font valoir un jeu d'arabesques au sol et sur le piètement de la vasque, ainsi qu'un essai d'effet marbré sur la partie gauche du muret de pierre. L'ensemble est recouvert d'un léger glacis coloré. Une étoffe drapée et une lyre posée contre le muret agrémentent la composition. La jeune fille se détache sur un fond qui rappelle les paysages de la Méditerranée. C'est le seul exemple connu de nu érotique de l'artiste. J'entends par là non pas des études préparatoires ou des copies de maîtres desquelles se dégage une sensualité évidente, mais des œuvres de Delaroche dont l'intention érotique est affirmée en tant que telle. La présence de cyprès, de lauriers et de pins parasols en arrière-plan suggère le souvenir des jardins de la villa Médicis. La toile fut vendue à la mort du peintre à la famille Pourtalès, qui la prêta à l'exposition posthume de Delaroche en 1857. Le département des arts graphiques du musée du Louvre possède quatre dessins[125] préparatoires de la *Jeune fille dans une vasque*. On note entre eux de légères différences mais aussi des points communs : de très petits formats, ils s'inscrivent sans exception dans un octogone ; l'un d'entre eux fait valoir un ovale à l'intérieur de celui-ci. Un seul semble avoir eu les faveurs de l'artiste : sa mise au carreau pour une version agrandie le désigne comme le modèle qui servira à la future composition. Si la lyre n'est présente sur aucun des quatre dessins du Louvre, l'un d'eux comporte un amour qui semble badiner avec la jeune fille. Piétement cannelé de la vasque, décoré de feuilles d'acanthe ou d'arabesques végétales, parterre lisse ou agrémenté d'un décor géométrique… les différences paraissent minimes eu égard à la composition d'ensemble. Fixée sur le papier, elle se répète de version en version comme autant de tentatives pour accéder à une perfection formelle dont on sait qu'elle hantait l'artiste.

---

[125] Paris, musée du Louvre, département des arts graphiques, fonds des dessins et miniatures, petits formats : RF 35086 Recto, RF 35087 Recto, RF 35090 Recto, RF 35092 Recto.

Conçue à Rome lors d'un de ses voyages avec sa famille en Italie en 1844 et commencée à Paris en 1845, l'œuvre inachevé du musée de Besançon est triplement singulière.

Elle l'est d'abord parce qu'elle est unique en son genre et totalement improbable. Contrairement aux autres toiles de Delaroche qui rend ses scènes toujours crédibles, la présence de la jeune femme dénudée dans une vasque est plus qu'invraisemblable. L'œuvre doit-elle être lue comme une allégorie de la poésie lyrique, un hommage rendu à Sapho ? La présence de la lyre abandonnée évoque-t-elle le mythe d'Orphée, incapable de ramener Eurydice des Enfers ? Les questions restent ouvertes.

Elle l'est ensuite parce que le répertoire si particulier de l'artiste, qui a principalement contribué à fonder sa notoriété en France et en Europe, ne correspond en rien à cette œuvre unique. Ses registres habituels sont l'anecdote historique – genre qu'il a créé – et celui, plus recueilli, du domaine religieux, la fresque de l'École des beaux-arts de Paris restant une exception.

Elle l'est enfin parce que, si l'on examine attentivement l'œuvre de Besançon, l'on remarque une dichotomie évidente entre le corps nu, superbement rendu par une anatomie qui relève d'une sensualité qu'on ne connaît pas à l'artiste, d'une part, et la facture très curieuse du visage de la jeune femme, d'autre part.

Je ne suis pas en train de dire que l'œuvre est un faux. Rien ne l'atteste et aucun historien d'art, à ma connaissance, ne s'est aventuré sur le terrain d'une attribution douteuse. Force est de constater que l'anatomie représente ici une science portée à son plus haut niveau : l'exactitude morphologique, les jeux des différents raccourcis en font une merveille de technicité maîtrisée. Mais le galbe du visage trop rond, les yeux en amande, les contours quasi abstraits et jusqu'aux cheveux à l'aspect mouillé évoquent plus le jeune Ingres que le mature Delaroche. En 1845 le peintre a en effet quarante-huit ans. L'influence de l'auteur de *Mademoiselle Caroline Rivière* ne peut donc être invoquée. Celle, en revanche, de Raphaël (1483-1520) et des Florentins est plus sûrement à l'origine de cette nouvelle orientation qui s'achève brusquement avec l'abandon de la toile pour des raisons encore inconnues. D'aucuns pensent que la mort en 1845 de Louise, son épouse, est à l'origine de ce renoncement. Nul ne sait quelles conséquences stylistiques cette influence inédite dans le parcours de l'artiste aurait pu avoir sur le cours ultérieur de son propre travail. Auraient-elles donné naissance à une esthétique nouvelle, orientant différemment et sa vision et sa conception de la peinture ?

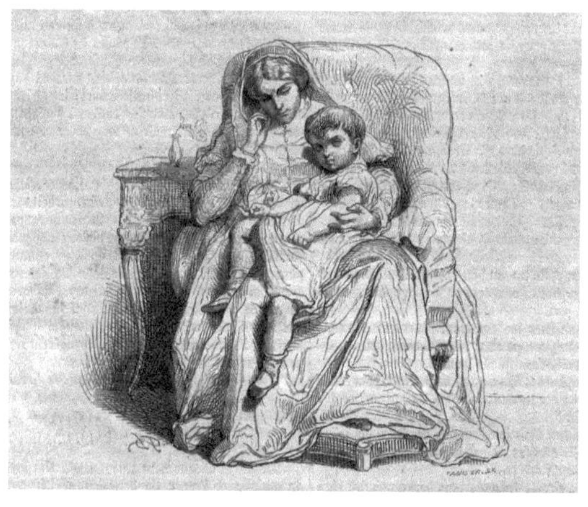

Fac-similé d'une eau-forte de Paul Delaroche représentant Louise, son épouse, et leur fils Philippe. 1845.
Dessin de Marc. 9 x 9,5 cm.

Le crépuscule de la peinture d'histoire

L'hypothèse est à prendre au sérieux car si la toile ne fut jamais reprise et resta à l'état de projet, elle s'inscrit à l'origine de ce courant néo-grec, révélé dès 1847 par des artistes tous issus de l'atelier de Delaroche : Jean-Léon

Gérôme, Jean-Louis Hamon, Henri-Pierre Picou, Augustin Aubert, Armand Félix Marie Jobbé-Duval, Alphonse Isambert, Gustave Boulanger, Alfred-Charles Foulongne, Auguste Toulmouche… Tableaux de genre inspirés de l'Antiquité, voire représentations anecdotiques de type pompéien, la nouvelle école fait des émules. Elle entraîne également son lot de critiques, semblables à celles adressées en son temps à Delaroche, soit un manque d'imagination que masque une prétention à l'exactitude archéologique. Genre mineur pour les uns, authentique renaissance de l'art pompéien pour les autres, l'esthétique néo-grecque affronte les tendances radicales du réalisme dont Courbet et Millet sont les meilleurs représentants. Consacrés par le pouvoir, les artistes néo-grecs ne font ni plus ni moins que de la peinture officielle. Prisée par le Second Empire, elle donne à voir des mondes idéalisés et sensuels. S'opposant au réalisme dont l'idéologie et l'esthétique n'ont pas les faveurs de la Cour impériale, elle finit néanmoins par se scléroser en préciosité et en ridicule, sonnant le glas de la peinture d'histoire.

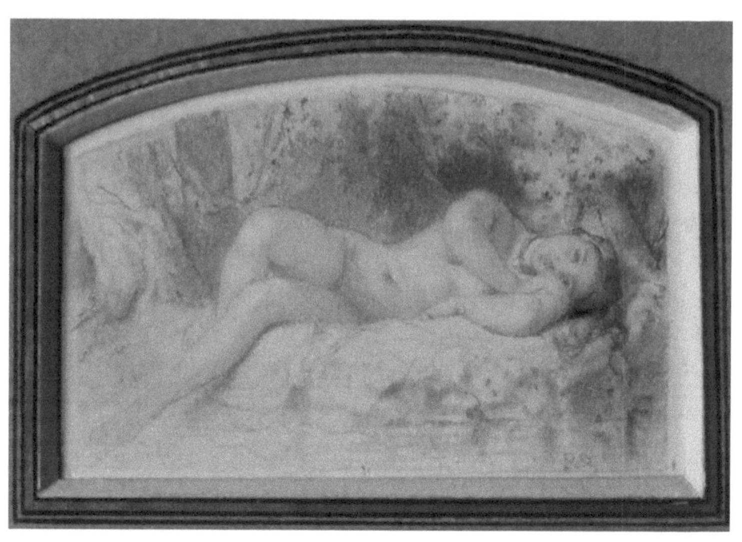

Paul Delaroche, *Jeune femme allongée au bord de l'eau sous un sous-bois.*
Mine de plomb, 4,5 x 7,4 cm, 1845.
© Besançon, Musée des beaux-arts et d'archéologie.
Photo Pierre Guenat.

Le musée du Louvre possède une version réduite de la toile inachevée de Besançon. Enfin la galerie d'art parisienne Paul Prouté, spécialisée dans la vente des dessins et des estampes, propose en 2012 au Musée des beaux-arts et d'archéologie de Besançon un petit dessin de Paul Delaroche en rapport avec la *Jeune fille dans une vasque* léguée au musée bisontin par Jean Gigoux en 1894 avec trois mille autres dessins et plus de quatre cent cinquante tableaux. L'œuvre, intitulée *Jeune femme allongée au bord de l'eau sous un sous-bois*[126], date de 1845. Portant au recto l'inscription *PD* pour Paul Delaroche, elle comporte au verso l'inscription suivante : « donné par mr Delaroche le 15 / janvier 1846 / Fanny huguet ». Elle est achetée par le musée en 2012. D'une remarquable précision, ce travail à la mine de plomb,

---

[126] Besançon, Musée des beaux-arts et d'archéologie, Inv. 2012.5.1.

légèrement estompé, ne mesure que 4,5 cm de haut et 7,4 cm de large. Alors qu'il est à peine plus grand qu'un timbre-poste, l'extrême définition du rendu, la transposition des nuances nacrées, des chairs notamment, la netteté du sous-bois en font une magistrale leçon de dessin. Plus vraisemblable que dans sa version ébauchée, la *Jeune femme allongée au bord de l'eau sous un sous-bois* fait partie de la grande tradition des nus féminins érotiques, à ceci près qu'un si petit format ne peut manquer d'étonner de prime abord.

On sait Delaroche mal à l'aise avec les compositions de très grandes dimensions. La commande de fresques pour l'église de la Madeleine à Paris dont le peintre se croyait assuré ne verra jamais le jour. Les études préparatoires révèlent les difficultés de l'artiste dans le traitement plastique des surfaces importantes. Comment occuper chacune d'elles sans tomber dans un banal remplissage ? Ses refus successifs de peindre un plafond au Louvre, d'aller à Saint-Pétersbourg réaliser le décor de Saint-Isaac ou encore d'exécuter les peintures murales de Saint-Vincent-de-Paul semblent aller dans le même sens : le défi paraît à chaque fois insurmontable à l'artiste dont les capacités d'invention et d'exécution ne s'accordent pas avec de vastes étendues. Du reste, il semble de plus en plus faire appel à ses élèves les plus doués pour terminer les œuvres de grand format qui lui sont commandées telles que *Charlemagne traverse les Alpes, 773*[127]. Commencée en 1801, la toile fut achevée après la mort de l'artiste par J.-L. Gérôme.

---

[127] Versailles, Musée national des châteaux de Versailles et de Trianon.

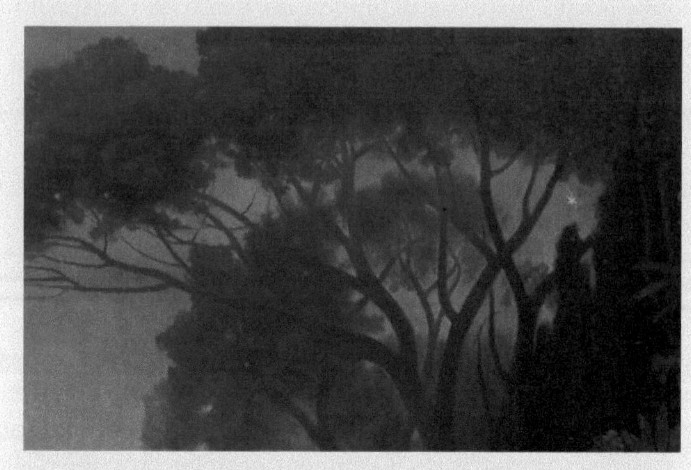

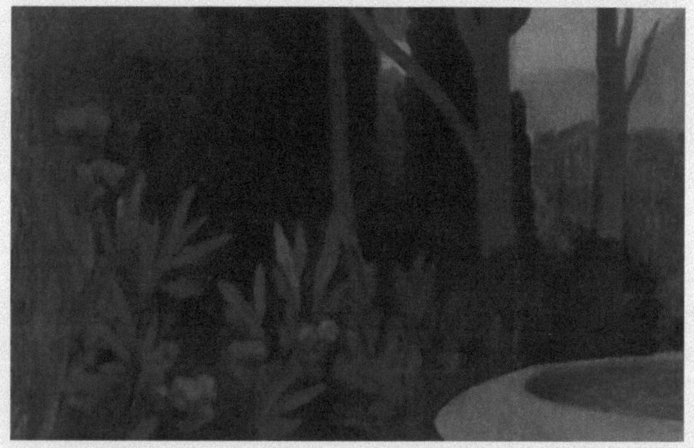

Paul Delaroche, *Jeune fille dans une vasque*, détails.

© Besançon, Musée des beaux-arts et d'archéologie.
Photo Charles Choffet.

Une vision illustre et illustrée de l'histoire de l'art

« Tout s'explique, tout se comprend, tout est naturel. C'est un poème complet, une vaste épopée, où le pinceau de Paul Delaroche rivalise avec la plume de Dante. »

Eugène de Mirecourt, *Paul Delaroche*, Paris,
G. Havard éditeur, 1856, p. 59-60.

Qu'en est-il, dès lors, de la Salle des Prix de l'hémicycle de l'École des beaux-arts dont il reçoit la commande murale en 1836 ? De quelle manière considérer cette réussite picturale qui contredit cette difficulté à vaincre de vastes surfaces ? Comment se situe cette production qui allie un programme iconographique complexe à un grand espace concave ? Il semble que l'intelligence historique de Delaroche ait eu raison cette fois-ci de ses difficultés.

La fresque est achevée en cinq ans (1836-1841). Elle fait partie en fait d'une vaste réforme de l'enseignement au sein de l'École que Thiers trouve trop orienté vers l'art académique. La Salle des Prix se situe dans le nouveau bâtiment de l'École dont les plans et la construction sont confiés à Félix Duban (1789-1870). La modernisation de l'enseignement est donc le fondement idéologique sur lequel repose la commande adressée à Delaroche en réparation de celle initialement passée pour les décors de la Madeleine. De ce fait, cette rénovation ne pouvait passer, selon Delaroche, que par un dialogue fécond entre les arts à travers les époques. Aussi décide-t-il de réunir, au sein d'un rassemblement idéal, près de soixante-dix artistes[128] qui ont vécu du quinzième jusqu'au dix-septième siècle et parmi

---

[128] Le nombre exact est soixante-sept, exception faite de la partie centrale.

lesquels on reconnaît des peintres, des sculpteurs, des graveurs et des architectes.

Comment réaliser un tel programme sur près de 100 m^2, sur un mur courbe qui plus est[129] ? De quelle manière créer un effet d'ensemble cohérent, une syntaxe harmonieuse dans des conditions si inhabituelles, que l'artiste réussit par ailleurs facilement dans des tableaux de dimensions moyennes ? La solution au problème plastique et iconographique que pose cette ambitieuse réalisation, il la trouve dans le *juste-milieu* qu'il impose entre Raphaël et Ingres, soit un compromis entre *L'École d'Athènes* (1512) et *L'Apothéose d'Homère* (1827). En combinant finement les éléments de l'une (l'assemblée des plus grandes figures de la philosophie antique en un temple idéal) et le principe d'organisation de l'autre (Grèce, Rome et Temps modernes rassemblés autour d'un hommage à Homère), il crée une fresque qui, plus que ses devancières, semble vraie par les poses naturelles des personnages et l'individualisation des artistes représentés. Là où Raphaël et Ingres paraissent inaccessibles tant leur panthéon artistique semble éloigné du commun des mortels, Delaroche se fait pédagogue. En réconciliant le spectateur avec les maîtres du passé, il crée une proximité qui rend l'œuvre compréhensible, presque familière. Charles Blanc[130] n'a du reste pas manqué de souligner ce « grand style » enfin abordable qui constitue pour lui la clé du succès de l'hémicycle.

Chaque artiste est en effet caractérisé et identifiable : au centre, assis sur une estrade en pierre, Phidias le sculpteur, Apelle le peintre et Ictinos l'architecte dominent la composition ; de part et d'autre Palladio côtoie Philibert

---

[129] Le mur courbe de la fresque dans l'amphithéâtre mesure exactement 3,90 mètres de haut sur 24,70 mètres de long, soit une superficie de 96,33 m^2.

[130] Charles Blanc, *Gazette des Beaux-Arts*, t. VII, Paris, s.n., 1860, p. 358.

Delorme, della Robbia, Jean Goujon, Léonard de Vinci Giotto, Poussin, Van Dyck, Giorgione, Le Caravage, Rubens Véronèse... Au premier plan, la Renommée distribue les couronnes de laurier. Derrière elle sont représentées les personnifications de l'Art grec, de l'Art romain, de l'Art gothique et de la Renaissance. Tous les personnages de la fresque se tiennent soit debout soit assis sur un banc de pierre ou une estrade à gradins, devant un imposant portique à colonnes ioniques se détachant sur le ciel.

On reconnaît ici le souci de précision historique de Delaroche dont les recherches permettent de documenter en amont un riche et patient travail sur les physionomies et les costumes d'époque. La valeur didactique de la fresque est sans conteste le meilleur moyen de faire accepter la valeur idéologique qui sous-tend sa réalisation, soit l'illustration d'un éclectisme assumé, composé d'apports artistiques majeurs, formant une vaste culture européenne, fruit d'une des plus grandes civilisations. Cette vision de l'art et de son histoire s'oppose à l'idée de progrès que certains critiques[131] ont cru percevoir dans cet audacieux programme iconographique. Réductrice, celle-ci n'est fondée sur aucun principe qui viendrait la conforter. D'autre part, elle ne rend pas compte de l'effet de vérité associé à la fresque de l'hémicycle qui constitue la valeur ajoutée de l'artiste. Si Delaroche s'inspire de deux références essentielles de l'histoire de la peinture, il n'y est pas pour autant assujetti. Il se les approprie pour mieux les dépasser et conférer à sa propre création cette humanité que l'on ne retrouve pas dans les deux prototypes précédents. Cette fresque est l'aboutissement d'un long processus artistique qui impose, contre l'École des beaux-arts et son conservatisme, un juste-milieu dont l'esthétique s'affirme comme un remarquable compromis. Le pari est audacieux car il ne s'agit

---

[131] Henri Delaborde, *Mélanges sur l'art contemporain*, Paris, Jules Renouard, 1866, p. 350.

ni plus ni moins que de rallier les valeurs du Beau en une culture commune et partagée. Ni classique, ni romantique, ni réaliste, l'hémicycle traduit la vision d'une *histoire des arts* avant l'heure, conciliant les divergences, rapprochant les extrêmes, réhabilitant une position médiane. Médiatrice, l'œuvre de Delaroche témoigne de cette nécessaire diplomatie que l'on a tort d'interpréter comme une sage modération, voire une soumission aux différentes esthétiques en présence. A contrario, elle porte en elle l'empreinte d'une volonté personnelle de l'artiste qui impose sa vision d'une histoire de l'art réconciliée avec elle-même. S'enrichissant des cultures des siècles passés, elle s'ouvre largement aux influences, traduisant une structure ouverte à la peinture, à la sculpture et à l'architecture. La présence des figures allégoriques de l'art grec et de l'art romain, de l'architecture religieuse du Moyen Âge et de la peinture moderne atteste un dialogue entre les différentes formes de la création universelle[132]. Ainsi revendiquée, l'histoire de l'art n'est ni plus ni moins qu'un programme de politique culturelle pour lequel Delaroche a milité sans succès auprès de ses collègues de l'Académie. Éclectique, il l'est de manière incontestable, ne serait-ce que par ce programme artistique aux allures de manifeste. Le succès est tel que la fresque de l'École des beaux-arts a une influence retentissante dans l'ancien continent. Delaroche devient un modèle ; ses élèves étrangers, formés dans son atelier, diffusent à travers la mode du décor mural cette vision d'une culture éclectique partout en Europe – culture qui prône une nouvelle vision de l'histoire de l'art. Comme tout phénomène de propagation, l'engagement idéologique au fondement de la démarche de Delaroche s'émoussa peu à peu. Il laissa place à des formules qui finirent par vider de son sens premier une

---

[132] La fresque de Delaroche est le pur produit de son siècle. N'est en effet considérée que la culture européenne dont les valeurs se veulent universelles. En sont donc exclues les civilisations extra-occidentales.

œuvre qui reste une conception inédite dans l'histoire de la peinture du XIXe siècle.

Le feu prit dans l'hémicycle de l'École des beaux-arts le 16 décembre 1855, quatorze ans après son inauguration en 1841. Delaroche supervisa le chantier de restauration qu'il confia à Robert-Fleury assisté de Charles-Léon Vinit. Un an plus tard il s'éteignit. Ainsi s'acheva la domination d'un nouvel ordre artistique s'inscrivant dans une authentique volonté de renouveler l'art et son histoire.

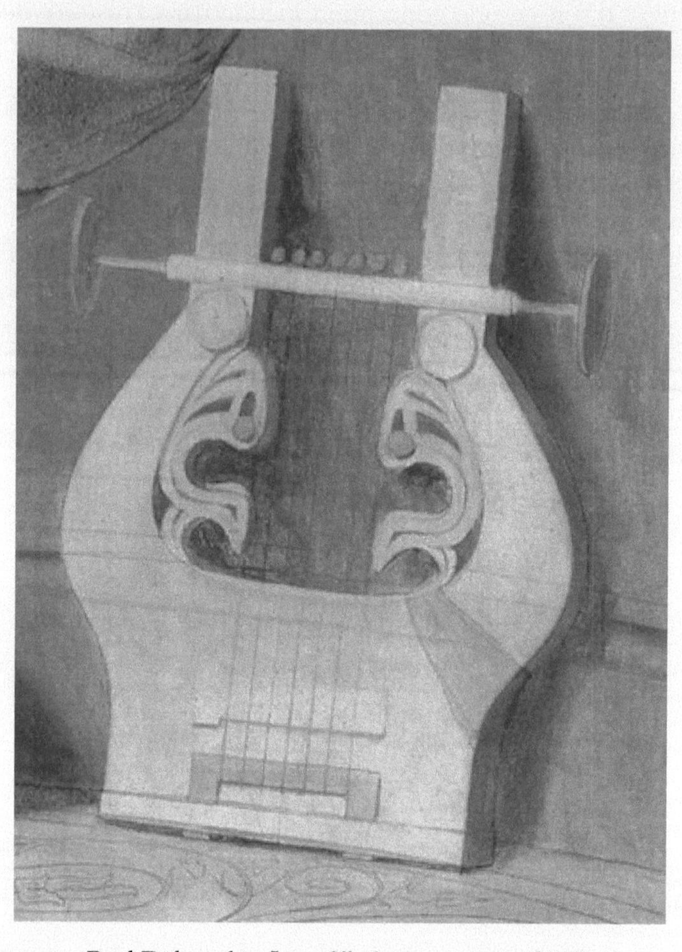

Paul Delaroche, *Jeune fille dans une vasque,* détail.

© Besançon, Musée des beaux-arts et d'archéologie.
Photo Charles Choffet.

LE JUSTE-MILIEU EN PEINTURE
ou L'ART BOURGEOIS

« Tandis que dans M. Delaroche tout est gentil, joli, mesquin ; tout est abordé par les petits moyens ; il voit un homme par les plis de ses manchettes et les cordons de ses souliers. Peintre de concessions et de juste-milieu, il n'a jamais osé ni le dessin, ni l'effet, ni la couleur. »

Gabriel Laviron, *Le Salon de 1834*, Paris,
Louis Janet Libraire, 1834, p. 70.

Le premier à alerter sur le danger de l'expression « juste-milieu », employée comme métaphore politique dans le domaine de la création, est Francis Haskell[133] (1928-2000). Pour l'historien d'art, il y a tout lieu d'être circonspect spécialement quand cette dénomination se détache de son contexte qui lui confère, on l'a vu, un sens précis en une diversité d'interprétations suivant les positions adoptées en faveur ou en opposition au juste-milieu. Appliquée à la peinture de cette même période, elle déforme la vérité historique et prend des sens totalement opposés suivant les différents contextes dans lesquels elle apparaît. Suivant F. Haskell, la métaphore rétrograde l'art à la politique. Intentionnelle ou non, cette confusion devient au fil du XIXe siècle un lieu commun, finit par altérer les études critiques des œuvres elles-mêmes et assimile l'artiste à ses opinions politiques, ou prétendues telles. De semblables associations, qui identifient idées politiques et partis pris artistiques, brouillent la perception de la création,

---

[133] Francis Haskell, *De l'art et du goût, jadis et naguère* (1987), Paris, Éditions Gallimard, 1989 pour la traduction française.

influencent l'histoire du goût et ne rendent pas compte de l'histoire sociale de l'art. F. Haskell en donne une preuve qui ne manque pas de piquant : il démontre, par le biais des *Mémoires* de Durand-Ruel, que les tenants de la gauche étaient associés à cette peinture « idéalisée », au style « fini » et non, comme on pourrait le croire, aux champions de l'impressionnisme. Or, il convient de se rappeler, poursuit Haskell, que Durand-Ruel, ardent défenseur des impressionnistes à une époque où ils étaient conspués, était en politique un royaliste, aux idées ouvertement réactionnaires[134] ! Amusant renversement des convictions idéologiques et des positions esthétiques qui ne correspondent nullement à l'idée que l'on se fait des personnalités à l'avant-garde de la création. Et inversement !

D'une manière qu'on sait n'être pas seulement illustrative, un autre historien de l'art de renommée internationale – Léon Rosenthal (1870-1932) – émettait en 1914 un jugement péremptoire et définitif relatif à ce qu'il fallait entendre par le juste-milieu. Favoris du public, Paul Delaroche, Horace Vernet, Schnetz, Léon Cogniet, Robert Fleury, Couder, Alexandre Hesse, Court, Steuben, Rodolphe Lehmann appartiennent à cette catégorie malaisée à définir, ne se caractérisant ni par une doctrine artistique ni par une forte passion. Leur art relève de l'ingéniosité : « selon un mot maintes fois répété, ils peignent souvent bien, jamais mieux : ils n'ont pas de style[135]. » Cette dernière assertion est dévastatrice. Rosenthal reprend à son compte un lieu commun visant les créateurs qui, au-delà de leur académisme supposé, appartiennent au juste-milieu. L'absence de style propre serait, suivant l'auteur, le trait récurrent des artistes

---

[134] F. Haskell, *op. cit.*, p. 164.

[135] L. Rosenthal, *op. cit.*, p. 203. L'expression originelle est la suivante : « Elle est toujours bien, jamais mieux. » Elle concerne Mme de Genlis et son style. Son auteur n'est autre que Sainte-Beuve Cf. O. Deshayes, *Le destin exceptionnel de Mme de Genlis, op. cit.*, p. 10.

dont l'éclectisme favorise la vérité extérieure et matérielle mais ne laisse jamais apparaître la vérité idéale, la pensée intime. Parmi eux, on ne compte aucun tempérament exceptionnel, mais force est de constater dans ce groupe la présence d'hommes possédant des qualités d'ingéniosité et une science incontestable de la mise en scène. Pas plus que la formation politique à laquelle ils sont censés appartenir, ils ne constituent pas de groupe cohérent ; ni audacieux ni voués à un parti pris, ils sont des « peintres du juste-milieu ». Rosenthal trouve l'expression « juste-milieu » dès 1831, sous la plume de Louis Peisse, dans le *National* du 8 mai. Leurs œuvres sont immédiatement intelligibles : dessin et couleur servent une compréhension instantanée. Il insiste également sur l'aspect achevé et « fini » des toiles – un effet de réalité à mettre au compte d'une peinture illusionniste appréciée de la bourgeoisie.

Plus grave aux yeux de Rosenthal est la réduction de la peinture à n'être que le support de la narration du sujet représenté. Tout le mérite artistique du juste-milieu renvoie à cette capacité du peintre à reproduire consciencieusement costumes, accessoires, mobiliers en une habile dramaturgie. On privilégie le théâtre plutôt que la création véritable, l'anecdote historique plutôt que le style : tels sont les griefs adressés à cette peinture à la recherche des seules apparences du grand art mais qui n'en possède aucune des qualités. La seule véritable intelligence de l'art n'est donc pas à rechercher dans cette esthétique illustrative… dont la popularité durant tout le XIXe siècle ne s'est pourtant jamais démentie ! Cette dernière remarque n'est pas sans révéler la distorsion manifeste entre un art apprécié d'un très large public et, dans le même temps, une production picturale vouée aux gémonies par l'historien d'art. À cette apparente contradiction, Rosenthal[136], de manière adventice et forcée, oppose l'argument suivant : une peinture qui plaît au plus

---

[136] Voir C. Rosen, H. Zerner, *Romantisme et réalisme, op. cit.*, p. 13.

grand nombre ne peut être *de facto* qu'une œuvre médiocre. Vision réductrice, s'il en est, qui se retrouve in extenso en 1984 chez les thuriféraires de Rosenthal qui estiment que la résistance des artistes à se faire apprécier des néophytes constitue le signe le plus sûr de leur modernité. On ne saurait trouver proposition plus fallacieuse. La conception d'un public ignorant repose sur le présupposé d'une catégorie sociale incapable d'accéder aux joies esthétiques. Les amateurs des Salons ne possèdent pas l'instruction artistique suffisante pour être en mesure d'apprécier la culture. Seulement préoccupés par le fini, séduits par le trompe-l'œil, la foule ne s'intéresse qu'au sujet du tableau, méconnaissant les règles délicates qui régissent l'art.

Cette position, qui est celle que revendique Rosenthal, n'est pas novatrice ; elle s'inscrit dans une tradition établie dès le début du XIXe siècle qui discrédite le grand public[137]. Ce même public, ivre de théâtre et d'opéra, qui applaudit à tout rompre *Fra Diavolo* (1830) d'Auber à l'Opéra comique ou *La Juive* (1835) d'Halévy rue Le Peletier. Rosenthal plaide pour une histoire « sociale » de l'art où les créateurs ont un rôle à jouer de première importance. Assigner une « mission sociale » à l'artiste engage une démocratisation de la jouissance de la création, longtemps négligée au profit des seuls critiques. Si la position théorique démontre en un certain sens sa pertinence, elle méconnaît sur ce point précis la réflexion d'Alfred de Musset un demi-siècle plus tôt. Dans le *Salon de 1836*, le poète appelle de ses vœux une œuvre d'art qui prenne en compte *et* le succès populaire *et* les avis des connaisseurs. Condition indispensable au vrai talent, elle

---

[137] Alphonse Karr partage cette analyse : voir *Les Guêpes* (1840), tome I, nouvelle éd. Paris, Lévy frères, 1869, p. 190. Au début du XXe siècle, Rodin fait lui aussi nettement la distinction entre le « vulgaire » et les « gens de goût », les seuls capables d'apprécier l'art en général, le sien en particulier ! Cf. Auguste Rodin, *L'Art*, Entretiens réunis par Paul Gsell, Paris, Grasset, 1911.

doit en effet intégrer les louanges comme les critiques sans les sacrifier au propre sentiment de l'artiste, unique guide *in fine* qui doit l'accompagner tout au long de ce cheminement difficile. « Ne travailler que pour la foule, c'est faire un métier ; ne travailler que pour les connaisseurs, c'est faire de la science. L'art n'est ni science, ni métier. »[138]

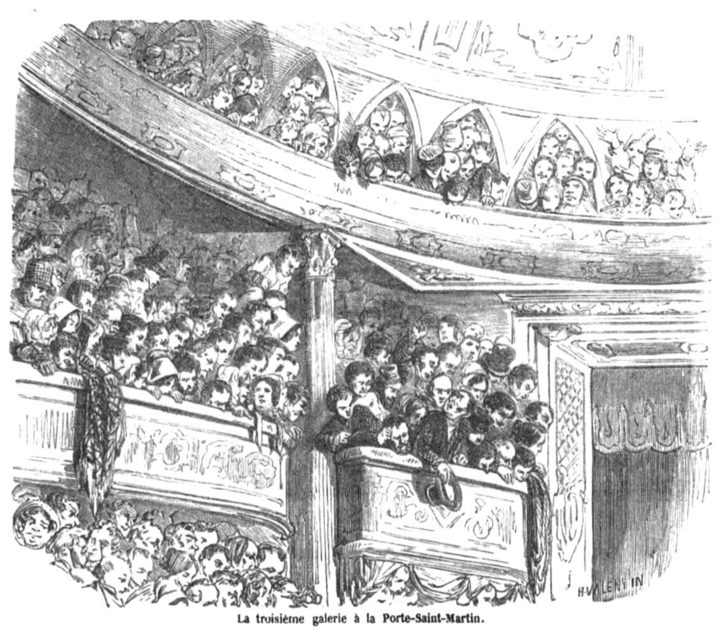

La troisième galerie à la Porte Saint-Martin.
Edmond Texier, *Tableaux de Paris*, tome I, Paris,
Paulin et Le Chevalier, 1852, p. 112.

Rechercher et jouir de la popularité, s'approprier les conseils de ses pairs constituent une double épreuve en laquelle se reconnaît le talent. Musset ne dédaigne pas

---

[138] Alfred de Musset, *Salon de 1836*, in *Œuvres de Alfred de Musset*, Paris, Charpentier, 1867, p. 671.

l'opinion publique ; il la tient pour déterminante et en fait l'une des conditions majeures du jugement esthétique, le seul qui ne soit pas fondé sur l'arbitraire de l'interprétation subjective.

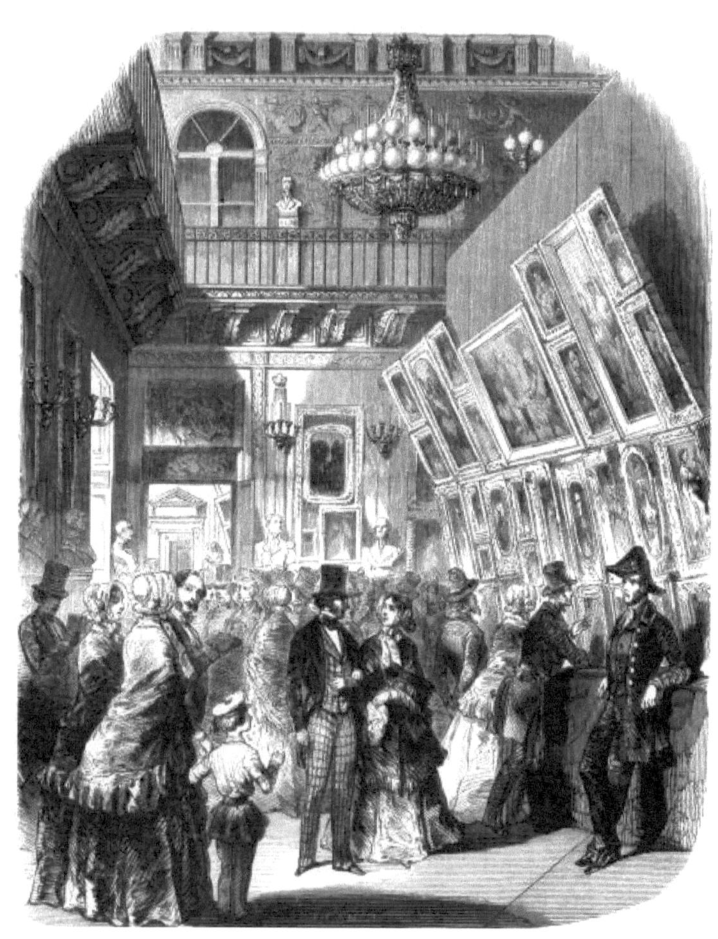

L'exposition des tableaux aux Tuileries.
Edmond Texier, *Tableaux de Paris*, tome 1, Paris,
Paulin et Le Chevalier, 1852, p. 299.

Rosenthal, dans le même sillage, met clairement en lumière l'influence de la bourgeoisie sur la production artistique. Thiers et Guizot sont non seulement des amateurs d'art et des hommes de goût, mais aussi des critiques d'art. La bourgeoisie dont ils sont les représentants est une source non négligeable pour les artistes en quête de reconnaissance et à la recherche de commandes officielles. Elle exerce une influence prépondérante sur la production artistique contemporaine car elle impose le tableau de chevalet, plus commode à placer dans ses hôtels particuliers, et les cadres dorés pour accrocher les toiles dans les salons de ses grands appartements. L'art doit ainsi s'accommoder aux goûts et aux exigences des nouveaux gouvernants. L'élément déterminant qu'en donne Rosenthal est la multiplication des portraits, caractéristique fondamentale du mécénat bourgeois. Le Salon de 1834 ne compte pas moins de 650 portraits ; celui de 1844 en présente 673. Ces chiffres élevés donnent à penser qu'économiquement, le portrait fait vivre l'artiste et, conséquemment, l'émancipe. *Manette Salomon* des Frères Goncourt en fournit en 1867 une illustration probante dans une veine néanmoins romancée. Le phénomène gagne en importance et touche également les autres couches de la société.

Pour Rosenthal, les préjugés populaires sont liés au fait de ne trouver de la grande peinture que sur des grands formats, suivant en cela une hiérarchie des genres toujours présente au XIXe siècle. Il est de tradition de dénoncer le goût mesquin de la bourgeoisie incapable, selon certains critiques, d'apprécier la bonne peinture, celle en particulier qui annonce les tendances novatrices fondées sur l'expression des sentiments, une facture plus franche et un chromatisme prononcé. Bien plus, on lui reproche un manque de tact et d'éducation artistique ; on se gausse de ses enthousiasmes stupides et naïfs. Et l'historien d'art de penser que l'éducation artistique de la bourgeoisie commence précisément sous la monarchie de Juillet. Si la bourgeoisie a de l'esprit, son goût reste donc à former, elle qui reste volontiers éloignée des extrêmes, en politique comme en art. D'où une certaine difficulté à définir avec précision un caractère esthétique qui lui serait propre. Ce qui est certain, c'est que le type social de la bourgeoisie évolue ; ses goûts s'affinent, ses choix également. Pour autant, Rosenthal lui dénie toute capacité à apprécier l'art à sa juste valeur. Asservis au joug de la peinture anecdotique, dont les prolongements donneront naissance au mélodrame à la fin du siècle, les riches amateurs ne peuvent qu'apprécier ce type pictural de dimensions modestes, à la facture lisse et au rendu délicat. Inscrite dans une dramaturgie simple et claire, la trame narrative est comprise immédiatement grâce à des ressorts psychologiques efficaces. Autant d'éléments qui deviennent sous la plume de l'historien d'art de redoutables défauts, quasi rédhibitoires : « Je ne pense pas ici aux scènes de genre qui se multiplièrent pour le plaisir des amateurs bourgeois. Médiocres d'exécution comme de dimensions, ces toiles s'adressaient à un public qui s'intéressait uniquement à leurs sujets. Ceux qui les exécutaient n'étaient pas tous dépourvus d'habileté et quelques-uns pouvaient faire figure parmi les peintres du juste-milieu. Ils visaient à une sorte de fini apparent et, quelquefois, il leur arrivait de côtoyer la peinture véritable. [...] Sentimentales, pour la plupart, parfois comiques, plus rarement d'observation simple, ces œuvres peuvent nous intéresser parce qu'elles nous font connaître les vaudevilles et les mélodrames auxquels se complaisaient alors les esprits simples. »[139]

« Esprits simples » les « amateurs bourgeois » ? Cette position volontairement grossie ne correspond pas à la réalité. Elle maintient et renforce une tradition tenace faite de stéréotypes et de lieux communs et désigne à l'attention un groupe politique et social fâcheusement confiné à une

---

[139] Léon Rosenthal, *op. cit.*, p. 377-378.

peinture dépourvue d'originalité, d'audace et d'invention. Bref, un art *médiocre*, dépourvu de génie, mais ne manquant pas toujours d'inspiration. La faute en incombe aux artistes eux-mêmes qui, selon Baudelaire[140], ne montrent pas plus souvent de la bonne peinture aux amateurs fortunés qui ne demandent pas mieux que de la comprendre et de l'apprécier.

En dépit d'analyses souvent pertinentes et de remarquables études étayées par des chiffres significatifs, relatives notamment à la puissance d'achat de la bourgeoisie, à son influence sur le marché de l'art ou au rôle des lithographies dans la popularité de certaines œuvres, les pages que Rosenthal consacre à la réception par cette même classe moyenne de la peinture académique ne persuadent pas. Et ce n'est pas seulement parce que les bourgeois y sont analysés comme une population inculte en matière artistique – ce qui est une vue partielle et partiale du phénomène. Il faut dire surtout que l'argument qui fait passer l'art académique pour une esthétique de seconde zone apparaît comme insuffisant. Le talent populaire, qui serait l'unique cause de la réussite de l'art du juste-milieu en son temps, ne peut être tenu pour le motif valable d'une condamnation sans appel. Cette histoire de l'art n'a plus lieu d'être ; partisane, elle ne peut justifier ses choix autrement que par une idéologie dépassée pour ne pas écrire exsangue. Pénétré d'un esprit de système, l'ouvrage de Rosenthal sur l'évolution de la peinture en France sous la monarchie de Juillet doit être lu aujourd'hui avec circonspection. Il y avait pourtant un chapitre à écrire sur la réception de la peinture académique, anecdotique voire mélodramatique, par un large groupe social allant des plus fortunés aux citoyens les moins aisés en passant par les classes moyennes. Non pas, comme le fait Rosenthal, sur un ton méprisant, mais sur la base de données philosophiques et/ou sociologiques.

---

[140] Voir Ch. Baudelaire, *Curiosités esthétiques*, *op. cit.*, p. 2.

Le concept de *changement de temps* – que je dois à Ch. Morazé[141] –, qui permet aux peuples d'Europe de *redécouvrir leur histoire* et, ce faisant, de prendre conscience de leur singularité, est une pensée qui traverse déjà tout le XIXᵉ siècle. Plus récemment, F. Haskell[142] évoquait l'importance de cette peinture en ce qu'elle est la manifestation privilégiée d'une « confrontation » du XIXᵉ siècle avec le passé. Que l'histoire soit recomposée pour les besoins de nations en quête d'identité importe peu, pourvu qu'elle soit vraisemblable à défaut d'être véridique. Ce « désir d'histoire », suivant la formule de Laurent Theis, est marqué par de très grands historiens tels qu'Augustin Thierry, son frère Amédée, Auguste Mignet, Jules Michelet, François Guizot, Adolphe Thiers, Edgar Quinet, Alexis de Tocqueville… En France, ce passé réinventé donne à l'art une direction nationale dont l'inauguration en grande pompe du musée de l'Histoire de France à Versailles en 1837 est l'expression la plus tangible. Habilement associée à la célébration du mariage du duc d'Orléans avec Helena de Mecklembourg-Schwerin, la création du musée est le fait du prince[143]. Louis-Philippe paye sur ses revenus de la liste civile la somme de 23,5 millions de livres pour la restauration de ce symbole de l'Ancien Régime.

En sauvant Versailles d'une destruction imminente, il pose les premiers jalons d'une efficace politique culturelle. Le monarque encourage en effet les arts à proportion de leurs tendances utilitaires et instructives. Le roi, pragmatique et opportuniste comme le furent ses prédécesseurs, entend bien faire de la création une action exercée sur l'opinion

---

[141] Voir Charles Morazé, *Les bourgeois conquérants*, op. cit., p. 147.

[142] Francis Haskell, *De l'art et du goût, jadis et naguère*, op. cit., p. 169.

[143] Sur le faste de l'inauguration du musée associée à la célébration du mariage du duc d'Orléans et ses répercussions sur la politique intérieure, voir Munro Price, *Louis-Philippe*, op. cit., p. 308.

publique et un mode d'éducation nationale[144]. La doctrine et les idéaux du pouvoir s'expriment et se propagent notamment en soutenant une politique de commandes officielles de peintures de scènes historiques. Avec plus de 6000 toiles et 3000 sculptures, le musée dédié à « toutes les gloires de France » fait acte de propagande, tentant de réconcilier tous les Français et de renforcer la légitimité du roi. L'entreprise n'est pas des plus aisées et ce pour trois raisons principales : premièrement Louis-Philippe est le fils d'un régicide, malgré sa conception de son rôle constitutionnel, il est un monarque marqué par la faute originelle de sa dynastie ; deuxièmement son accession au trône ne repose pas, contrairement à ce que soutient Thiers dans les commencements, sur une souveraineté populaire[145], ce qui remet en cause sa licéité et le fait passer pour un usurpateur aux yeux de ses opposants ; troisièmement la contradiction de son gouvernement, qui tente de concilier restauration et révolution, constitue un défi permanent que le roi n'a de cesse de résoudre tant bien que mal par de nombreux remaniements ministériels. Toutes ces raisons confèrent à la création en général, à la peinture en particulier, une fonction idéologique précise : exalter les bienfaits de la monarchie de Juillet et réaffirmer un *continuum* temporel, suspendu par la Révolution et l'Empire. Ce que confirment

---

[144] Inauguré le 24 avril 1818 par Louis XVIII, le musée du Luxembourg a pour objectif officiel de promouvoir l'art français contemporain. Le mécénat royal doit également magnifier la munificence de la monarchie restaurée et réaffirmer sa légitimité. « Antichambre du Louvre », suivant le mot de Chennevières, le Luxembourg est le chaînon intermédiaire entre le Salon et le musée royal et l'ultime consécration officielle pour un artiste.

[145] Laurent Theis fait remarquer que la légitimité de Louis-Philippe ne reposant ni sur le suffrage populaire, ni sur l'hérédité, ni sur le sacre, il fallut que Guizot déployât avec conviction l'idée que le régime de Juillet n'était ni plus ni moins que le point d'orgue d'une histoire nationale dont il faisait partie intégrante. Voir L. Theis, *François Guizot*, Paris, Fayard, 2008, p. 24.

les commandes et les achats par la liste civile qui ne furent jamais aussi nombreux que durant les années 1840.

Historique et nationale : telle est donc la conception exclusive du monarque qui instrumentalise la création tout entière au service de son règne. Elle s'appuie toutefois sur trois événements décisifs qui contribuent au développement de l'historicisme romantique : l'acquisition en 1843 par l'État des collections d'Alexandre du Sommerard et de l'hôtel de Cluny ; la création par Alexandre Lenoir du musée des Monuments français, conçu en 1792 et ouvert au public en 1795 ; enfin la parution en 1802 du *Génie du Christianisme* de Chateaubriand. Ces éléments d'une importance décisive ensemencèrent le terrain afin que surgissent le moment venu les conditions propices au développement du « genre historique » auquel restent indéfectiblement attachés le nom et l'œuvre de Paul Delaroche. Le programme culturel de la monarchie de Juillet, associé à d'habiles manœuvres de politique intérieure, est si bien mené que l'année 1837, date de l'inauguration du musée de Versailles, est considérée à bien des égards comme l'apogée du règne orléaniste par les historiens contemporains[146]. Enfin, l'engouement du public pour le Salon ne se dément pas. En 1846, il accueille 1 200 000 visiteurs. Le mécénat royal porte ses fruits. Incontestablement ! Mais à lui seul, il ne suffit pas à endiguer le flot de protestations sociales qui, deux ans plus tard, allait renverser le roi des Français.

---

[146] M. Price, *Louis-Philippe, op. cit.*, p. 308-309.

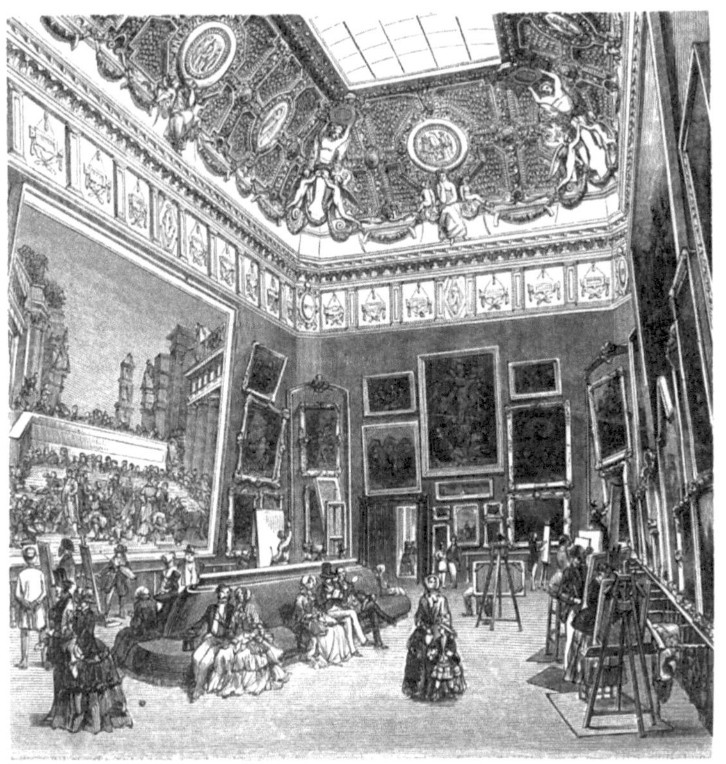

Le Salon carré (Louvre).

Illustration des *Tableaux de Paris*, tome I, Paris,
Paulin et Le Chevalier, 1852, p. 277.

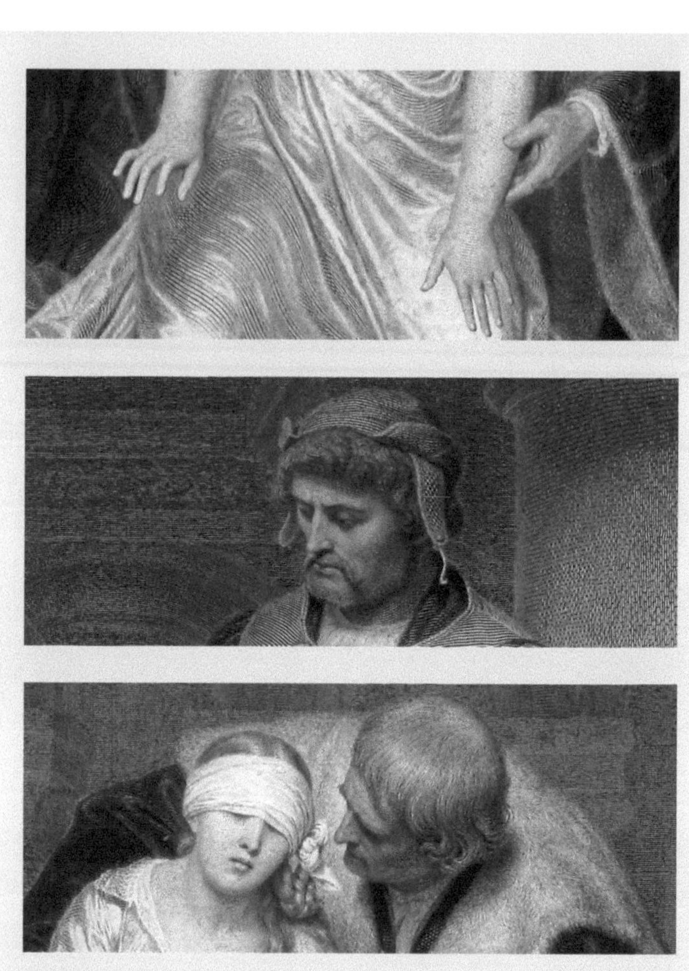

Jane Gray, détails.

Gravure de Paolo Mercuri , d'après Paul Delaroche.

RÔLES DU PUBLIC ET DES CRITIQUES

L'exécution de Lady Jane Grey en la Tour de Londres, l'an 1554 : « Il n'y a qu'un mot sur ce tableau : *C'est un chef-d'œuvre !* et ce mot est prononcé de prime abord par l'artiste, l'amateur et l'homme du monde. »

Charles [Henri] Landon, *Annales du musée et de l'école moderne des beaux-arts*, Paris, Chez Pillet aîné, 1834, p. 1.

Préoccupés par les évènements politiques récents, les visiteurs du Louvre ne sont guère attentifs aux œuvres exposées au Salon de 1831. Ils sont néanmoins séduits par les toiles d'un jeune peintre qui fait toujours sensation : Paul Delaroche. Le nom de l'artiste ne leur est pas inconnu. Ce Salon n'est d'ailleurs pas son premier coup d'essai, mais le jeune homme présente cette année des œuvres d'un caractère particulier, au style plus affirmé : *Les Enfants d'Édouard, Le Cardinal de Richelieu remontant le Rhône, Le Cardinal de Mazarin mourant* et *Cromwell devant le cercueil de Charles I[er147]*. Trois ans plus tard, l'artiste décide de frapper un grand coup en présentant au Salon de 1834 *L'exécution de Lady Jane Grey en la Tour de Londres, l'an 1554* (Londres, National Gallery) avec une toile beaucoup plus modeste (*Galilée*). La foule admirative est alors emportée dans un élan de sympathie devant la première œuvre, probablement l'une des scènes les plus émouvantes que l'histoire de la peinture ait jamais produite. Archétype de l'héroïne en détresse, le destin de la jeune femme protestante (elle n'a que dix-sept ans) ne peut qu'émouvoir. Petite nièce du roi Henry VIII, héritière du trône d'Angleterre après la mort d'Édouard VI

---

[147] Pour une lecture détaillée des œuvres de Delaroche, je me permets de renvoyer le lecteur à mon livre intitulé *Destins et dramaturgies du corps déchu dans la peinture française du XIXe siècle*, Paris, L'Harmattan, 2004.

le 6 juillet 1553, elle paie de sa vie un des règnes les plus courts de l'histoire. Après six mois d'emprisonnement, sa cousine catholique Marie Tudor décide de l'évincer puis de se débarrasser de sa rivale et de son mari, purement et simplement. Celui-ci est décapité en place publique. Elle est exécutée peu après, le 12 février 1554, dans une salle basse de la tour de Londres. Elle aura régné sur l'Angleterre neuf jours, du 10 au 19 juillet 1553. C'est cet épisode que représente Delaroche[148] sur une toile de plus de 2,40 m de haut sur presque 3 m de large, un grand format pour une scène historique suivant la hiérarchie des genres en vigueur au XIXe siècle.

L'instant d'avant

Le moment choisi par l'artiste est celui où l'héroïne, les yeux bandés, agenouillée, les bras gracieusement tendus vers le sol, tâtonne pour atteindre le billot sur lequel elle cherche à reposer sa tête. Ce geste si particulier est une trouvaille propre à émouvoir. Aidée du gardien de la Tour qui la guide dans cette recherche mortelle, la jeune fille n'implore pas la pitié ; son attitude ne relève pas non plus d'une passivité fataliste. Résignée et sereine, elle montre un courage exemplaire qui contraste singulièrement avec les lamentations de ses deux dames de compagnie situées en arrière-plan de la scène. Au-devant de la représentation, le bourreau attend patiemment et paraît éprouver une compassion retenue pour la jeune reine martyre. L'instant n'est pas insignifiant, qui offre à l'artiste l'occasion de raconter un épisode historique là où Delacroix et Gros concevaient des épopées.

---

[148] L'artiste prend quelques libertés avec l'histoire puisque Jane Grey aurait été décapitée non pas dans une salle de la forteresse, mais dans une cour intérieure appelée Tower Green, à l'abri des regards de la foule.

Le jeu se veut infiniment subtil : il *suggère* la fin tragique, il ne la montre pas. Toute la puissance du tableau réside dans cet habile équilibre, dans cette tension où l'action, n'ayant pas encore pris sa place, est néanmoins présente. Il y a dans cette toile une idée génératrice directement communicable au spectateur, qui devine aisément la tragédie qui se prépare. Delaroche crée d'incomparables harmonies nacrées. Le faire est précieux, raffiné sans être jamais maniéré. Il n'est pas une perle de bijou qui ne reflète un grain de lumière, une étoffe de soie qui ne fasse apparaître des nuances brillantes, une collerette dont on ne puisse distinguer l'ouvrage de dentelle avec précision. Le luxe de la palette, le soin avec lequel l'artiste restitue matières et textures sont goûtés, aujourd'hui encore, avec admiration.

Le public est sensible à la configuration sentimentale du tableau et à l'objet de compassion de cette martyre protestante d'une remarquable beauté. Le pouvoir de séduction visuelle impressionne. La foule s'extasie devant le tragique destin de la jeune femme, reine d'Angleterre fût-ce le temps d'un règne éphémère. L'héroïne émeut aussi parce qu'elle s'apprête à mourir avec une dignité qui force l'admiration.

Le livret du Salon de 1834 mentionne un extrait du *Martyrologe des Protestants publié en 1588* éclairant, s'il en était besoin, la toile de Delaroche :

« La noble dame arrivée au lieu du supplice, se tourna vers deux siennes nobles servantes, et se laissa desvêtir par icelles. Sur cela le bourreau se mettant à genoux, lui requit humblement de lui vouloir pardonner, ce qu'elle fit de bon cœur. Les choses accoutrées, la jeune princesse s'étant jettée à genoux, et ayant sa face couverte, s'écria piteusement : Que feray-ci maintenant ? Où est le blocquau ? Sur cela sir Bruge, qui ne l'avait pas quittée, lui mit la main dessus. Seigneur, dit-elle, je recommande mon esprit entre tes mains. Comme elle proféra ces parolles, le bourreau ayant pris sa hâche lui couppa la tête. »

Apparaissant dans une robe de satin d'une blancheur immaculée, elle personnifie l'innocence féminine face à la tyrannie, ou, si l'on veut lui donner un tour plus politique, elle incarne le protestantisme outragé par le plus autoritaire des catholicismes. Son exécution ne manqua d'ailleurs pas d'alimenter cette symbolique chez ses alliés protestants. Il semble que cette version des faits appartienne plus à la propagande qu'à la réalité historique du XVIe siècle. Quant à la dimension politique des œuvres de Delaroche, elle n'a jamais été avérée même si on ne peut totalement l'exclure. Peu après la mort de l'artiste, en 1856, l'un de ses premiers biographes[149] démontre que certaines toiles qui passent pour des manifestes légitimistes ne peuvent pas constituer des preuves de cette relation supposée entre l'art et l'histoire. La comparaison des dates liées aux évènements de la révolution de Juillet et de celles des peintures en question montre qu'elles ne sont pas contemporaines et ne peuvent, par conséquent, être mises en relation pour expliquer ou éclairer telle œuvre par tel événement national. La tentation est grande d'instrumentaliser l'art au profit d'une illustration de l'histoire et des courants idéologiques qui la traversent. Elle mène immanquablement dans une impasse. Préjudiciable aux œuvres qui s'aliènent une discipline censée en rendre compte dans toute leur complexité et leur profondeur, semblable démarche aboutit à un échec méthodologique et relève d'une éthique contestable. Ce qui reste vrai, en revanche, ce sont les préférences politiques[150] de Delaroche qu'il convient de ne pas calquer sur ses conceptions artistiques. Pour lui, la création n'est pas un moyen de propagande, mais une entreprise spirituelle, une aventure de

---

149 Henri Delaborde, in *Revue des Deux Mondes*, tome 8, *op. cit.*, 1857, p. 14.
150 Sur les idées politiques de Delaroche, voir Eugène de Mirecourt, *Paul Delaroche*, Paris, Gustave Havard éditeur, 1856, p. 63-64.

l'esprit, une aspiration vers l'idéal. À ce propos, Ernest Hébert (1817-1908), un élève de Delaroche, rapporte l'anecdote [151] selon laquelle l'artiste aurait refusé la commande par Napoléon III de la décoration intérieure de l'Arc de Triomphe par une apothéose de Napoléon Ier, sous le prétexte que Delaroche combattait un régime auquel il était opposé. Une source différente relate que celui-ci, bien que libéral, ne cautionnait pas le régime de Juillet ni la cour citoyenne, ce qui ne l'empêchait pas de recevoir chez lui Guizot, Pourtalès et les représentants du juste-milieu lors de soirées qu'organisait Louise son épouse.

Quoi qu'il en soit, sans connaître le récit, voire le mythe, qui entoure cet épisode de l'histoire de la Grande-Bretagne, les visiteurs du Salon perçoivent immédiatement l'enjeu dramatique de la scène. Si les implications émotionnelles et psychologiques sont plus difficiles à analyser chez le spectateur en termes de projection et d'identification inconscientes, elles n'en sont pas moins d'une redoutable efficacité.

Il est probable, en revanche, que Delaroche ait voulu établir un parallèle entre la mort de cette jeune reine et les évènements tragiques de la Révolution française, plus particulièrement les destins funestes de Louis XVI, de Marie-Antoinette et du dauphin. Une feuille de papier bistre antérieure à juillet 1830, conservée au Louvre[152], présente sur le même espace des études préparatoires à Lady Jane Grey et des croquis de La dauphine et Louis XVII au Temple. Vers la fin de sa vie, l'artiste complètera cette vision de reine déchue par une étonnante toile intitulée *Marie-Antoinette devant le Tribunal révolutionnaire* (1851, New York, The Forbes Collection).

---

[151] Voir Jules Breton, *op. cit.*, p. 90-91.
[152] Département des Arts graphiques, musée du Louvre, RF 35133.

L'exécution de Lady Jane Grey est devenue l'une des œuvres les plus populaires d'Angleterre. La National Gallery lui a consacré une exposition rétrospective, de février à mai 2010, et pour cette circonstance exceptionnelle un catalogue a été rédigé par les meilleurs connaisseurs du peintre et de l'histoire des Tudor.

À l'instar de *L'Origine du Monde* de Gustave Courbet, la redécouverte de *L'exécution de Lady Jane Grey* de Delaroche relève d'une histoire rocambolesque[153]. Au printemps 1973, un jeune conservateur de la Tate Gallery est à la recherche de *La Destruction de Pompéi et d'Herculanum* peinte en 1822 par l'artiste romantique anglais John Martin (1789-1854). La toile monumentale (1,15 m x 2,53 m), entreposée dans les sous-sols du musée, a été considérée comme perdue lors de la crue de la Tamise le 7 janvier 1928. Ce jour-là, les eaux pénétrèrent dans les caves de la Tate Gallery et endommagèrent sérieusement dix-huit toiles, sans compter de très nombreuses œuvres sur papier. *Lady Jane Grey* se trouvait parmi les peintures détériorées. Une campagne de sauvegarde fut immédiatement décidée et commença sans délais. Toutefois, les conservateurs n'estimèrent pas que la restauration de la toile de Delaroche était une priorité, ne serait-ce que parce que sa valeur esthétique était jugée négligeable. En 1959, elle est considérée comme définitivement ruinée. La toile est roulée et définitivement oubliée ! C'est sans compter non seulement sur le destin parfois extravagant de l'histoire de l'art, mais aussi sur une rumeur qui court dans le musée, selon laquelle l'œuvre de Delaroche ne serait pas si endommagée qu'on l'avait prétendu à l'époque. Quoi qu'il en soit, en découvrant l'œuvre de John Martin, l'on met à jour par hasard celle de

---

[153] Concernant les péripéties de l'œuvre du maître d'Ornans et ses implications artistiques, je me permets de renvoyer le lecteur à mon ouvrage *Le Désir Féminin ou l'Impensable de la création. De Fragonard à Bill Viola*, Paris, L'Harmattan, 2010.

Delaroche, soigneusement enroulée avec elle. De toute évidence, *Lady Jane Grey* n'a pas souffert des dégradations de la crue de 1928 alors que *La Destruction de Pompéi et d'Herculanum* nécessite d'impérieuses interventions, ce qui est fait. Une restauration exhaustive de la toile de John Martin est entreprise en 2011. Quant à l'œuvre de Delaroche, elle est l'objet d'une première exposition en 1975, ouvrant la voie à l'étude approfondie des peintures d'histoire du XIXe siècle.

Aujourd'hui, les conservateurs de la National Gallery n'hésitent pas à la qualifier d'« *iconic masterpiece in the context of Delaroche's great historical paintings* ». Il convient néanmoins de préciser qu'elle participe à la popularité du peintre, fondée elle-même, dans le cas présent, sur un épisode marquant de l'histoire de la Grande-Bretagne. Il n'est donc pas étonnant que l'Angleterre se soit appropriée la réputation d'un artiste, fût-il français, dont l'une des toiles sert admirablement la cause d'un patriotisme vibrant[154].

L'habile mise en scène, le jeu subtil de l'éclairage, la gestuelle des protagonistes, la restitution de l'environnement carcéral, les sentiments qu'on **devine** sur les visages, tout contribue à une lecture aisée, en tout point comparable à une *scène de théâtre*. Mais plus que les éléments plastiques évoqués, l'exceptionnelle trouvaille qui rend la toile si touchante aujourd'hui encore est le moment choisi par l'artiste pour représenter l'instant le plus crucial, celui où la jeune femme,

---

[154] Il est difficile de ne pas établir de lien entre la *Lady Jane Grey* de Delaroche, devenue une icône britannique après un long purgatoire, et la première marche de *Pomp and circumstance* (1901) d'Edward Elgar (1857-1934), convertie elle aussi en emblème de la Grande-Bretagne. L'œuvre du compositeur anglais, longtemps mésestimée, ne devient vraiment populaire que durant les années 1960 et se métamorphose en un hymne patriotique non officiel. Dans les deux cas, il s'agit d'exemples d'instrumentalisation de productions artistiques permettant d'exalter l'unité à travers la conscience nationale.

les yeux bandés, cherche des mains le billot, aidée par Sir John Bruges dont la compassion transparaît aussi bien que celle du bourreau. C'est le *moment suspendu* du drame qui ne se jouera pas sous nos yeux mais que nous pouvons sans peine imaginer. L'invention de l'image est tout entière **concentrée** dans cet *instant opportun* qui ravit l'opinion publique, la fédère et en dirige les émotions dans le même sens. L'année où elle est présentée dans le salon carré du Louvre, *L'exécution de Lady Jane Grey en la Tour de Londres, l'an 1554* n'appelle que les éloges du public.

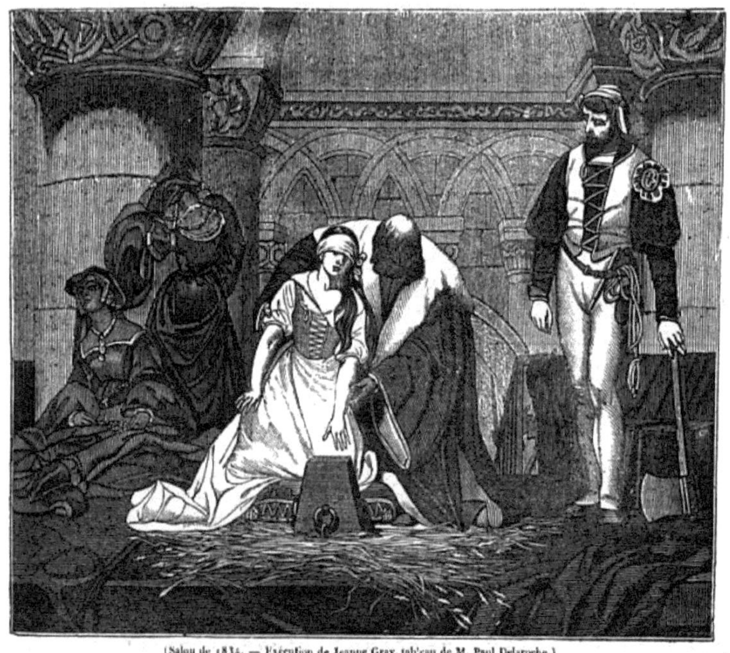

Exécution de Jeanne Gray, tableau de M. Paul Delaroche.
Illustration pour *Le Magasin Pittoresque*, 1834, Paris, p. 273.

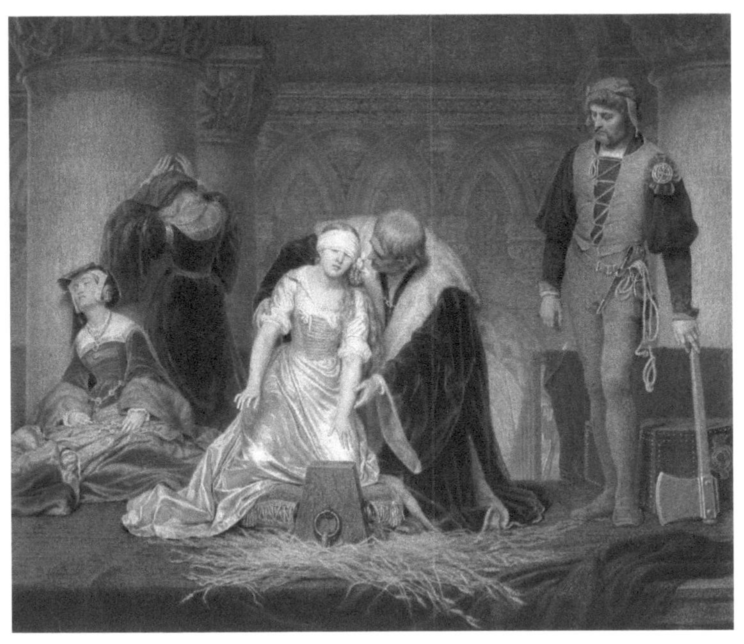

Jane Gray

Gravure de Paolo Mercuri , d'après Paul Delaroche, 35 x 29 cm.
Galerie du Prince Anatole Demidoff.
Imprimée par Goupil & Cie à Paris.

Celui-ci sait-il seulement que la jeune femme qui a servi de modèle est une actrice du Théâtre-Français ? Probablement pas. Et comment le pourrait-il à moins de fréquenter les scènes des théâtres parisiens ? Anaïs-Pauline-Nathalie Aubert, dite Mademoiselle Anaïs (1802-1871), est nommée sociétaire en 1832. Delaroche la représente en 1833 incarnant le jeune Duc d'York dans une pièce de Casimir Delavigne, *Les Enfants d'Édouard*. L'étude à la mine de plomb (Paris, coll. Comédie-Française) rehaussée de craie blanche atteste un dessin exceptionnel. Précision du tracé, accents sombres ou clairs par endroits, pose dynamique du modèle, trait vif et précis laissant certains passages plus esquissés, tout dans ce petit dessin (0,20 x 0,28 cm) est une démonstration non seulement d'une maîtrise technique absolue, mais d'une capacité à saisir un instant unique, pris sur le vif.

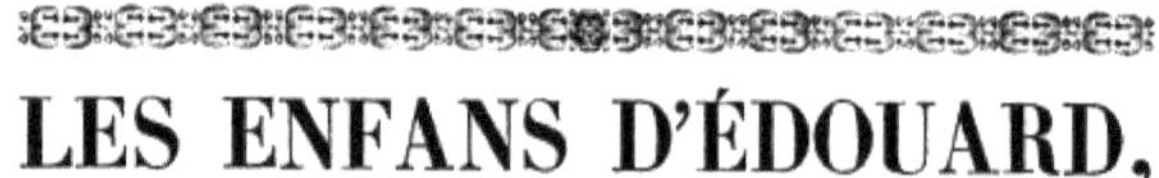

LES ENFANS D'ÉDOUARD,

TRAGÉDIE EN TROIS ACTES ET EN VERS,

PAR M. CASIMIR DELAVIGNE,

REPRÉSENTÉE POUR LA PREMIÈRE FOIS SUR LE THÉATRE FRANÇAIS,
LE 18 MAI 1833.

DISTRIBUTION DE LA PIÈCE.

ÉDOUARD V, roi d'Angleterre......................... Mme MENJAUD.
RICHARD, duc d'York, son frère......................... Mlle ANAÏS-AUBERT.
RICHARD, duc de Glocester, oncle des princes, régent du
    royaume......................... MM. LIGIER.
LE DUC DE BUCKINGHAM......................... MENJAUD.
SIR JAMES TYRRHEL......................... JOANNY.
LA REINE ÉLISABETH, veuve de lord Gray, puis d'Édouard IV,
    mère des deux princes......................... Mlle MARS.
LUCI, première femme de la reine......................... Mme TOUSEZ.
EMMA, femme de la reine......................... Mlle MORALÈS.
FANNY,   Idem. .... Mlle MARTIN.
WILLIAM, serviteur de la reine......................... M. ARSÈNE.
LE CARDINAL BOURCHIER......................... ⎫
L'ARCHEVÊQUE D'YORK......................... ⎬ Personnages muets.
DIGHTON......................... ⎬
FORREST......................... ⎭
LORDS, SEIGNEURS DE LA COUR, GARDES, ETC.

Les Enfants d'Édouard.
Distribution de la tragédie de Casimir Delavigne,
Paris, Le Théâtre Français, 18 mai 1833.

Entrée au Théâtre-Français en 1816, Mademoiselle Anaïs joue un répertoire majoritairement composé de comédies sur des scènes telles que l'Odéon et le théâtre Bonne-Nouvelle.

Mais son meilleur rôle reste assurément celui du Duc d'York – rôle qu'elle crée le 18 mai 1833 – où elle obtient un succès prodigieux grâce notamment à la qualité de son jeu tragique. Est-ce un contre-emploi pour cette actrice qui ne compte pas moins de seize comédies au Théâtre-Français entre 1831 et 1848 et seulement trois drames pour la même période ? Ce n'est pas certain car la jeune femme déploie de multiples talents. Quoi qu'il en soit, Mademoiselle Anaïs s'y surpasse et la tragédie, quoique médiocre, fait un triomphe.

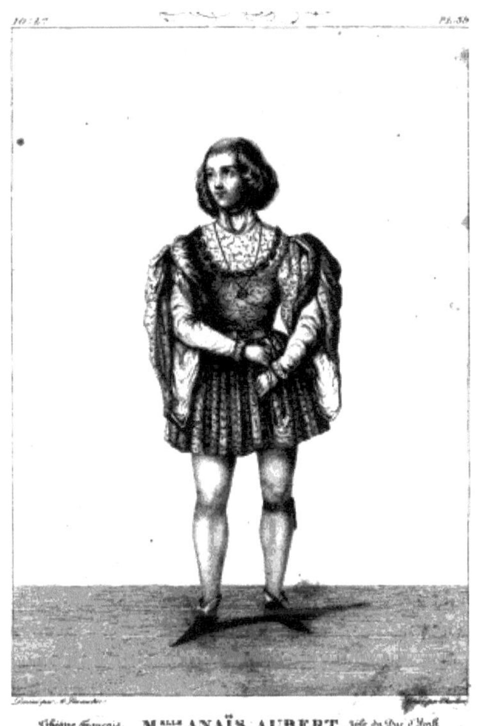

Mlle *Anaïs Aubert, rôle du Duc d'York (dans les Enfants d'Édouard).* Gravure, *Galerie théâtrale ou collection de portraits en pied,* tome 3, Paris, Chez Bance Aîné Éditeur, s.d.

L'opposition légitimiste et ses organes de presse s'emparent également de la pièce contribuant incontestablement à sa réussite par la polémique qu'ils suscitent. Le public réactionnaire voit dans l'imposteur Gloucester le double de Louis-Philippe et dans le destin funeste des enfants d'Édouard l'image de la légitimité opprimée, insultée et bafouée. L'usurpation mise en évidence dans la pièce n'est que le déclencheur d'une polémique de nature politique qui oppose deux factions rivales : les philippistes et les carlistes, autrement dit, les partisans de Louis-Philippe et ceux restés fidèles à la famille des Bourbons. Il s'agit dans le cas présent d'une « interférence, *via* la presse, du politique et du théâtral[155] » selon Maurizio Melai, à qui j'emprunte ici les éléments d'une analyse sur le rôle des médias dans la politisation d'une œuvre, ce phénomène examiné par Melai se faisant dans le cas présent au détriment de la portée artistique et littéraire de la pièce de Delavigne.

Enfin si la *Jane Grey* s'attire les faveurs du grand public, elle le doit à sa facture, d'un fini parfait, qui confine à la merveille visuelle. La robe de satin blanc nacré, déjà évoquée, éblouit les regards et fait l'objet d'une admiration qui atteint probablement dans ce type d'œuvre un sommet jamais égalé. L'image triomphante détrônerait-elle le verbe ? Probablement dans une première appréhension du tableau où la vue prime sur tous les autres sens. Mais les toiles au XIXe siècle s'accompagnent toujours d'un titre et le Salon d'un livret. Les notices des tableaux permettent en principe de renseigner le visiteur et de conforter ses impressions intuitives liminaires. Bien plus, me semble-t-il, titres et notices ont pour fonction d'apaiser dans le cas présent cette première épreuve sidérante. À l'expérience intense du regard succède un instant plus serein, au visuel la lecture, à l'iconique le scripturaire. *Jane Grey* exprime ainsi une loi qui vaut aussi pour tous les autres tableaux de Delaroche : le

---

[155] Maurizio Melai, « La querelle politique des *Enfants d'Édouard* dans la presse de 1833 », *Médias 19* [En ligne, p. 3] Publications, Olivier Bara et Marie-Ève Thérenty (dir.), Presse et scène au XIXe siècle, SPECTACLES EN ÉCHO, mis à jour le : 19/10/2012, URL : http://www.medias19.org/index.php?id=2877

sens se délivre d'emblée et ne nécessite aucun exercice intellectuel soutenu par une culture littéraire particulière.

Bien plus, la toile appelle immédiatement une émotion qui relève de la propre sensibilité du spectateur. Le phénomène est remarqué dès 1834 à propos de *Jane Grey* par Charles-Paul Landon [sic], architecte de son état, admirateur du tableau. Il soutient purement et simplement que « la peinture n'est pas un art purement de convention, appréciable seulement par quelques adeptes initiés à ses secrets, et sur lequel tout homme qui n'a pas fréquenté les ateliers doit s'abstenir d'émettre un jugement. Il nous porte à croire que ce qui est beau, ce qui est bien aux seuls yeux de quelques êtres soi-disant privilégiés de la nature, pourrait bien n'être qu'une aberration de l'esprit, et que l'œuvre réunissant en elle une assez grande masse d'éléments de succès pour obtenir le suffrage universel, approche davantage du but vers lequel doit tendre l'artiste[156]. »

---

[156] Charles-Henri Landon, *Annales du musée et de l'école moderne des beaux-arts*, Paris, Chez Pillet aîné, 1834, p. 1. Contrairement à ce qui est annoncé dans l'ouvrage, l'auteur n'est pas Charles-Paul Landon, peintre et père de Charles-Henri, architecte. Décédé en 1826, Charles-Paul Landon ne pouvait donc pas rédiger la notice d'une toile présentée au Salon de 1834.

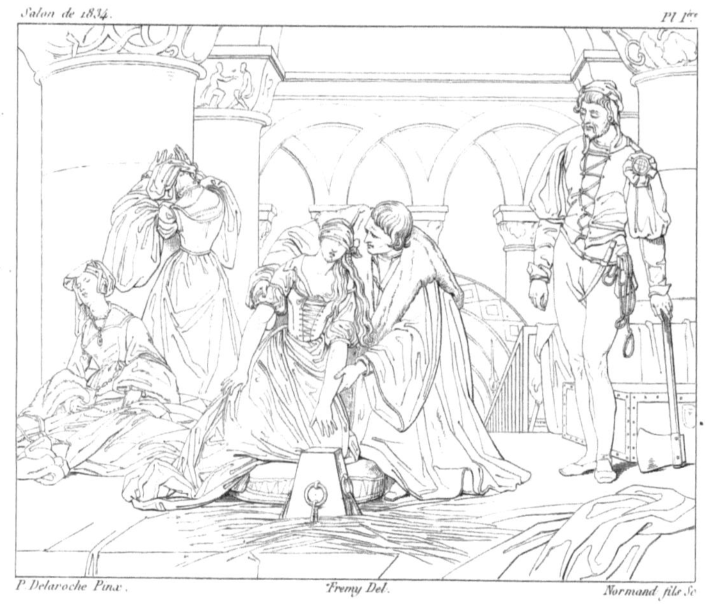

Lady Jane Gray.
Gravure d'après Paul Delaroche, *Annales du musée et de l'école moderne des Beaux-Arts*, Landon, Salon de 1834.

Le comte Anatole Demidoff est le premier possesseur de *L'Exécution de Lady Jane Grey* qu'il acquiert en 1834. La toile est de loin la plus appréciée du Salon et son achat lui sert autant à créer la surprise auprès des critiques d'art qu'à s'affirmer comme un mécène de tout premier ordre. Il expose ensuite la toile dans un vaste palais près de Florence que son père a fait construire et dont il poursuit les travaux : la villa San Donato. Les dimensions imposantes de la peinture, son caractère populaire et sa portée douloureuse en font l'œuvre par excellence qui domine les collections de San Donato. Le richissime industriel russe est l'un des meilleurs représentants du goût éclectique d'une clientèle cultivée étrangère. Grand collectionneur d'œuvres de son temps, le fastueux mécène possède cette sensibilité à l'art moderne qui lui permet de faire coexister Paul Delaroche, Eugène Delacroix, Jean-Auguste Dominique Ingres, François-Marius Granet, Richard Parkes Bonington, Théodore Géricault, Eugène Lami ou encore, plus curieusement, le peintre du XVIIIe siècle Jean-Baptiste Greuze dont il collectionne les têtes ! L'éclectisme dont le mécène fait preuve n'a pourtant pas bonne presse et ce, dès les premières décennies du XIXe siècle. Il est vivement condamné comme étant l'expression d'un manque de goût notoire. Toutefois, cette réceptivité à l'art contemporain dans sa variété est partagée par nombre de riches amateurs parisiens de la monarchie de Juillet et du Second Empire. On remarque toutefois que le comte Demidoff ne possède pas un seul Corot et achète un unique paysage à Théodore Rousseau. Il ignore purement et simplement Gustave Courbet, trop réaliste à son goût et dont la peinture lui paraît trop grossière.

Lady Jane Grey, léguée à la nation anglaise en 1902, est dès lors placée dans l'une des salles de la National Gallery de Londres entourée de peintres français du XIXe siècle : David, Daumier, Delacroix, Ingres, Géricault, Théodore Rousseau, Degas, Corot, Millet, Puvis de Chavannes, Moreau. À l'épreuve du temps, le voisinage de cette grande toile avec des œuvres dont certaines sont exceptionnelles n'est en rien préjudiciable à Delaroche[157]. Bien plus, ce dernier prend ici une place on ne peut mieux justifiée. Parmi les plus grands artistes du XIXe siècle, il constitue l'un des maillons essentiels à la compréhension d'une histoire de l'art reflétant les courants d'une création complexe ne se résumant pas à quelques références majeures parmi lesquelles on aurait épuré volontairement les œuvres académiques.

---

[157] Louis-Antoine Prat n'est pas de cet avis. Voir « Deux dessins pour les *Enfants d'Édouard* : Bonvin ou plutôt Delaroche (1797-1856) », in *La revue du Louvre et des musées de France*, 1997, n°2, p. 70.

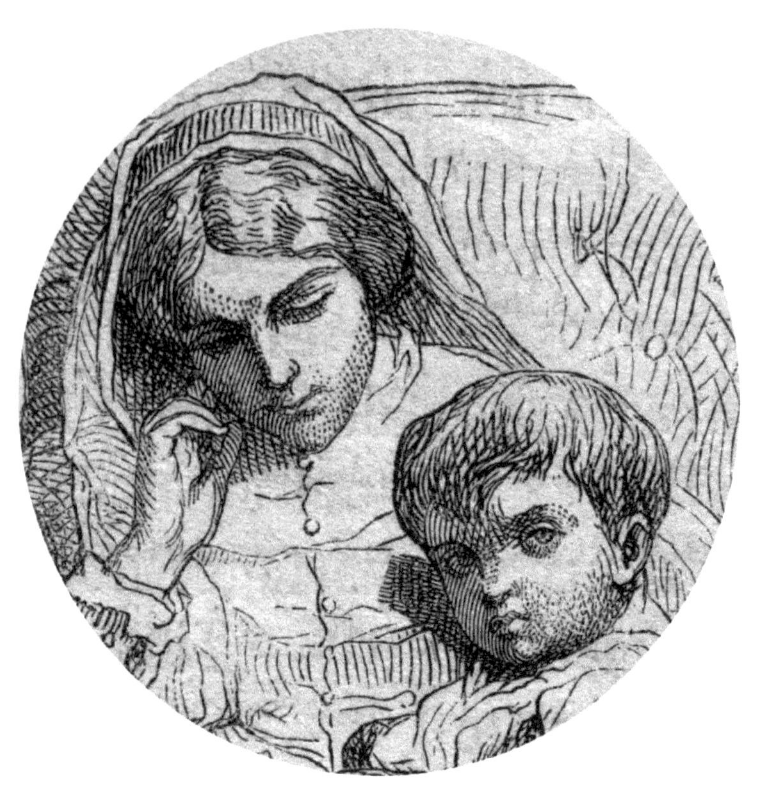

*Fac-similé d'une eau-forte de Paul Delaroche représentant Louise, son épouse,
et leur fils Philippe.* 1845.
Dessin de Marc. 9 x 9,5 cm.

RÔLE DE LA CRITIQUE DU SALON

« Une chose est certaine et facile à démontrer à ceux qui pourraient en douter, c'est l'antipathie naturelle du critique contre le poète, – celui qui ne fait rien contre celui qui fait –, du frelon contre l'abeille, – du cheval hongre contre l'étalon. »

Théophile Gautier, Préface (1834) à
Mademoiselle de Maupin, Paris, Charpentier, 1866, p. 11.

Le Salon annuel qui se tient à Paris[158] dans le salon carré du musée du Louvre durant la monarchie de Juillet est un événement considérable aussi bien pour le public que pour la critique. Le taux de fréquentation y est très élevé. Si le Salon représente pour les visiteurs un authentique rendez-vous populaire, il est d'une portée différente pour les artistes pour lesquels il est une opportunité économique de première importance. Les amateurs et les collectionneurs privés, les marchands d'art, l'État par le biais des achats de la liste civile et des commandes publiques, sont autant de partenaires privilégiés susceptibles d'acheter leurs œuvres. S'y faire admettre dans un premier temps est donc capital. Mais ce n'est pas tout. La remise des médailles au terme du Salon marque l'apothéose du parcours de l'artiste. L'événement est très attendu. Comme l'écrit le sarcastique Thoré, la distribution des médailles est un « moment de bonne fortune, qui ne fait rien au talent, mais qui assure la renommée[159] ». Elle symbolise en fait non seulement la consécration de l'artiste pour la qualité et la constance de son travail, mais aussi la reconnaissance des pouvoirs publics composés du

---

[158] De 1699 à 1848, le Salon se déroule au Louvre, en 1849 aux Tuileries et en 1850 au Palais-Royal.
[159] Salon de 1847, in *Salons de T. Thoré, op. cit.*, p. 525.

souverain Louis-Philippe, du ministre de l'Intérieur dont dépendent les Beaux-Arts, et du directeur de l'École des beaux-arts le comte de Montalivet. Les enjeux sont si décisifs pour l'avenir professionnel des exposants que l'hypothèse de travaux spécialement réalisés pour le Salon dans l'objectif de plaire au jury a été avancée par certains historiens. Elle se fonde en partie sur des témoignages d'artistes assez convaincants[160]. Toutefois, le phénomène ne peut être que limité et touche à la marge cette manifestation qui continue de refuser un nombre considérable de productions picturales et sculpturales, par manque de place, sans doute, mais surtout parce qu'elles ne satisfont pas aux critères exigeants des membres du jury. On ne peut donc pas considérer la stratégie de quelques peintres comme une tendance généralisée, mais plutôt comme un épiphénomène, tant les « Refusés » prouvent qu'ils ne répondent nullement aux attentes du jury et que les ruses de certains artistes en ce domaine sont vite déjouées *in fine*. Ce qui reste vrai, c'est l'importance du Salon pour chacun des protagonistes en fonction de motivations différentes : reconnaissance par leurs pairs pour les exposants et opportunité d'être médaillés et donc achetés, marché économique pour les amateurs et les marchands d'art, commandes institutionnelles pour l'État, vie culturelle stimulante pour les critiques, manifestation populaire pour les visiteurs…

Ajoutons à cette première remarque générale une seconde observation : les comptes rendus des Salons annuels durant cette même période sont rédigés majoritairement par des romanciers, écrivains, poètes, essayistes, chroniqueurs littéraires, échotiers, journalistes… Excepté Eugène Fromentin (1820-1876) ou Étienne-Jean Delécluze (1781-1863) qui reçoit une formation artistique poussée dans l'atelier de David, les critiques sont issus du domaine

---

[160] Voir Anne Martin-Fugier, *La vie d'artiste au XIXe siècle*, Paris, Hachette Littératures, 2007, p. 147-148.

littéraire. Certains d'entre eux pratiquent néanmoins l'aquarelle et le dessin, en amateurs le plus souvent, parfois la peinture dans des ateliers parisiens. C'est le cas de Prosper Mérimée, J.-R. Auguste, Alfred de Musset, Théophile Gautier… Toutefois, c'est sur le terrain du verbe que se jouent non seulement les controverses esthétiques du temps, mais aussi l'histoire du goût. Les commentaires sur les peintures et les sculptures exposées ne sont pas contemporains du XIXe siècle. Comme le rappelle Anne Martin-Fugier[161], la critique naît au milieu du XVIIIe siècle et, avec elle, la censure qui permet d'écarter opportunément les œuvres considérées comme immorales, irréligieuses ou contraires à la politique du roi. Pour ma part, j'ai essayé d'exposer ailleurs quelques-unes des raisons qui permettent d'affirmer que le premier à fonder la critique d'art moderne comme genre littéraire est Denis Diderot durant l'époque des Lumières[162]. Le langage écrit remplit ainsi non seulement sa fonction de communication, mais ici plus qu'ailleurs il contribue au développement du goût du public. Ce faisant, le critique d'art est un vulgarisateur. Il ne va pas tarder à se spécialiser, conférant à ses papiers qui paraissent dans les journaux une tournure plus professionnelle, notamment en initiant ses lecteurs aux lois de la composition et aux techniques picturales. Pour l'heure, il fait part de ses interrogations aux lecteurs. La création d'un ensemble organisé et cohérent repose sur des questions qui deviennent pour lui fondamentales : qu'y a-t-il de commun entre les œuvres ? Quels sont le dessein de l'art, sa finalité ? Quel statut donner à la perception harmonieuse et nécessaire entre les parties d'un tout ? Imiter reste-t-il le but suprême de l'art ?

---

[161] *Idem*, p. 142.

[162] Voir article en libre consultation sur www.editions-harmattan.fr : « Diderot ou la naissance de la critique d'art », O. Deshayes.

L'imitation de la nature garantit-elle la bonne peinture et non plus simplement la « belle peinture » ? Quand l'image fait-elle oublier qu'elle est une toile, incitant le spectateur à confondre l'objet représenté et la représentation ? La crédibilité de l'icône ne passe-t-elle pas par la vraisemblance ? Qu'est-ce que la vérité en art ? La reconstruction de scènes historiques édifiantes n'a-t-elle pas un effet trompeur ? L'illustration moderne du passé reposant sur des sources fiables est-elle suffisante pour atteindre au grand style ? Difficiles interrogations qui vont laisser rapidement place à des commentaires plus radicaux, dans lesquels (dé)montrer équivaut parfois à juger.

S'adressant à son ami le poète Gustave Le Vavasseur, Philippe de Chennevières consigne de subtiles observations relatives aux toutes premières critiques d'art du poète normand dont il ne manque pas de relever les traits outranciers, les partis pris qui font et défont les réputations. Écrit en 1851, le témoignage de l'historien de l'art pointe tous les défauts d'une jeunesse fougueuse et inexpérimentée, passionnée et sans scrupule. S'il partage la responsabilité de semblable immaturité, il en appelle néanmoins à une critique sereine, fondée sur une longue expérience et sous-tendue par une réelle modestie. En témoigne ce passage des *Lettres sur l'art français en 1850* : « Te souvient-il encore, journaliste politique, de la feuille parisienne qui exerça la première la périodicité de ta verve. On n'oublie guère, j'en juge naïvement par moi, ces agréables provocations, ces premières complaisances de la presse. Il y a quelque dix ans de cela, l'*Univers* t'offrit de juger dans son feuilleton l'exposition qui s'ouvrait dans les galeries du Louvre. À l'âge que nous avions alors[163], on tente toutes les aventures. [...] j'ai encore dans la mémoire les phrases pleines d'ardeur, de préjugés, de droiture et de passion avec lesquelles tu

---

[163] G. Le Vavasseur a une trentaine d'années au moment où il publie ses premières critiques d'art.

transperçais, caressais, dépeçais, éclaircissais, honnissais ou grandissais tout ce qui tenait alors brosse ou ciseau[164]. » Poursuivant sur le thème du péché de jeunesse, il appelle de ses vœux une critique plus mesurée, où le respect et l'exigence artistiques doivent l'emporter sur la fougue juvénile, mauvaise conseillère : « On sort du collège, on écrit un *Salon*, on tranche du connaisseur délicat, on analyse, on théorise l'art, la chose du monde la plus difficile à analyser et à théoriser, plus difficile que toutes les sciences philosophiques, puisque celles-ci ne procèdent que de l'esprit, et que pour pénétrer dans la science de l'art il faut travailler à la fois des yeux de l'esprit et des yeux de l'âme, et qu'il faut avoir beaucoup vu et beaucoup comparé, et qu'il faut s'être avancé lentement et humblement dans une certaine initiation, que […] la plupart des hommes n'ont jamais possédée du premier coup. Et quelle discrétion ne sied-il pas encore de mettre dans ces jugements d'art ? L'œil est distrait, oublieux, quinteux. […] il faudrait être […] le plus odieusement indifférent des hommes pour que votre critique en matière d'art ne soit pas le produit d'une centaine de passions et d'une centaine de préjugés[165]. »

Nonobstant, le rôle de la critique n'est pas toujours de condamner de manière définitive. Elle impose parfois des artistes dans les colonnes de ses journaux, que le jury du Salon continue de refuser, et milite en faveur de peintres jusqu'alors peu connus. Les paysagistes tels que Corot, Théodore Rousseau, Daubigny, Huet, Diaz en sont les exemples les plus significatifs. Les peintres romantiques, peu représentés au Salon, bénéficient de l'écho favorable d'observateurs attentifs qui n'hésitent pas à rédiger des commentaires favorables relatifs à leurs créations résolument

---

[164] Philippe de Chennevières, *Lettres sur l'art français en 1850*, Argentan, Imprimerie de Barbier, 1851, p. 3.
[165] *Idem*, p. 3-4.

nouvelles. Toutefois, l'idée récurrente suivant laquelle la critique d'art a pour objectif, sinon pour mission, d'instruire le public me paraît relever d'une vision judicieuse mais partielle. Que cet objectif apparaisse en filigrane tout au long de son histoire n'est pas contestable, mais la tournure que prend la discipline ne justifie pas qu'on doive accepter cette proposition sans réserve. Si elle encourage les lecteurs à entrer en communion avec des créateurs, si elle porte l'attention du public sur des artistes peu connus ou même sur les refusés du Salon, si elle invite enfin à partager ses points de vue, elle n'est pas exempte de partis pris en dehors de toute déontologie. Qu'est-ce à dire ? Que certaines prises de position révèlent parfois l'infiltration du politique dans un champ poreux à des influences qui ne lui sont pas consubstantielles. C'est ainsi que la peinture dite « du juste-milieu » est devenue une catégorie et une perception esthétiques. Sa traduction littérale est du reste impossible dans les autres langues. On connaît bien l'origine de l'expression et à quel moment elle s'impose dans les milieux artistiques, spécialement sous la monarchie de Juillet. Si son sens est relativement clair, elle oriente l'avis porté sur les peintures marquées de son sceau vers une dépréciation, un dédain et finalement un rejet définitif. Le jugement esthétique a ici des effets d'occultation, voire de condamnation. Transposé dans le domaine de la peinture, le principe de modération, à l'origine de la politique du juste-milieu promue par Louis-Philippe, devient l'une des plus graves accusations que l'on puisse porter à l'encontre de l'art. Le procès est sans appel. Abandonnant sa mission première, la critique d'art devient le reflet de batailles idéologiques, qui départagent de façon tranchée l'art officiel de l'art d'avant-garde. Cette position manichéenne ne traduit toutefois pas la réalité de la situation artistique sous le règne de Louis-Philippe. Jean-François Revel rappelle à ce propos que « Delacroix est à la fois un moderne et un officiel[166] » et que les deux entités ne sont pas distinctes jusqu'au XIXe siècle. Pour autant, la scission fait image dans la conscience collective et entretient l'idée d'une bonne et d'une mauvaise peinture. De même, elle maintient le sentiment qu'il existe une création « de gauche » censément avant-gardiste et un art « de droite », prétendument conservateur. Il en est de même pour les artistes dont certains sont rangés parmi le juste-milieu (les libéraux), tandis que d'autres sont classés dans l'opposition (les républicains). La critique peut donc devenir un redoutable outil de propagande visant une manipulation dont l'objectif est d'influencer l'opinion publique.

Telle quelle, elle suggère une coupure nette, rejette toute analyse d'esthétiques plurielles et n'hésite pas à recourir à une idéologie tranchée plutôt qu'à l'exercice d'esprits libres. Il n'est pas certain que la critique d'art gagne à se laisser ainsi envahir puis dominer par des éléments extrinsèques à sa nature. Ils finissent toujours, peu ou prou, par vicier le débat d'idées et la confrontation des points de vue. Ce qui est sûr, en revanche, c'est que la discipline acquiert tout au long du XIXe siècle une si grande importance dans le domaine de la littérature qu'elle finit par former un genre autonome. Les comptes rendus des journalistes sont reliés et classés par année de Salon ; ils forment des volumes entiers qui se lisent sinon comme des romans, du moins comme des ouvrages authentiquement littéraires. Même lorsqu'ils relèvent d'une nature polémique, ils sont toujours rédigés dans une langue particulièrement soignée. La critique a beau être partisane, son statut littéraire lui impose une tenue et un style qui forcent aujourd'hui encore l'admiration. Il faut enfin souligner que cette conception d'une critique d'art d'un très haut niveau, tant sur le fond que sur la forme, est due aux

---

[166] J.-F. Revel, « Modeste proposition », in *Le* Débat, *op. cit.*, p. 187.

rédacteurs choisis parmi les hommes de lettres – et de sciences ! – parmi les plus distingués du temps.

Pour illustrer les enjeux et les implications de la critique au regard des phénomènes que je décris, il me faut revenir à *L'exécution de Lady Jane Grey*. Après la commotion autant visuelle que psychique de la première sensation que la toile ne peut manquer de produire auprès du public, celui-ci se réfère d'abord au livret qui l'informe du nom du peintre, de quel maître il est l'élève, du titre de l'œuvre et de ses dimensions. Parfois, ces renseignements s'accompagnent d'un court texte rédigé par l'artiste lui-même : référence à la Bible, à l'histoire, à la mythologie ou, plus simplement, évocation d'une scène familière. Puis le public se reporte le lendemain à son journal qui en fait le récit détaillé, curieux de savoir ce qu'en pense son hebdomadaire favori. C'est dans celui-ci qu'il découvre, par exemple, les lignes élogieuses de Charles Lenormant (1802-1859). Éminent historien, archéologue chevronné, membre de l'Institut, Inspecteur des beaux-arts, professeur à l'Université de Paris, ce proche de Guizot ne dédaigne pas de prendre sa plume pour louer en Delaroche l'artiste qui traduit le mieux l'école historique moderne de la France. « C'est dans cette donnée d'imitation exacte des mœurs, des habitudes, des passions particulières à chaque siècle, que M. Delaroche a appris à répandre sur son ouvrage ce vernis de réalité, la seule poésie qui nous appartienne en propre, celle qui nous permet de penser que notre âge ne sera pas tout-à-fait compté pour rien dans l'histoire des arts d'imagination. Cette réalité, voici bien des années que d'autres la poursuivent ; mais personne dans la peinture n'avait su jusqu'à présent s'assimiler assez complétement ses recherches pour qu'on ne séparât pas toujours l'artiste des impressions étrangères auxquelles il avait obéi[167]. »

---

[167] Charles Lenormant, *Les artistes contemporains. Salon de 1831,* tome I,

Il est difficile de trouver texte plus flatteur. En tant qu'historien, Ch. Lenormant poursuit sur un point qui revêt une importance toute particulière : la transposition de *l'histoire par l'image*. Là où les autres artistes de la même période (les frères Johannot notamment : Charles, Alfred et Tony) ne vont pas au-delà du roman historique à la manière de Walter Scott, Delaroche, lui, récrit le passé de manière vraie à partir de données historiques prouvées, ou prétendues telles[168]. Il reconnaît, en somme, dans chacune des toiles de Delaroche des *peintures sérieuses* établies sur des bases solides. Mais Ch. Lenormant n'est pas qu'un historien ; il se double d'un critique sensible et regrette parfois que la minutie avec laquelle les objets et les accessoires sont rendus – qualité évidente très appréciée – ne tombe dans un excès qui nuit souvent à l'effet général voulu par l'artiste. Nonobstant, l'historien est séduit par un peintre qui a de la puissance et de l'originalité, du sentiment et de la vigueur et qui mène son chemin loin de toute coterie. En 1864, il prédit à Delaroche une réputation atemporelle, en dehors des fluctuations de la mode et des aléas de la critique. Enfin, il loue une dernière fois son style brillant et lumineux qu'il compare aux maîtres des Pays-Bas, son intelligence de la société moderne qu'il rapproche de Georges de La Tour, et son caractère sobre et arrêté qu'il assimile à Giovanni Bellini. Âge d'or de la peinture néerlandaise, brillant XVIIe siècle français, Renaissance italienne : trois références d'exception qui placent d'emblée Delaroche dans le panthéon de l'histoire de l'art.

Toutefois, si l'auteur de *Lady Jane Grey* reconstruit le passé à partir de recherches scrupuleuses d'images et de faits

---

Paris, A. Mesnier, 1833, p. 142-143.

[168] On sait aujourd'hui que les méticuleuses reconstitutions historiques de Delaroche, puisant dans des sources contemporaines, sont inexactes et ne rendent pas totalement compte de cette vérité que l'artiste recherchait par-dessus tout comme un gage de « peinture sérieuse ».

authentiques, s'il fait comparaître les personnages historiques devant les yeux de ses contemporains avec le rendu le plus vraisemblable possible pour l'époque, il « maintient [le spectateur] dans les régions tempérées de l'art avec un charme sérieux et complet. » Or, cet ultime compliment de Ch. Lenormant se révèle également le principal défaut de Delaroche : sa peinture n'atteint pas à cet *art idéal* qui inspire. Intelligente, modérée et équilibrée, elle s'inscrit dans une sage harmonie qui empêche d'accéder aux cimes d'un imaginaire débridé. Si l'expression « juste-milieu » ne figure pas dans le compte rendu élogieux de Charles Lenormant, elle s'impose néanmoins à l'esprit ; si elle n'est en rien dépréciative, elle marque autant les qualités que les limites de cette approche modérée, éloignée des extrêmes, brillante et séduisante mais n'allant pas toutefois jusqu'à emporter une adhésion sans réserve. Il reste que pour l'illustre archéologue, épris d'historicisme et marqué par une sensibilité « juste-milieu », Delaroche est incontestablement l'un des meilleurs artistes de son temps et l'un des représentants les plus éclairés de la peinture d'histoire.

Il est une autre fine plume qui mérite qu'on s'arrête sur elle un court instant, celle de Louis Ulbach (1822-1889), d'abord pour son approche originale, ensuite parce qu'elle fait écho à cette double qualité de Delaroche qui constitue ce que Ch. Lenormant relève lui aussi comme la pierre d'achoppement de son sens créatif – soit un entre-deux qui ne verse ni dans l'excès des passions ni dans la mièvrerie doucereuse. Dans un article daté du 1er avril 1867, le journaliste et auteur dramatique célèbre l'art de Delaroche, qui « plaît en général, après une sorte de réflexion. » Il complète finement l'analyse par une assertion qui résume le revers d'une peinture trop savante, prévoyant tout et ne laissant aucune part obscure et vague à l'imagination : « [...] peut-être bien que ce talent discret ne répond pas au trouble, aux ivresses des idées, et qu'on le voudrait plus fougueux, plus désordonné, peut-être même plus incomplet. On dirait qu'il manque d'une sorte de mauvais goût nécessaire à nos esprits blasés. Sa perfection relative nous embarrasse[169]. » Correct et équilibré, raisonnable et ingénieux, Delaroche peint tout avec mesure. C'est précisément ce trait distinctif qui lui est souvent reproché, l'empêchant de créer des images où sentiment et poésie rivalisent avec la pensée.

Dans un ouvrage qu'il fait paraître en 1857, Ulbach reconnaît en Delaroche des qualités morales qu'aucun de ses rivaux ne peut surpasser ni même égaler. Si Ulbach et Delaroche ne partagent pas les mêmes idées politiques – le premier est résolument socialiste, le second s'apparente au régime de Juillet –, le premier souligne chez l'auteur de *Jane Grey* une supériorité morale, une honnêteté le plaçant au-dessus des factions et des querelles d'école. Il insiste sur la mission d'utilité pratique qui réussit à concilier l'art et la chose publique – dont la vie et l'œuvre de Delaroche témoignent éloquemment. Il ne se prononce donc pas tant sur les qualités plastiques du peintre que sur les valeurs morales de l'artiste qui met sa création au service du Beau, du Bien et de l'intérêt public. L'approche est originale ; c'est la seule à ma connaissance qui, délaissant les habituels poncifs soulevés par l'œuvre de Delaroche, traite un registre insolite de sa création. « C'est l'homme social et l'homme privé que nous avons cherché dans l'homme illustre, écrit-il en 1857. Ce qui importe à l'heure où nous sommes, c'est moins une théorie des lignes, des ombres ou des sujets, qu'une théorie de l'honneur et de la conscience[170]. »

Tel n'est pas l'avis de Gustave Planche (1808-1857). Le féroce critique littéraire reconnaît l'impact authentique qui agit sur la psychologie du spectateur dans *L'Exécution de Lady Jane Grey* qu'il voit au Salon de 1834. Mais l'éloge s'arrête là.

---

[169] Louis Ulbach, *Revue de Paris, op. cit.*, p. 354.
[170] Louis Ulbach, *Écrivains et hommes de lettres*, Paris, Delahays, 1857, p. 345-346.

Au-delà des sarcasmes courants sur la simple habileté du peintre et son ingénuité, les reproches de G. Planche portent avant tout sur son travail d'imitation. Non seulement le travail de copiste n'est pas le but suprême de l'art, mais il en est la négation même. Cette lutte avec la réalité, cet effort de la *mimèsis* poussé à son acmé lui fait traiter tous les éléments de ses tableaux, animés ou inanimés, proches ou lointains, de la même façon, nuisant à l'effet d'ensemble. La vision de l'artiste s'éloigne d'une nature tangible – la seule pourtant qui sert un art véritable et sincère, la seule qui exploite les possibilités de la couleur, expressive et transfigurative de la réalité. Par ailleurs, attentif aux problèmes de composition plastique, il remarque que si l'espace est occupé par des personnages et des objets subissant le même traitement minutieux, la peinture est désespérément vide. « La toile est couverte, mais elle n'est pas remplie » écrit-il[171] dans le *Salon de 1838*.

Comme de très nombreux observateurs contemporains, G. Planche déplore le succès populaire des toiles que Delaroche expose tout au long du régime de Juillet. Cependant, il nuance la capacité du public, naïf et bêtement admiratif, à distinguer la peinture aux effets immédiats de celle, plus subtile, qui parvient à s'élever à la hauteur des chefs-d'œuvre. L'auteur résume ainsi cette idée : « *La vérité envisagée d'une façon générale et absolue est d'autant moins vraie, qu'elle est reconnue, acceptée et proclamée par un plus grand nombre*[172]. » Plus grave que l'ignorance du grand public et son incapacité à distinguer l'art de la peinture anecdotique, Planche reproche à Delaroche de populariser et d'affaiblir la peinture. Celle-ci doit être et demeurer *une pensée idéale et rêvée*. La voie suivie par l'artiste, qui n'exige ni courage ni talent, ne permet pas de s'y élever. L'auteur dénonce également un arrangement qui peut plaire un instant par son dessin

---

[171] Gustave Planche, *Études sur l'école française, op. cit.*, p. 63.
[172] *Idem*, p. 19.

impeccable et son coloris sobre mais qui, très vite, révèle un travail pénible, minutieux et artificiel. Tout le talent de l'auteur de *Lady Jane Grey* est là, dans ce labeur adroit et heureux, propre et joli. Sa peinture, enfin, qui se donne tout entière au premier regard, dans une clarté qui nuit à son mystère, lui assure une notoriété à défaut de lui conférer du génie. Au lieu d'art et de poésie, son métier n'est qu'arrangement et adresse. Le mérite est assurément superficiel et ne résiste pas à l'analyse du critique qui refuse à l'artiste la poésie de ses compositions, la traduction pittoresque et l'originalité absolue des figures de ses tableaux.

Enfin, G. Planche distingue trois principes qui régissent la peinture contemporaine. Le premier, résolument conservateur, tente de renouer des liens avec le passé et d'atteindre la pureté idéale. Ingres en est le suprême représentant. Le deuxième « hésite entre le présent et le passé, et voudrait réconcilier toutes les écoles de l'Europe dans une manière sobre et inoffensive[173] ». Il est représenté par Delaroche. Le troisième, enfin, est incarné par Delacroix qui jette sur les restes d'un passé glorieux les bases d'un avenir nouveau et d'une peinture régénérée. On retrouve dans ce panorama de l'art contemporain le *triumvirat* censé s'opposer et scander l'histoire de l'art en passé, présent et futur. C'est en tout cas de cette manière qu'Ingres, Delaroche et Delacroix sont évoqués, chacun d'eux symbolisant une composante particulière et inhérente de l'art. Cloisonnés, antagonistes, incompatibles entre eux, les divers styles sont inconciliables, voire irréconciliables, pour certains commentateurs qui ne voient en eux que des approches foncièrement contraires. Sans doute leurs visions ressortissent à des esthétiques différentes. Pour autant, leur altérité n'implique pas, comme le dit G. Planche, une inégalité qui fait d'Ingres un artiste définitivement tourné vers un passé inerte, de Delacroix l'espoir de la nouvelle et

---

[173] *Idem*, p. 279.

glorieuse peinture française et de Delaroche un artiste indécis, au style indifférent. Cette hiérarchie des valeurs sous-tend un système artistique figé et cloisonné, probablement très utile pour le critique qui distingue ce que je nommais plus haut la bonne et la mauvaise peinture. Elle est totalement inapte, en revanche, à traduire la pluralité des esthétiques, leur complémentarité dynamique et, dans certains cas, leur porosité. La situation de l'art français au XIXe siècle ne se limite pas, nous l'avons vu, à cette seule et unique vision critique ; elle réduit la compréhension d'un phénomène où les différentes tendances coexistent et doivent leur intérêt – et leur existence même – à ce qui les environne. Elle ne tient pas compte non plus de l'évolution stylistique des artistes. Qui, adoptant pour l'un le style « troubadour » au début de sa carrière, finit par assimiler les règles les plus strictes de l'académisme ; qui, sage étudiant à l'avenir prometteur dans la voie la plus classique pour l'autre, se révèle peu à peu un fougueux tempérament romantique ! La diversité des situations et des parcours, la singularité des esthétiques changeantes ne sont jamais prises en compte, ou très rarement. La critique leur substitue un commode système de tripartition. Le schéma ne traduit en rien la réalité, mais il présente l'avantage incontestable de définir des blocs monolithiques qu'il soumet aux lecteurs comme des espaces stylistiques hermétiques, s'excluant mutuellement. En somme, les simplifications et les réductions opérées sur une situation artistique complexe permettent une lecture de l'art schématique, proposant un système de valeurs hiérarchisé aisément utilisable par tout un chacun.

Il n'est pas question de prendre parti *a posteriori* pour ou contre un système critique mis en place dès le XVIIIe siècle et qui s'épanouit au siècle suivant. Il n'est pas inopportun de remarquer, en revanche, que le thème de l'exécution de Jane Grey n'est pas l'apanage du seul Delaroche. Qu'eurent pensé les chroniqueurs du temps s'ils avaient pu voir les peintures du même sujet par William Frederick Yeames, Richard

Burchett, George Whiting Flagg, Charles Robert Leslie, Hendrick Jacobus Scholten, Frederick Richard Pickersgill, etc. ? En comparaison de la *Lady Jane Grey* de Delaroche, ils n'eurent pas manqué, je présume, de reconsidérer leurs velléités artistiques et de revoir leurs papiers. Le rapprochement entre l'œuvre de Delaroche et celles citées plus haut démarque immédiatement la première des suivantes. Tous ces artistes sont des maîtres dans leur genre, mais aucun n'atteint le degré d'intensité du drame qui se joue sous nos yeux, pas plus qu'ils ne parviennent à suggérer autant d'émotion contenue. Les différences sont si manifestes au premier abord que Delaroche se distingue immédiatement de ses confrères qui lui sont contemporains[174]. Si la comparaison lui est entièrement favorable, ce n'est pas à cause de l'engouement passager d'une foule ignorante, d'abord parce que rien ne prouve que le grand public, à défaut de connaissances artistiques spécialisées, ne soit pas à même d'éprouver d'authentiques émotions devant l'image, *a fortiori* celle de Delaroche, ensuite parce que le goût du public se modifie avec le temps sous l'effet d'un certain nombre de facteurs. Dans le cas présent, je remarque que sa préférence marquée pour *Lady Jane Grey* est d'une remarquable stabilité. À quoi attribuer ce privilège de Delaroche sur ses contemporains qui, traitant le même sujet, ne parviennent pas à retenir l'attention ? Précisément en vertu de ce *moment suspendu* et *unique* rendu avec un brio qui n'est jamais la démonstration d'un pur savoir-faire. La technique est ici au service de la dimension dramatique ; elle se plie aux inflexions et à la volonté de l'artiste.

---

[174] Voir parmi d'autres *Lady Jane Grey est convaincue d'accepter la couronne* (exposé en 1827) de Charles Robert Leslie, *Lady Jane Grey préparée pour son exécution* (1835) de George Whiting Flagg, *Lady Jane Grey in the Tower* (vers 1860) de William Frederick Yeames, *Lady J. Grey* (1854-1860) de Richard Burchett, *Les derniers moments de Lady Jane Grey* (s.d.) de Hendrick Jacobus Scholten (1824-1907), *Lady Jane Grey* de Frederick Richard Pickersgill (1820-1900), la gravure de Robert Smirke et celle de W. Holl intitulée *Lady Jane Grey*.

Sur ce point, il faut donner raison à Delaroche : la suggestion vaut mieux que la démonstration. Elle permet d'évoquer une tragédie en des images plus puissantes, d'un intérêt plus soutenu, d'une valeur spirituelle plus profonde. L'imagination se plaît à éclairer ce que l'œuvre a laissé dans l'obscurité, à achever l'action commencée, à rendre plus nets des contours imprécis. Dans le cas des *Enfants d'Édouard*, l'action est *prévisible*. Là réside l'originalité foncière de Delaroche : le refus de tout dire dans une peinture pourtant qualifiée de *narrative*, la tendance à maintenir l'incertitude au cœur de la fiction picturale, la volonté délibérée de ne répondre qu'en partie au trouble de la représentation. Delaroche marque une parenté d'esprit avec Delacroix auquel on l'oppose. La différence des factures a contribué à creuser l'écart entre les deux hommes. Il est vrai que notre époque est plus encline à préférer les œuvres non finies, les esquisses, les productions traitées d'un style rapide aux peintures d'une exécution savante. On apprécie davantage un faire large, marqué de coups de pinceaux visibles, doublé d'une riche matière picturale que les touches fondues. L'art virtuose est toujours regardé avec une certaine admiration. Mais très vite il ennuie par l'autorité de son style impeccable. Si la plupart des tableaux de Delaroche sont excessifs jusque dans leur « fini », ils font preuve d'un brio exceptionnel qui leur confère cette magie de l'effet tonal qu'on retrouve chez Ingres et dans certaines toiles d'Ary Scheffer (1795-1858).

In fine, c'est Delaroche, et lui seul, qui donne vie à ses personnages en leur conférant une gamme variée d'expressions et de sentiments qui entrent à leur tour en résonance avec le public.

C'est encore Delaroche, et lui seul, qui suggère par une gestuelle appropriée les intentions des personnages qui se diffusent et se répondent en écho pour former un réseau de sens que le spectateur est invité à déchiffrer.

C'est toujours Delaroche, et lui seul, qui métamorphose une scène terrible en un drame dont l'émotion contenue ne peut que toucher le spectateur, fût-il rétif à la vraisemblance, cette qualité qui rend possible le mensonge de l'art.

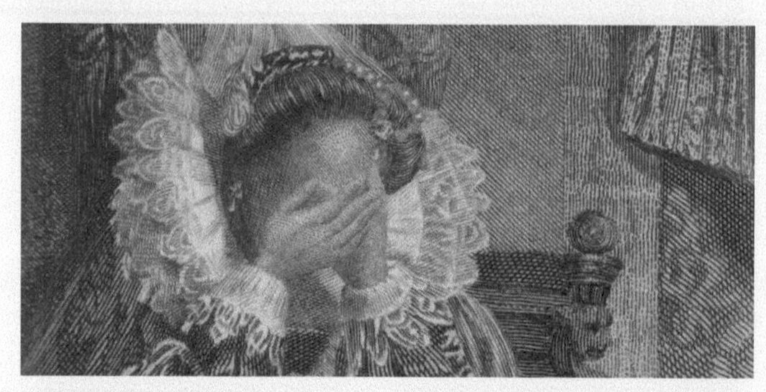
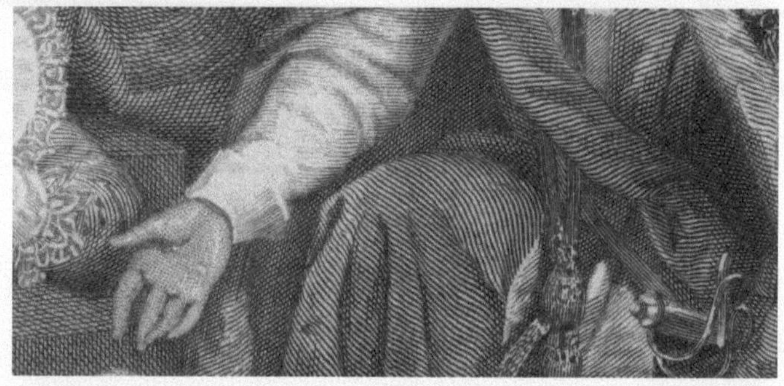
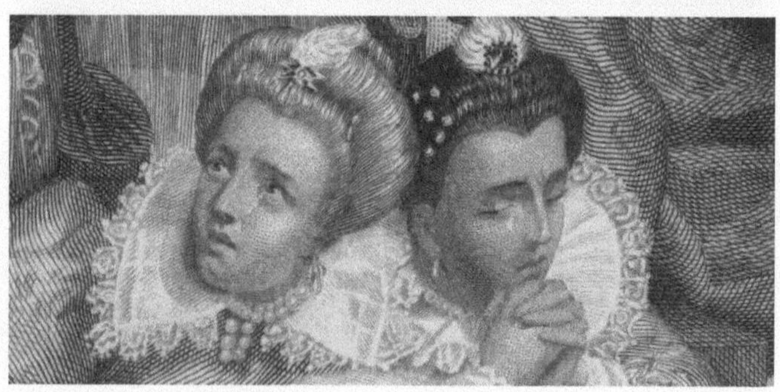

La Mort d'Élisabeth, reine d'Angleterre, détails.
Gravure d'après Paul Delaroche.

« UT PICTURA POESIS » : PEINTURE ET THÉÂTRE DU JUSTE-MILIEU

« Et, en effet, tout cela sent le théâtre. »

Charles Blanc, *Histoire des peintres de toutes les écoles,* t. III, Paris, Vve J. Renouard Libraire Éditeur, 1863, p. 10.

L'art de Delaroche est intimement lié au théâtre. Du temps de l'artiste, cette parenté est soulignée comme une évidence, heureuse pour certains, déplorable pour d'autres. Réduite à un poncif, l'assertion ne vaudrait pas qu'on s'y arrête si elle ne mettait en évidence des enjeux esthétiques novateurs qui dépassent la simple constatation. Il n'est pas un observateur pour établir des liens manifestes entre Paul Delaroche et son alter ego Casimir Delavigne (1793-1843), dramaturge et auteur de pièces aux succès retentissants. Les deux hommes se connaissent bien et travaillent ensemble depuis longtemps. Delaroche réalise les décors et signe les costumes des œuvres de Delavigne tandis que celui-ci crée et adapte des pièces dont certaines puisent directement leur inspiration dans les toiles de l'artiste. *Les Enfants d'Édouard* sont l'exemple même de ces relations étroites entre le peintre et l'homme de lettres : *Les Enfants d'Édouard* sont aussi bien la toile réalisée par Delaroche en 1831 que la tragédie[175] de Delavigne créée au Théâtre-Français le 18 mai 1833, deux œuvres, soit dit en passant, qui font un triomphe, la première auprès de la foule qui se presse au Salon, la

---

[175] Sur la suspension par Thiers de la pièce de Delavigne *Les Enfants d'Édouard* et l'intervention indirecte de Louis-Philippe pour sa levée d'interdiction, voir Théodore Muret, *L'histoire par le théâtre, 1789-1851*, troisième série, Paris, Amyot Éditeur, 1865, p. 218-219.

seconde auprès de l'opposition légitimiste. Delaroche et Delavigne possèdent la même intelligence du public et la même entente de la scène. Tous deux sont affiliés au juste-milieu aussi bien en politique que dans le domaine de la création artistique. Par leur modération et leur prudence, par leur position entre les extrêmes du classique et du romantique, par ces compromis adroits ménageant les esprits timides, ils répondent au goût moderne sans heurter la classe moyenne. Ils s'assurent ainsi l'immense majorité des suffrages d'un public qui ne se reconnaît ni dans la raideur classique ni dans l'ancienne tragédie, mais qui n'aspire pas non plus aux excès des coloristes ni au grotesque. Bref, cet arrangement heureux pour le sublime fait le bonheur de la bourgeoisie qui accourt au Salon pour l'un, au théâtre pour l'autre, voire aux deux !

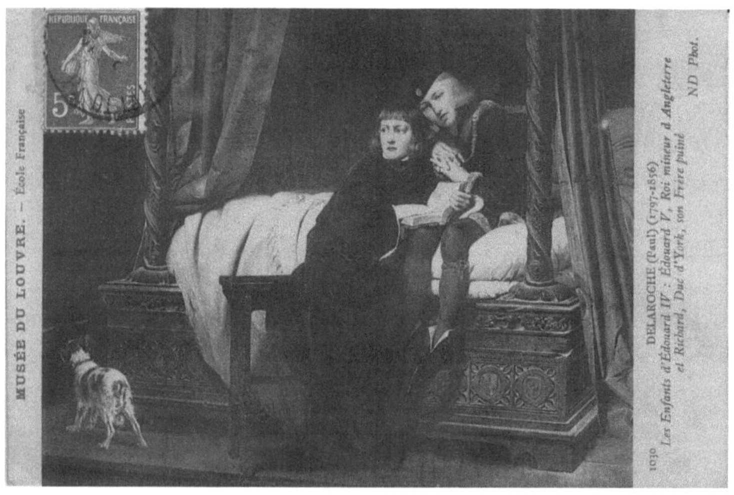

Paul Delaroche, *Les Enfants d'Édouard IV*.
Carte postale, 9 x 14 cm.

Il reste à évoquer une commande de l'État français de 1830, *Les Enfants d'Édouard*, présentée au Salon un an plus tard. L'œuvre confirme l'intense émotion dont Delaroche use avec habileté. Une fois encore, ce n'est pas l'unité d'action qui s'impose, mais les quelques instants qui *précèdent* le meurtre d'Édouard V et de son frère le duc d'York à la Tour de Londres en 1483. L'assassinat fut commandité par leur oncle, le duc de Gloucester, futur Richard III. L'œuvre est célébrée par le grand public comme une scène propre à bouleverser les sensibilités par la *violence potentielle* qu'elle recèle, par l'inquiétude qu'elle engendre, par la fin tragique qu'elle *suggère*. Parmi les critiques, elle a ses défenseurs et ses détracteurs. Dans la première catégorie, on peut citer Delescluze, Musset, Gros et Ingres, dans la seconde Jal et Planche. À lui seul, le titre de l'œuvre rappelle sa parenté avec la tragédie historique de Shakespeare, *Richard III*, roi criminel et sujet monstrueux.

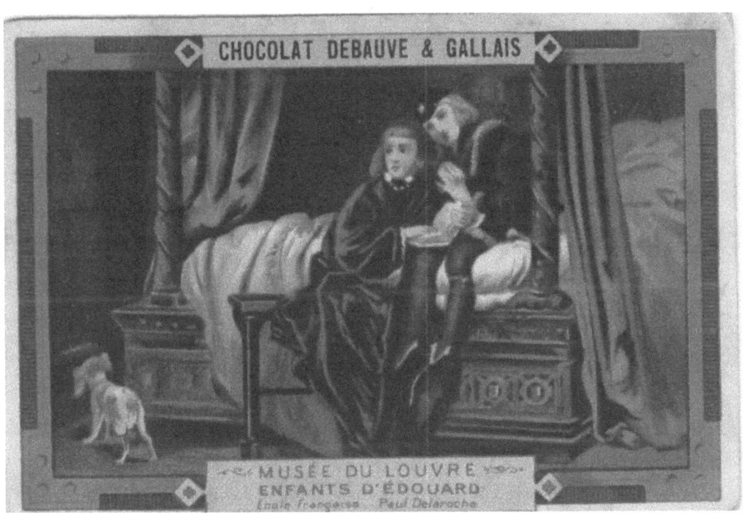

Paul Delaroche, *Enfants d'Édouard*.
Chocolat Debauve & Gallais, vignette en couleurs, 7 x 10,5 cm.

La scène 3 de l'acte IV, à laquelle la toile fait référence, mérite d'être rappelée en partie :

« TYRREL. - L'acte tyrannique et sanglant est accompli. Le forfait le plus grand, le plus lamentable massacre dont cette terre ait été jamais coupable ! Dighton et Forrest, que j'avais subornés pour faire cette besogne d'impitoyable boucherie, des scélérats incarnés, des chiens sanguinaires, attendris par une douce compassion, fondaient en larmes, comme deux enfants, au triste récit de leur mort : *Oh !* disait Dighton, *ils étaient couchés ainsi, les charmants petits ! - Ainsi, ainsi,* disait Forrest, *les innocents s'enlaçaient l'un l'autre dans leurs bras d'albâtre ; leurs lèvres étaient quatre roses rouges sur la même tige, se baisant toutes dans l'épanouissement de leur beauté. Un livre de prières était posé sur leur oreiller : à cette vue,* dit Forrest, *j'ai presque changé d'idée. Oh ! mais le démon...* Ici le scélérat s'arrêtait, quand Dighton a continué : *Nous avons étouffé le chef-d'œuvre le plus charmant que, depuis la création, ait jamais formé la nature.* Puis tous deux sont partis, avec une telle conscience et de tels remords qu'ils ne pouvaient plus parler ; et je les ai quittés pour venir porter cette nouvelle au roi sanglant[176]. »

En relisant l'extrait de *Richard III* dans la perspective de l'œuvre de Delaroche, on s'aperçoit que la vision de l'artiste ressortit à une interprétation personnelle de la scène. Rien n'est moins spectaculaire que la toile qui s'efforce de rendre l'horreur par la seule suggestion. Et rien n'est plus original que de tenter, pour un peintre, de relever le défi d'un épisode tragique sans montrer le meurtre qui le sous-tend. Le duc d'York, surpris dans ses prières, tourne son regard inquiet vers l'unique porte de la pièce, sous laquelle un rai de lumière annonce la présence des sicaires de Gloucester. Un chien, tenu en éveil, flaire le danger qui menace. Quant au jeune Édouard, tendrement penché sur l'épaule de son frère, il interrompt lui aussi sa lecture et regarde à l'extrême opposé du péril, sombrant dans quelques pensées mélancoliques. Encadrant les jeunes gens, des colonnettes, placées aux angles d'un lit richement sculpté, supportent un baldaquin d'où retombent de lourdes tentures. Ces dernières

---

[176] W. Shakespeare, *Richard III*, acte IV, scène 3, Paris, Garnier-Flammarion, 1964 pour la trad. franç., p. 105-106.

ne sont pas sans évoquer les rideaux d'un théâtre s'ouvrant sur une scène dont le spectateur connaît la fin tragique.

Certes, la scénographie ne fait pas une peinture, pas plus qu'un décor de théâtre ne fait une pièce ; mais elle sert la forme aussi bien que le fond chez Delaroche pour qui elle constitue un élément essentiel, inhérent à sa pratique picturale. Il faut convenir que, par sa représentation anticipée, le crime odieux qui se prépare est toujours retardé dans son exécution, le dénouement toujours renvoyé *sine die*. *Les Enfants d'Édouard* relève pleinement d'une dramaturgie en ce que les personnages sont associés à une destinée qui, pour être connue, n'est jamais donnée à voir. En d'autres termes, si la fin est prochaine, irrémédiable, elle est en revanche constamment dérobée au spectateur, confisquée au regard, jamais accomplie. L'acte criminel *virtuel* est propre à tenir en éveil l'intérêt. Le stratagème est habile. Le *manque à voir* étaye l'hypothèse de la frustration d'une scène dont l'accomplissement serait l'apogée ou ce qui en tient lieu dans le champ pictural. Or le tenant-lieu de l'acte réside, au sein de l'œuvre, non dans sa réalisation mais dans sa *promesse*. La dramaturgie visuelle marque l'avènement d'une situation esthétique nouvelle. Il ne s'agit pas seulement de situer les lieux de l'action avec un souci scrupuleux d'historicisme, mais bien d'éveiller la sensibilité du spectateur et de dynamiser son pouvoir d'imagination.

Cette subtile dramatisation est à la fois sémiologique et phénoménologique : signes et significations ont des répercussions manifestes sur les effets (de sens) et les sensations (émotions) du spectateur, attendri par le sort des enfants d'Édouard. Comment faire comprendre ce qu'une scène dit et surtout ce qu'elle ne dit pas ? La peinture de Delaroche s'inscrit dans un art d'interprétation. Sans imposer une lecture, elle offre un point de vue que le spectateur est invité à compléter.

Transposées dans le champ pictural, les conventions théâtrales sont une nécessité, voire un gage de bon goût quand il s'agit de peindre l'histoire. C'est la thèse que développe Henri Delaborde[177] dans un article de la *Revue des Deux Mondes*. Il établit suivant cet axiome un principe d'équivalence entre peinture et littérature, et sait gré à l'artiste comme au dramaturge d'atténuer la réalité extrême de certaines scènes historiques que la bienséance morale ne peut montrer sur une toile ni mettre en scène. Similaires, *convenances théâtrales* et *ressources picturales* permettent d'amoindrir les effets violents de sujets terribles : la peinture n'est pas un procès-verbal. Plus généralement, l'art n'est pas réductible à la réalité des faits. L'histoire est donc prise par son côté théâtral, à charge pour la peinture et le théâtre d'en transfigurer les sujets.

C'est précisément ce que font Delaroche et Delavigne qui élaborent des codes intermédiaires entre tragédie classique ou antique et drame romantique. N'est-ce pas précisément ce que déplore Stendhal[178] en notant la tendance du Salon de 1824 à ne montrer que des œuvres dont l'abus de style n'est qu'une « scène de théâtre » et d'autres à « la *vérité trop crue* » ? Il en appelle à « cette vérité *de sentiment* » qui touche la vraie peinture. Mais cette *vérité* doit-elle être entendue comme un compromis entre les deux, sorte de moyen terme évitant les écarts que dénonce Stendhal ? L'auteur ne le dit pas, mais il y a fort à parier que sa position est bien celle qui conduit à éviter les excès tout en donnant au progrès une satisfaction suffisante. Peintre et poète ont donc vocation à représenter des évènements, sobrement mis en scène, composés, chargés d'une signification déterminée et éloignés des extrêmes. De ce seul point de vue, les deux compères sont exemplaires, qui mettent la tragédie en peinture, et *vice versa*, sans

---

[177] Henri Delaborde, « Paul Delaroche », in *Revue des Deux Mondes*, *op. cit.*, p. 15.
[178] Stendhal, *Mélanges d'art*, *op. cit.*, p. 57.

enfreindre la décence. Entendant l'art de la même manière, ils participent l'un et l'autre à créer le *drame en peinture* et le *théâtre pictural*. Chacun à sa façon, ils tissent des liens entre les disciplines qui s'enrichissent mutuellement ; sans faire disparaître complètement les frontières entre elles, ils rendent poreuses les lignes de démarcation qui les séparent. Le commentaire de Charles Blanc illustre ce mélange des genres qui plaît au public indulgent mais pas au critique. Comparant *Jane Grey*, *Strafford* et *Marie-Antoinette* à des acteurs évoluant sur les planches, l'académicien français n'apprécie pas le caractère mélodramatique des toiles de Delaroche qui ressemblent trop au théâtre. Dans ses propos il ne réduit jamais ce dernier à un vulgaire peintre qui ne serait qu'habile ni ses œuvres à un mauvais théâtre. Si la peinture ne trouve pas son compte, c'est parce que le critique d'art ne reconnaît pas dans les mises à mort un accent de vérité qui serait plus adéquat aux destins tragiques de l'histoire. Et d'espérer trouver « dans la victime un peu moins de l'acteur, un peu plus de l'homme[179]. » Pour lui, le peintre n'a pas à se substituer au dramaturge et la question de l'art n'est pas celle d'un tableau où l'on cherche l'esprit, la pensée et l'intention, mais celle d'une *philosophie du beau*, d'une esthétique sous-tendue par une doctrine inflexible, vision supérieure, donc, qui dépasse de loin l'historicisme éclectique qu'incarnent Delaroche en peinture et Delavigne au théâtre.

Si la comparaison entre Paul Delaroche et Casimir Delavigne est l'un des poncifs de la critique du XIXe siècle, il est un auteur qui regrette le rapprochement théorique des deux hommes. Le romancier et auteur dramatique Louis Ulbach ne l'approuve pas, considérant le premier comme très nettement supérieur au second[180]. Il n'hésite pas du reste à mettre en parallèle Delaroche et Walter Scott et à leur

---

[179] C. Blanc, *Histoire des peintres de toutes les écoles*, t. III, *op. cit.*, p. 10.
[180] Louis Ulbach, *Revue de Paris, op. cit.*, p. 354.

trouver plus d'un point commun. Les qualités du peintre français s'accordent mieux, selon lui, au génie de l'écrivain écossais. Quoi qu'on pense de ce rapprochement – unique au demeurant dans l'histoire de l'art –, la dimension théâtrale de la peinture de Delaroche pose à la majorité des critiques de multiples problèmes.

En premier lieu, le premier est de confondre une toile, en tant qu'espace de représentation spécifique, avec un agencement de figures qui relève d'une logique proprement théâtrale. L'un des premiers à en faire la remarque est Alexandre Decamps. En 1834, il dénonce dans *L'exécution de Lady Jane Grey* des physionomies qui ressemblent à s'y méprendre à des acteurs. S'il note avec justesse que le peintre possède l'intelligence des effets scéniques, il lui reproche un manque d'inspiration picturale, un défaut de couleurs et, d'une façon générale, un déficit d'enthousiasme. C'est pourtant cette frénésie qui emporte l'adhésion du spectateur. Enfin, dans le même ordre d'idées, s'il regrette « cette scène que l'on croirait empruntée à M. Casimir Delavigne[181] », il entend trouver l'origine de sa défaillance créatrice dans les éléments constitutifs du tableau lui-même. La disposition des figures, leurs gestuelles, leurs regards, l'ordonnancement des formes, les couleurs et jusqu'aux lumières, tout, selon Decamps, trahit le décor, les acteurs, le fard, les coulisses et les feux de la rampe. Tout est calculé pour rendre inutilement théâtral ce terrible épisode de décapitation. Tout concourt à exalter les effets d'une scène émouvante, à la limite du sentimentalisme. Authentique tragédie dont le dénouement n'est pas dévoilé au spectateur mais amplement suggéré, la *Lady Jane Grey* de Delaroche est régie par des lois et des convenances scéniques dont Decamps ne peut concevoir l'ingérence.

---

[181] Alexandre Decamps, *op. cit.*, p. 58.

En second lieu il convient d'évoquer l'origine du succès considérable de Casimir Delavigne qui repose, pour Gustave Planche, sur des *procédés*, voire des formules, qui ne doivent rien à son talent. Si je les évoque ici, c'est parce qu'ils ne sont pas sans rappeler les réquisitoires récurrents que la critique adresse à Paul Delaroche, le renvoyant devant le jugement de l'histoire, rien de moins !

En 1853 Gustave Planche fait paraître des *Portraits littéraires*, analyses impitoyables sur ses contemporains : poètes, dramaturges et hommes de lettres. Avant de dresser le triste état du théâtre en France et celui, non moins laborieux, de la critique théâtrale, Planche conduit avec subtilité l'étude critique de George Sand, Auguste Barbier, Edgard Quinet, Chateaubriand, Victor Hugo, Eugène Sue et François Guizot, entré à l'Académie française en 1836. Mais l'intérêt majeur de l'ouvrage reste incontestablement les études théâtrales et, parmi leurs figures de proue, Casimir Delavigne. Pour le critique, ce dernier est un dramaturge qui répond uniquement à l'opinion générale de la bourgeoisie et à ses attentes. On connaît la sévérité de Planche pour le mauvais théâtre mais on connaît aussi la probité intellectuelle de ses jugements, fussent-ils intraitables. Rien ne l'agace tant qu'un auteur comme Delavigne qui ne tente rien d'original par peur d'effaroucher le goût général. Et de reconnaître que la prudence et la persévérance sont les deux caractéristiques majeures d'un poète qui sait toujours plaire au public. De ce point de vue, il est bel et bien un auteur du juste-milieu. Loin de considérer les classiques comme des modèles à dépasser, Delavigne ne professe leur respect que parce qu'ils ont toujours eu la sympathie des habitués des salles de spectacle. Ce sont donc les recettes du succès qu'il se contente d'emprunter aux classiques sans jamais essayer de comprendre leur valeur intrinsèque. Il doit également sa célébrité à la couleur patriotique dont il colore ses drames. Bien plus, il participe aux railleries de boulevard qui visent quelques poètes, originaux et novateurs. Les personnages qu'il met en scène, parfaits représentants de la classe moyenne, s'en font l'écho dans ses pièces qui font rire ou pleurer. Il doit sa popularité à ces comédies faciles ou à ces tragédies bourgeoises larmoyantes visant le succès, et rien de plus. Enfin G. Planche conclut l'article qu'il consacre à Delavigne par ces lignes qui signent la cinglante défaite et du théâtre et du dramaturge : « Nous ne craignons pas d'affirmer que l'auteur de *Louis XI* et des *Enfants d'Édouard* doit la meilleure partie de sa popularité aux œuvres qu'il n'a pas faites plutôt qu'aux œuvres qu'il a signées[182]. » Que dire après un jugement qui tombe comme un couperet ? Ceci : rien ne prouve que l'inflexibilité de G. Planche ne soit pas teintée négativement par le succès de Delavigne, considéré en son temps comme un auteur insurpassable et insurpassé. Sa célébrité à l'époque est à son acmé et l'on n'imagine mal que celui qui est aujourd'hui totalement oublié fut nimbé de gloire pour des pièces auxquelles se pressait le Tout-Paris.

Récemment, Olivia Voisin a pu mettre en évidence dans un beau catalogue consacré à *l'invention du passé* que *L'exécution de Lady Jane Grey* (Delaroche) s'approprie les mécanismes théâtraux non seulement par ses grandes dimensions mais aussi par la posture des personnages et leur disposition dans l'espace de l'œuvre, recréant ainsi la vision qu'aurait un spectateur dans un fauteuil d'orchestre. La *théâtralisation du dispositif pictural* est patente jusque dans les détails. En faisant poser la comédienne Mademoiselle Anaïs pour sa Jane Grey, Delaroche signe et renforce le travail de collaboration entre les deux disciplines artistiques. Certaines peintures reprennent *in extenso* telle scène de telle pièce donnée sur les planches parisiennes. Le phénomène est d'une telle ampleur, renchérit Olivia Voisin, que le public perçoit volontiers peinture et théâtre d'après des références communes. Bien plus, certains personnages issus d'œuvres

---

[182] Gustave Planche, *Portraits littéraires*, troisième édition, tome II, Paris, Charpentier Libraire-Éditeur, 1853, p. 224-225.

picturales rappellent trait pour trait les acteurs célèbres du Théâtre-Français et favorisent un principe permettant d'identifier un comédien à son iconographie. L'image, seconde, devient la continuité logique d'un spectacle théâtral réellement vu. À l'instar des maquettes de costumes, les toiles elles-mêmes « donnent une pérennité au travail sur la scène qui continue d'exister une fois les représentations terminées[183]. » Des feux de la rampe à la toile peinte, la volonté est la même : faire du spectateur le témoin d'un passé réinventé par le biais d'une élaboration scénique. On connait bien l'influence de l'art pictural sur la scène elle-même. Delaroche, mais aussi Delacroix, Chassériau, Louis Boulanger livrent des dessins de costumes et collaborent aux mises en scène de nouvelles pièces. Plus discret, en revanche, se révèle l'impact du théâtre sur une peinture en voie de régénération, sauf à égrener la litanie des papiers hostiles à Delaroche, qui ne cessent de révéler le mélodrame sous la représentation. Il dut être important, selon L. Rosenthal[184], qui rappelle fort opportunément que le XIXe siècle expérimente dans les salles de spectacles des éclairages inédits grâce au gaz et qu'il est possible dorénavant de faire évoluer sur scène de nombreux figurants par d'ingénieuses machineries. Ces deux remarques sont les plus évidentes manifestations de l'influence des spectacles offerts par les théâtres parisiens, le Cirque Olympique ou l'Opéra italien. Dans le champ musical, le genre du *grand opéra* illustre cette ampleur et cette complexité par la présence de chœurs importants sur scène, par des distributions importantes et par un orchestre de grande envergure. *Les Vêpres siciliennes, La Muette de Portici, Guillaume Tell, Robert le Diable, La Juive, Les Huguenots, La Favorite* sont autant d'exemples qui permettent d'observer les effets du bouleversement scénique sur la forme musicale et *vice versa*.

---

[183] O. Voisin, « Ressusciter l'histoire… », in *L'invention du passé, op. cit.*, p. 49.
[184] L. Rosenthal, *op. cit.*, p. 308-309.

Il est toujours des opposants[185] aux effets dramatiques picturaux issus du domaine scénique. Ils sont, dans l'ensemble de la critique du XIXe siècle, les plus nombreux. En 1850, Philippe de Chennevières fait paraître des *Lettres sur l'art français* dans lesquelles il loue Delaroche pour ses peintures consacrées à la Bible et à l'Évangile. Elles lui vaudront, assure l'historien d'art, un sérieux succès s'il continue dans cette voie. Mais après les louanges viennent immanquablement les reproches : on ne discutera pas ici celui qui fait de Delaroche un chef d'école, ou plutôt un chef d'atelier. Plus intéressante me semble l'aversion du critique pour l'ingérence du théâtre dans le champ de la peinture. Chennevières, qui apprécie peu le mélange des genres, livre ici ses goûts non sans avoir condamné cette peinture falsifiée : « Combien je sens peu, pour ma part, l'émotion de ces grands tableaux de théâtre, composés à froid, et fatalement faux, où ne vivent plus ni les colères, ni les enthousiasmes, ni les terreurs, ni même les costumes et les gestes du temps qu'ils représentent ; et combien une caricature, et combien un portrait contemporain nous en disent plus que tout cela[186] ! » *Tableaux de théâtre* : rien ne saurait mieux dénoncer le manque d'unité que caractérise cette forme hybride qui ne relève pas de la peinture et n'appartient pas non plus au domaine scénique. Dessiner ce lieu singulier qui ne ressortit à aucun genre à proprement parler revient à élaborer une sorte de concept qui ne parle pas à l'imagination et n'encourage nullement le sentiment du beau et du vrai.

Sans jamais incliner sa création vers des outrances et des stylisations excessives, Delaroche a manifestement favorisé

---

[185] Parmi les adversaires d'une peinture théâtralisée citons, outre Philippe de Chennevières, Gabriel Laviron (*Le Salon de 1834*), Edmond et Jules de Goncourt (*Manette Salomon*, 1867) ou encore Alphonse de Calonne (*Revue contemporaine*, 1857).
[186] Philippe de Chennevières, *op. cit.*, p. 26.

un art de la représentation qui doit beaucoup à la scénographie. Dans sa *Jeanne d'Arc*, le geste impérieux, autoritaire et définitif du prélat, les mains jointes de la jeune femme, celles, plus laborieuses, du rapporteur dans l'ombre, n'ont rien de naturel : ils *signifient* du point de vue dramatique. Stylisés, ils forment un langage gestuel composé de signes codés parfaitement intelligibles. Pour rendre son plein effet à ce sujet historique, il fallait que l'exécution de Jeanne d'Arc soit portée sans invraisemblance, mais avec suffisamment de force pour maintenir la tension dramatique de la scène. La gestuelle, qui n'emprunte plus rien à la froide rhétorique de David, est essentielle car elle instaure des rapports nouveaux entre les personnages. Elle montre également une expression personnelle, étrangère au répertoire de poses empruntées à la statuaire et aux bas-reliefs classiques. Le peintre a également saisi des effets de lumière et d'ombre d'une puissante vigueur. Les deux principaux protagonistes sortent de l'obscurité, tels des acteurs sur scène, éclairés par un clair-obscur saisissant. Delaroche se propose de livrer le héros au monde en face de son inéluctable destin. Il existe, on en conviendra facilement, une vérité immédiate qui confère une réelle efficacité au contenu de la figuration. Seul le théâtre peut offrir cette perspective en usant de la propension du spectateur à s'identifier aux acteurs. La scène des *Enfants d'Édouard* entend de manière identique nous abandonner à des émotions de théâtre, fondées sur la suggestion et l'anticipation de l'action. *La Mort d'Élisabeth* acquiert une dimension fascinante qu'elle doit essentiellement à la dramaturgie qui suggère un événement crédible, une tragédie plausible. *Jane Grey* et *L'Assassinat du duc de Guise* n'échappent pas à cette logique. Leurs tendances théâtrales impliquent des processus scéniques plausibles pour que s'accomplisse l'illusion. « Il faut », écrit Delaroche en 1851, « que le spectateur, qui arrive indifférent, croie tout d'abord à ce qu'il voit, si vous voulez l'émouvoir profondément[187] [...]. » La scénographie de chacune de ses toiles, qui extériorise tour à tour angoisses, colères, prières, repentirs et détresses, rend prévisible ce qui va advenir aux protagonistes et limpide l'évolution de la situation. Dans la peinture de Delaroche, tout file vers la catastrophe de la destinée humaine. De ce point de vue, il n'est pas inconsidéré de penser que ses œuvres ne manquent aucun de leurs effets en traitant des existences individuelles – tragédies privées par excellence – et de celles qui consacrent au drame une valeur éternelle. Les thèmes et les sources iconographiques prouvent, comme ceux de Delacroix, que les destins héroïques dépassent les intérêts particuliers. *La chute du héros témoigne toujours de sa grandeur.* En ce sens, la peinture de Delaroche mène à son terme l'idée de la victime que tout abandonne. On ne s'étonnera pas que cette inclination l'ait porté à faire œuvre d'exactitude rendant son théâtre plus crédible.

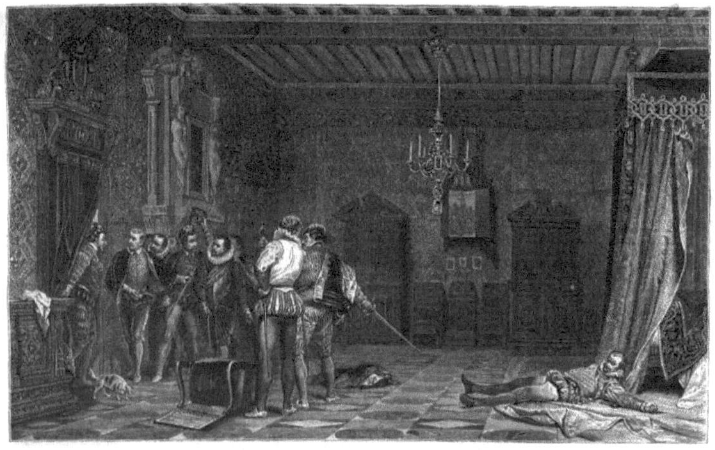

Assassinat du duc de Guise.
Gravure d'après Paul Delaroche, E. de Mirecourt, *Paul Delaroche*, Paris, Havard éditeur, 1856

---

[187] Delaroche (lettre de 1851), cité par L. Ulbach, in *Revue de Paris, op. cit.*, p. 355.

DU THÉÂTRE À L'ÉCLECTISME : LA MORT DE L'ART ?

Dans le contexte esthétique du XIXe siècle, la définition de l'*éclectisme* ne se retrouve-t-elle pas de manière convaincante dans cette ébauche de concept par Philippe de Chennevières ? L'hypothèse n'est ni hasardeuse ni inutile. Elle se fonde sur d'autres propos du même auteur relatifs à l'éclectisme qu'il compare volontiers au « voltairianisme[188] ». Conformément à sa théorie, la décadence de l'art français est synonyme du chaos, du doute, de l'exubérance, mais aussi de l'indiscipline et de la confusion des écoles qui prédominent en 1850, vision pessimiste assurément, qui révèle une appréhension liée à l'incohérence artistique apparente dont l'auteur dénonce l'expansivité nocive.

De fait, l'extraordinaire diversité au sein de laquelle se mêlent les expressions les plus antinomiques permet difficilement de dégager une unité profonde. L'abondante production picturale s'accorde avec une confusion naissante des genres pour composer un art aux multiples divergences. Le XIXe siècle témoigne d'une disparité d'œuvres aussi bien que d'une variété de factures, de thèmes, de conceptions esthétiques et révèle de nombreux courants artistiques qui ne cessèrent de rivaliser. De ces différences qui rendent possible la confrontation des points de vue, se dégage une complexité inhérente à la période, que le classement des œuvres par sujets (peinture religieuse, d'histoire, portrait, paysage, nature morte, scène de genre) n'a pas rendue plus simple. Le classement hiérarchique permet seulement de minimiser la distinction entre peinture académique et peinture romantique, supposées s'exclure mutuellement. Dès

---

[188] Philippe de Chennevières, *Lettres sur l'art français en 1850*, Argentan, Imprimerie de Barbier, 1851, p. 53.

1836, Alfred de Musset dénonce une esthétique complexe et contradictoire, en un mot absurde :

« Notre siècle n'a point de formes. Nous n'avons imprimé le cachet de notre temps ni à nos maisons, ni à nos jardins, ni à quoi que ce soit. […]. Enfin nous avons de tous les siècles, hors du nôtre, chose qui n'a jamais été vue à une autre époque : l'éclectisme est notre goût ; nous prenons tout ce que nous trouvons, ceci pour sa beauté, cela pour sa commodité, telle autre chose pour son antiquité, telle autre pour sa laideur même ; en sorte que nous ne vivons que de débris, comme si la fin du monde était proche[189]. »

Faut-il lire les dernières lignes de Musset comme une prémonition de la mort de l'art ? La perte d'un goût universel et l'abandon d'une recherche esthétique fondée sur le vrai et le beau le laissent supposer. Mais l'idéologie sous-tendue par cette conception est principalement celle d'un romantisme plaintif qu'illustre emblématiquement le mal du siècle. Différent s'affirme le jugement de la critique artistique qui tient pour assurée la thèse selon laquelle l'éclectisme plaît aux imaginations vulgaires. Semblable mépris relève d'un lieu commun qui fait précisément de l'éclectisme delarochien un simple arrangement, une adresse qui tient lieu d'art et de poésie. Heine[190] ne dit pas autre chose lorsqu'il affirme que l'artiste procède dans tout son œuvre peint « en éclectique ». S'il favorise jusqu'à un certain point la vérité extérieure ou matérielle, ce procédé ne saurait atteindre la vérité idéale, la pensée intime. En d'autres termes, l'authentique originalité ne saurait être trouvée dans cette peinture frelatée aux effets immédiats qui plaît à un public crédule, et surtout qui flatte les goûts dominants et touche la sensibilité au point de la faire verser dans la sensiblerie. Ce ne sont que des « mérites

---

[189] A. de Musset, *La Confession d'un enfant du siècle*, (1836), chap. IV, in *Œuvres complètes en prose*, Paris, Gallimard, 1960, p. 89.
[190] Henri Heine, *Lutèce*, *op. cit.*, p. 224.

négatifs [191] » qui rendent possible au XIXe siècle le dénigrement d'un art de concession, larmoyant, conservateur et bourgeois, autant de clichés et de lieux communs qui permettent aujourd'hui d'interroger la peinture de Delaroche à l'aune de nouveaux éléments d'appréciation.

Le premier d'entre eux tient à l'éclectisme même, revu avec d'autres prismes que ceux d'une critique partisane empreinte de passion exaspérée. Décrié au XIXe siècle comme un retour stérile au passé, un signe d'impuissance, voire d'« impersonnalité » (A. de Calonne), il est aujourd'hui considéré comme un facteur à prendre en considération au même titre que l'importance du théâtre dans la peinture du juste-milieu ou la notion de « progrès » dans le domaine pictural. Mieux, il favorise à travers l'hommage rendu aux styles antérieurs une émulation artistique[192], voire l'éclosion de génies aujourd'hui reconnus comme des références majeures de l'histoire de l'art. Charles Garnier (1825-1898) pour l'architecture et Jean-Baptiste Carpeaux (1827-1875) pour la sculpture sont deux exemples significatifs, choisis parmi beaucoup d'autres. Associé à l'historicisme, l'éclectisme s'impose dès lors non pas comme une sorte de « supplément d'âme » à des productions artistiques sans valeur ajoutée, mais comme l'expression même d'une esthétique à part entière se revendiquant comme telle. Fondé sur des mécanismes d'emprunt, d'appropriation et d'assemblage, il traduit une logique novatrice traversée par des canons stylistiques et des esthétiques renouvelés. C'est parce ce que l'éclectisme est étymologiquement ce « qui exerce un choix sélectif » (*eklegô*), qu'il ne se résume pas à un simple retour aux styles historiques, mais se revendique bel et bien comme un processus de création[193]. Ce qui passe

---

[191] Georges Seigneur, « Bibliographie », in *Le Correspondant, Recueil périodique*, tome 8, Paris, Charles Douniol Libraire-Éditeur, 1858, p. 180.
[192] Voir Anne Pingeot, « La sculpture à Orsay », in *Le débat, op. cit.*
[193] On lira l'article suivant relatif à l'éclectisme dans l'art contemporain

pour un déficit de création pour les uns s'affirme au contraire comme un moyen d'invention pour les autres. C'est assez dire que les jugements de valeurs controversés traversent un concept pour le moins ambivalent durant tout le XIXe siècle.

Déculpabilisé, il s'affiche au mépris de l'avant-garde et suscite un renouveau d'intérêt qui n'est pas sans rapport avec l'élite qui se distingue peu des classes intermédiaires. La haute bourgeoisie, quant à elle, voit dans ce nouveau syncrétisme une modernité qui reflète, mieux que ne saurait le faire aucun style antérieur, ses aspirations les plus profondes, celles, précisément, qu'elle trouve à la même époque chez Delaroche dans ses portraits : un mélange à la fois de paraître et d'appartenance à des sociétés partageant les mêmes intérêts et souvent les mêmes opinions, le tout s'exprimant par une affirmation artistique, publique ou privée, mais toujours mondaine. La consécration de l'éclectisme ne se lit pas en filigrane au travers de je ne sais quelle timide expression ; au contraire elle extériorise et revendique des effets scéniques qu'elle n'hésite pas à accentuer, quitte parfois à surjouer son rôle.

Le mélodrame au théâtre et la peinture « pompier », qui voient le jour durant la seconde moitié du XIXe siècle, rappellent avec raison que l'excès donne naissance à des formes artistiques exacerbées qui s'éloignent de leurs origines avec lesquelles elles n'entretiennent plus que de lointains rapports. Encore ne faudrait-il pas oublier trop vite que la veine mélodramatique et le pompiérisme constituent des *esthétiques fin de siècle* spécifiques, que leurs tendances

---

dans lequel est mise en évidence la logique du fragmentaire : Catherine Choron-Baix, « Éclectisme et ethnologie », *Techniques & Culture* [En ligne], 48-49 | 2007, mis en ligne le 20 juin 2010. URL : http://tc.revues.org/2952. Sur l'esthétique du fragment, je renvoie à mon ouvrage *Le corps déchu dans la peinture française du XIXe siècle*, Paris, L'Harmattan, 2004, chap. I et II.

outrées ont souvent occultées. Pour le dire autrement, le *kitch*, dont on affuble aujourd'hui ces formes artistiques avec un certain mépris, voile de manière préjudiciable la compréhension de l'histoire de la représentation et des arts visuels. Or, il est significatif que l'histoire de l'art, soucieuse d'écarter toute forme artistique qu'elle considère comme mineure, a longtemps ignoré que l'éclectisme, y compris dans ses formes tardives, non seulement était porteur d'un style et d'une philosophie, mais qu'il représentait un marqueur social essentiel de l'évolution du goût dans une société en plein bouleversement. Il n'est plus guère possible, enfin, de faire l'impasse sur l'éclectisme sous peine de passer sous silence le rôle qu'il joua dans l'émergence de mouvements artistiques nouveaux qui virent le jour en s'opposant à lui, tel l'impressionnisme. En accréditant les arts plastiques et les arts appliqués de manière on ne peut plus officielle, le style Napoléon III ne pouvait que provoquer des réactions antagonistes, tant par l'esprit qui préside à la création que par le style. Aussi n'est-il pas opportun de confronter Winterhalter (1805-1873) à Manet (1832-1883) et Cabanel (1823-1889) à Caillebotte (1848-1894). Mais il est pertinent de remarquer que les impressionnistes doivent leur existence à leurs positions théoriques et à leurs recherches radicalement différentes des préoccupations de la peinture académique officielle dont ils ne partagent pas les valeurs.

Le second élément d'appréciation permettant de réévaluer l'éclectisme aujourd'hui est le regard (nécessairement anachronique) que nous portons sur un concept qui est bien antérieur au XIXe siècle. Le critique d'art Gabriel Laviron [194] (1806-1849), aux convictions républicaines marquées, le situe dans tous les temps et chez toutes les sociétés. Dans un compte rendu du Salon de 1834, il l'associe étroitement à la société bourgeoise dont il

---

[194] Cf. Gabriel Laviron, *Le Salon de 1834*, Paris, Louis Janet Libraire, 1834.

s'affiche l'ennemi acharné. Les principes de l'éclectisme s'opposent à tout effort de synthèse, mais surtout ils sont l'expression des préjugés de l'École des beaux-arts qui entravent la spontanéité des inspirations. Dans ces conditions, l'artiste est incapable de développer sous un jour nouveau des idées propres en se créant un style à lui. Il est et reste un éternel imitateur, qui appauvrit ce qu'il a appris de ses maîtres et réduit leur enseignement à des formules qu'il combine avec d'autres emprunts. Le résultat est pitoyable pour G. Laviron qui fustige ces formes qui ne sont que jolies, gentilles et mesquines. En somme le vague de l'éclectisme, par ses hésitations entre tous les systèmes, ne produit que des hommes sans courage mais non sans prétention ni arrogance. Le vrai prôné par l'Institut, le beau patenté par l'École des beaux-arts, le conformisme qui régit l'Académie sont les symptômes de la doctrine éclectique qui ne conçoit que de la *peinture de fabrique*. G. Laviron alimente une haine féroce à l'encontre de tout ce qui représente cette tendance mortifère. Citons pêle-mêle les institutions officielles, la remise de médailles à l'issue du Salon, la réglementation des jurys, la société bourgeoise, les privilèges de castes, les coteries, sans oublier les caprices et les bizarreries du moment qui font oublier le manque total de génie et de science de certains exposants... Ce sont finalement tout un système, son fonctionnement, ses membres confortablement établis et ses aspirants conformistes qui sont dénoncés dans une diatribe qui ne s'embarrasse pas de figures de style. Ici s'affirment, contre l'éclectisme, des opinions ouvertement républicaines dont l'influence est manifeste dans ses écrits. Ici se dessinent également les limites de l'exercice critique dans lequel interfèrent des idéaux qui donnent à ses théories une coloration polémique dont la véhémence confine à l'acharnement. Paradoxalement, le systématisme de l'auteur qui frise un dogmatisme intolérant n'en fait pas curieusement un esprit faux. Telle est l'invraisemblance de cet homme de doctrine dont la pensée est aussi engagée que singulière.

Autre grand pourfendeur de l'éclectisme, l'architecte Jean-Baptiste Antoine Lassus (1807-1857) reste dans les mémoires comme un très grand restaurateur de monuments français – de cathédrales notamment – et l'un des meilleurs spécialistes de l'art gothique. Préfigurant Viollet-le-Duc dans cette politique de restauration du patrimoine religieux engagée par l'État, il considère l'éclectisme comme une véritable aberration à laquelle il oppose une pensée rationaliste. De lui l'on cite souvent cette phrase assassine « L'éclectisme est la plaie de l'art[195] », qui exprime une association incohérente de styles antinomiques, en tout point contraire à la réflexion qu'a toujours menée Lassus au cours de sa brève carrière. À la même époque, Baudelaire (1821-1867) partage ce courant d'idées transposé en peinture, insistant quant à lui sur le mensonge qui consiste à invoquer le syncrétisme pour pouvoir créer. Dans un article intitulé *De l'éclectisme et du doute*[196], le poète des *Fleurs du Mal* fait précisément de l'indécision l'origine symptomatique de l'éclectisme, véritable affection morbide dont les ravages sont manifestes dans le monde de l'art. La perspective ainsi dégagée est intéressante en ce qu'elle réitère des arguments, déjà relevés précédemment : le retour aux doctrines anciennes qui signe l'impuissance du créateur, son manque de passion, son incapacité à idéaliser sa vision, son impossibilité à rivaliser avec la nature dont il devient le jouet… L'énumération, pour courte qu'elle soit, rend compte de la pensée baudelairienne sur le sujet. Le recours à

---

[195] Il s'agit en réalité du titre d'un article de Lassus sur le projet de construction de Notre-Dame-de-la-Treille à Lille. Voir Jean-Michel Leniaud, *Jean-Baptiste Lassus (1807-1857) ou le temps retrouvé des cathédrales*, Genève, Droz, 1980, p. 129.

[196] Charles Baudelaire, « De l'éclectisme et du doute », in *Curiosités esthétiques* [numérisé en mode texte], BnF-Gallica, cote NUMM-101426.

toutes les formes d'art, à tous les styles antérieurs non seulement rend illisible l'amalgame d'éléments hétéroclites, mais n'inscrit nullement cette logique dans une filiation intellectuelle, artistique et sensible. Si le créateur souhaite se libérer d'un académisme vécu comme oppressant, voire stérile *in fine*, il n'a pas à chercher son inspiration dans un historicisme antiquaire composite, mais bien dans des formes neuves qui prétendent à l'originalité.

Le troisième et dernier élément à prendre en compte dans le cadre de cette révision globale réside dans la collusion au XIXe siècle de l'éclectisme et du juste-milieu. Annoncer que l'un et l'autre s'enchevêtrent devenant un écheveau indémêlable, c'est dire assez que les deux se confondent pour ne plus former qu'un seul et même système. La philosophie de Victor Cousin (1792-1867) repose sur la tolérance des diversités que le philosophe estime souhaitable. Bien plus, il fait d'un éclectisme éclairé par le juste-milieu le fer de lance de sa politique. Alors qu'il occupe le ministère de l'Instruction publique dans le cabinet Thiers, il prononce à la Chambre des pairs le 15 avril 1840 un discours où il déclare : « Je fais profession de penser qu'en politique comme en toutes choses, le vrai, le bon, c'est le juste-milieu. Moi aussi j'ai été du juste-milieu, j'en suis encore, j'en serai toujours ; mais le juste-milieu se renouvelle dans les hommes qui le composent, selon les temps et selon les circonstances[197]. » Véritable profession de foi, la déclaration de V. Cousin peut s'entendre comme l'éloge du vrai, du bon, mais aussi de la raison et de la justice dans tous les domaines où la raison peut faire valoir ses droits.

Or, la célébration de l'éclectisme, selon le philosophe et académicien français, n'est pas séparable de cet esprit de

---

[197] Victor Cousin, *Des principes de la Révolution française et du gouvernement représentatif suivi de Discours politiques*, Paris, Didier et Cie Libraires-Éditeurs, 1864, p. 275.

conciliation cher au juste-milieu dont il loue ici les vertus dans un nécessaire renouvellement, non des principes fondateurs mais des hommes qui les servent avec loyauté et fidélité. Tel est l'avenir du syncrétisme politique, jeu d'alliances aboutissant parfois à des coalitions improbables – que Victor Cousin nomme joliment les « diversités inévitables » –, agissant au service de l'État ou, ce qui revient au même, dans l'intérêt de la cause générale de l'ordre et de la morale publics. L'intervention du 15 avril 1840 est d'un remarquable intérêt : elle prend prétexte d'une réponse adressée au parti adverse sur la tentative du gouvernement d'approcher et de convaincre un certain nombre de membres de l'opposition de rejoindre le camp majoritaire. Forfaiture pour les uns, intérêt supérieur de la Nation pour les autres, l'opération qui commence le 22 février et se poursuit le 1er mars a pour objectif de constituer un *Ministère de conciliation*. Si le régime de Juillet veut éviter les blocages à tout prix, il doit avoir recours, sur sa base du juste-milieu, à des unions politiques dont les jeux souvent complexes sont toujours fondés sur des compromis. Or, seul le juste-milieu est capable d'élaborer une politique dont l'éclectisme permet de (ré)concilier une certaine idée de la liberté, de l'ordre et du progrès de l'esprit humain. Et c'est là donner à penser en effet que la conjonction de l'éclectisme et du juste-milieu, représenté majoritairement à la Chambre par la grande bourgeoisie, fait naître un système politique qui se confond totalement avec la pensée philosophique de Victor Cousin. Quand, de surcroît, les fonctions du ministre coïncident avec l'enseignement du philosophe, la nécessité de l'éclectisme s'impose dans la France de Juillet.

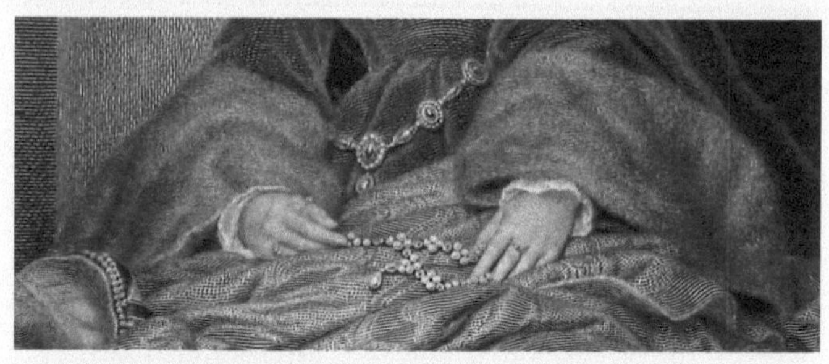

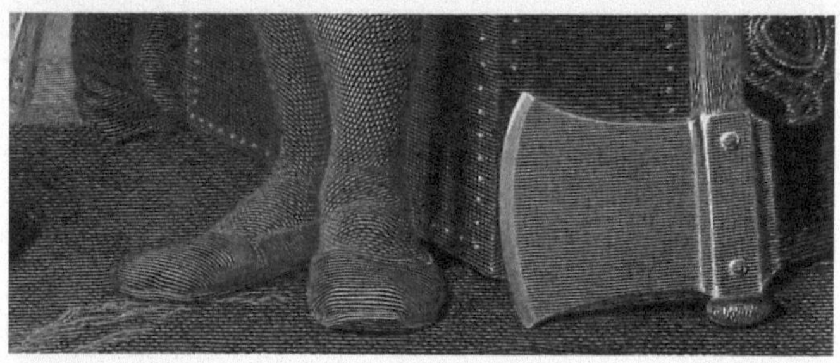

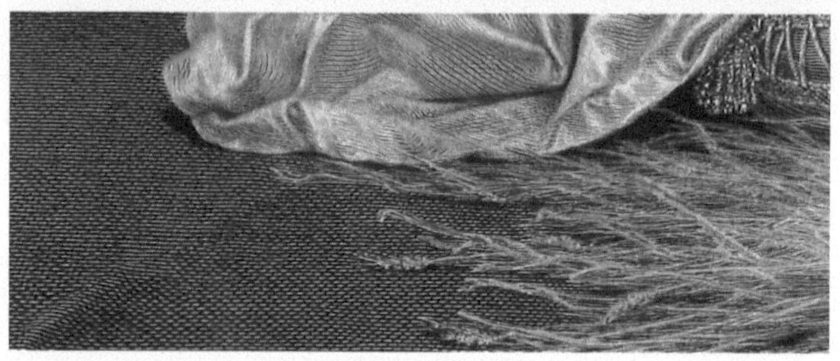

Jane Gray, détails.

Gravure de Paolo Mercuri, d'après Paul Delaroche.

LA REPRODUCTION PAR LA GRAVURE. LE RÔLE DE LA PHOTOGRAPHIE DANS LA DIFFUSION DE L'ŒUVRE DE DELAROCHE

Au cours de sa carrière, Delaroche bénéfice coup sur coup du développement de la reproduction par la gravure et de l'invention de la photographie dont les perfectionnements sont rapides. S'il est, comme l'affirme Stephen Bann, le peintre le plus connu et le plus loué en Europe, il le doit en grande partie au travail de l'éditeur et marchant d'art Adolphe Goupil[198] qui promeut efficacement ses œuvres par le biais du procédé de la gravure non seulement à Paris, mais aussi à Londres et New York[199]. Mais cette explication, si pertinente soit-elle, n'est pas suffisante. Bann ajoute que la reproductibilité technique, pour autant, n'aurait jamais pu voir le jour si les images de Delaroche n'avaient pas possédé un *caractère particulier.* La remarque mérite qu'on s'y arrête. Elle incline à concevoir deux hypothèses qui, du reste, ne s'excluent pas mutuellement : d'une part l'œuvre du peintre du juste-milieu se prête tout particulièrement à sa transcription gravée, contrairement à des chefs-d'œuvre de créateurs de la même époque ; d'autre part l'œuvre peint de Delaroche n'est pas un aboutissement ultime et ne saurait constituer un *terminus ad quem.* En d'autres termes, sa reproduction en gravure, sa multiplication et sa large diffusion à travers toute l'Europe seraient en quelque sorte la véritable finalité de cette création hors du commun.

Sans rien minimiser du talent de Delaroche, il me faut revenir sur le rôle joué par les moyens de reproduction dans

---

[198] Sur l'historique de la maison Goupil et sa première tentative de reproduction photographique des œuvres de Delaroche, voir Anne Martin-Fugier, *op. cit.,* p. 189-190.
[199] S. Bann, *Paul Delaroche, History painted,* Londres, Reaktion books, 1997, p. 17.

la renommée de l'artiste, mais aussi dans sa déchéance, tant ses tableaux les plus célèbres font dorénavant partie d'une imagerie populaire, emblématique d'une culture visuelle déconsidérée sous le qualificatif de *kitch*.

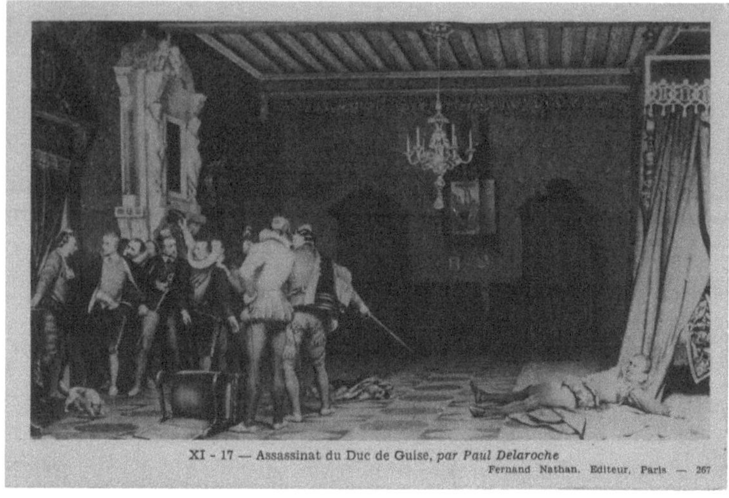

Assassinat du Duc de Guise, par Paul Delaroche
Illustration, 14 x 9 cm, Fernand Nathan Éditeur, Paris.

La popularité des *Enfants d'Édouard* (Paris, musée du Louvre) repose sur l'action conjuguée de sa charge émotionnelle, de son évocation littéraire (Shakespeare, *Richard III*, acte IV, scène III) et de sa reproduction dans un ensemble de publications littéraires, historiques et artistiques par le moyen de l'estampe. Une remarque similaire peut également être faite à propos de *L'Assassinat du duc de Guise* (Chantilly, musée Condé) dont la reproduction en couleur illustrait il n'y a pas si longtemps la plupart des manuels scolaires d'histoire des collégiens français. Les artistes n'hésitent pas à faire reproduire par leurs meilleurs élèves leurs tableaux en versions réduites à l'intention des graveurs qui en diffusent ainsi l'image. Delaroche ne fait évidemment pas exception à cette pratique courante, qui permet de propager ses œuvres dans un format réduit et d'un coût moins élevé que les originaux. La pratique avec ses droits de reproduction se révèle particulièrement lucrative. Ingres, par exemple, reçoit 12 000 francs pour la cession de *l'Odalisque Pourtalès*[200] mais il en perçoit 24 000 pour le droit de la reproduire !

Les occasions de voir les peintures de Delaroche après 1837 sont devenues inexistantes ; seuls quelques rares privilégiés ont accès à son atelier. La reproduction de ses toiles est donc un élément à prendre en considération ; elle suscite l'attente – le travail de gravure exige du temps – et continue d'exercer sur le public une réelle attraction. Les fidèles admirateurs de Delaroche, dont certains n'ont jamais vu une seule de ses œuvres, les connaissent néanmoins parfaitement par les estampes et les cartes de visite qu'ils collectionnent. Certaines d'entre elles sont rehaussées de couleurs, censées leur donner un supplément de réalité.

La gravure prend des libertés souvent heureuses avec l'œuvre qu'elle est toutefois censée traduire fidèlement. Cette *fidélité adultère*, le critique d'art Henri Delaborde est l'un des premiers à en avoir souligné l'intérêt, voire la nécessité. En effet, quand les modifications apportées par le graveur tournent au profit de l'image gravée, il n'y a pas à hésiter car elles traduisent une franchise de sentiment, un art consommé d'interprétation et une transposition réussie d'un médium à l'autre. Prenant l'exemple de l'*Hémicycle de l'École des beaux-arts*, Delaborde analyse le triple écueil relatif à sa traduction en gravure : une différence de traitement entre la partie centrale, plutôt statique, et les parties latérales, très

---

[200] Commandée en 1813 par Caroline Murat, la toile ne fut jamais livrée en raison des événements politiques. Achetée en 1819 par le comte Pourtalès-Gorgier, elle est connue actuellement sous le titre de *Grande Odalisque* (Paris, musée du Louvre).

vivantes, un coloris monotone qui convient à une peinture murale mais sans réels contrastes, une précision rigoureuse de chacun des personnages traités individuellement mais qui s'incèrent relativement mal dans une logique d'ensemble. Supprimant certains détails ici, simplifiant plusieurs formes là, le graveur interprète sans sacrifier l'esprit du tableau. Delaborde approuve sans réserve « la légitimité de ces infidélités au modèle[201]. » La licence ici permise à Henriquel-Dupont ne l'est évidemment pas à d'autres graveurs, moins doués, qui ne doivent pas se substituer aux peintres en transformant radicalement à leur gré leur modèle. « Ils peuvent simplement, dit-il, à l'exemple de M. Henriquel-Dupont, essayer de compléter le texte et quelquefois en rendre le sens par une expression détournée, faute d'équivalent dans leur propre idiome, mais ils ne sauraient recourir à ce moyen extrême que dans le cas de nécessité absolue et oublier jamais que leur émancipation même doit avoir l'apparence de la soumission. L'estampe de *l'Hémicycle* résume à merveille ces lois et en même temps ces franchises de l'art[202]. »

Sans revêtir le caractère servile d'une copie, l'estampe d'Henriquel-Dupont interprète l'œuvre avec des libertés qui ne portent pas atteinte à la peinture. Le fait est d'autant plus important que l'auteur souligne ici des qualités qui s'opposent aux procédés mécaniques contemporains, comme les daguerréotypes. Selon lui, ces derniers se substituent facilement aux spéculations du talent. Delaborde clôt son plaidoyer par la différence essentielle qui sépare l'interprétation volontaire et raisonnée de la fidélité passive. Si peinture et gravure sont deux langages différents, la bonne estampe porte en elle l'empreinte d'une volonté personnelle. Celle-ci ne dénature pas les principes de l'œuvre dont elle est une authentique traduction, non une copie littérale. La

---

[201] Henri Delaborde, *op. cit.*, p. 355.
[202] *Idem*, p. 355-356.

gravure doit être infidèle par rapport à un tableau qui exige de sa transcription une liberté surveillée.

Voudrions-nous un dernier exemple de cette indispensable infidélité que nous le trouverions toujours sous la plume du même critique, par ailleurs ancien élève de Delaroche. Après avoir indiqué les qualités et les défauts de *Lord Strafford mené à l'échafaud* (1837, coll. part.), Delaborde souligne que le devoir du graveur n'est pas de changer radicalement son modèle, mais d'essayer de modifier, d'enrichir voire de suppléer par la variété qu'il introduit l'uniformité de ses tons. Sans transformer le *Strafford*, le graveur a réussi à y ajouter des qualités qui, dans le registre de son art, en font une création singulière et de très belle facture. Bien plus, il permet une lisibilité dont l'œuvre première est parfois dépourvue. Le copiste se fait inventeur et la gravure devient recréation.

L'effet de réel des tableaux de Delaroche convient parfaitement à leur reproduction, que le médium soit la gravure ou la photographie. La conclusion peut difficilement être contestée. De là à penser que la véritable destination de son œuvre peint soit essentiellement sa duplication, c'est là une hypothèse actuelle, complaisamment répétée, dont je vois mal sur quels fondements conceptuels elle repose. On sait que l'artiste maîtrise parfaitement les moyens modernes de la duplication de ses œuvres, qu'il en use intelligemment, qu'il en tire des bénéfices substantiels, tant artistiques que financiers, et qu'il en comprend la portée publicitaire sans précédent. Mais doit-on pour autant s'autoriser à penser que ses tableaux sont des modèles réalisés spécifiquement à des fins de reproduction ? Je ne le crois pas. Alfonse de Calonne l'affirme pourtant dans un article qu'il consacre à Delaroche en 1857, mais son parti pris vise avant tout à dénigrer la classe moyenne à travers les lithographies et les gravures à la manière noire. D'après le critique, jamais à court de remarques lapidaires, elles sont d' « excellents *sujets* de salle à manger bourgeoise[203]. » Grand collectionneur d'estampes, l'écrivain et historien d'art Henri Béraldi[204] fustige non sans humour le goût de la bourgeoisie pour ces images du juste-milieu qui lui assurent respect et honorabilité. Au-delà de leur dimension ironique, les propos plaident en faveur du pouvoir des images, du message qu'elles véhiculent, de ce qu'elles révèlent de leurs propriétaires, de leurs valeurs, de leurs croyances, de leurs goûts sans oublier de leur rang dans une société avide de reconnaissance.

Plus nuancé dans ses propos, mais pas moins opposé à l'artiste, Charles Blanc évoque peu de temps après Calonne la notoriété de Delaroche en France comme à l'étranger. Elle relève de deux facteurs d'égale importance : il incarne son temps et son pays d'une part ; son œuvre est remarquablement interprétée par les meilleurs graveurs du moment d'autre part. « C'était réussir deux fois, ajoute-t-il, car si la fortune d'un tableau appelle et commande le graveur, le graveur à son tour agrandit et propage la fortune du tableau[205]. » La conclusion est juste et il faut savoir gré à Ch. Blanc de résumer en une heureuse formule une vérité consubstantielle à l'artiste. De fait, les meilleurs graveurs de l'époque, appartenant tous à la maison Goupil, ont travaillé pour Delaroche. Il suffit d'évoquer Samuel Reynolds, François Girard, Georges Maile, Jules et Alfonse François, Zachée Prevost et Paolo Mercuri . Mais le plus prestigieux de tous, celui qui fait l'unanimité élogieuse des critiques, est sans conteste Louis-Pierre Henriquel-Dupont. Évoquant l'*Hémicycle de l'École des beaux-arts*, Blanc affirme que le peintre réussit à mettre à la portée du public une vaste fresque de personnages de diverses époques et de différents pays. Par son habileté, le grand style paraît enfin abordable. Telle est la

---

[203] A. de Calonne, *op. cit.*, p. 499.
[204] Henri Béraldi, *Les graveurs du XIXᵉ siècle, Guide de l'amateur d'estampes modernes*, tome VII, Paris, Librairie L. Conquet, 1888, note 1, p. 179.
[205] Charles Blanc, *Gazette des Beaux-Arts, op. cit.*, p. 354.

clé du succès de l'*Hémicycle*. « Mais, ajoute-t-il avec mordant, ce qui a consacré la fortune de l'Hémicycle c'est la magnifique estampe qu'en a gravée Henriquel Dupont[206]. » La gravure rehausse les qualités de la fresque et amoindrit ses défauts. Il est intéressant de noter que le critique d'art, qui fait ici l'éloge de la gravure et loue les qualités exceptionnelles du graveur, accorde beaucoup plus d'importance à Henriquel qu'à Delaroche. Non seulement on peut avancer comme hypothèse que la traduction de l'œuvre est supérieure à l'œuvre elle-même, mais que de telles considérations permettent de penser la gravure comme autonome, se détachant de sa référence, pour devenir à son tour une œuvre à part entière. Autoréférentielle, dirions-nous aujourd'hui, elle vaut dès lors pour elle-même et ne doit plus rien au modèle qui l'a pourtant engendrée. Jules Claretie[207] en 1875 et Émile Zola en 1867 dénonceront, chacun à sa façon, ces artistes du milieu et de la fin du XIXe siècle qui fabriquent des images dans le seul dessein de leur reproduction et de leur diffusion :

Le premier accuse la dangereuse tendance des peintres à se soumettre volontairement au goût du public pour être sûrs d'être achetés. La création artistique n'est plus que spéculation, calculs et jeux d'intérêt. En allant au devant des envies du public, elle s'aliène à jamais sa liberté de créer en toute liberté. Dépité, Claretie prédit la décadence complète de la peinture par la métamorphose du Salon en Bourse, véritable temple de la rentabilité. Amer et désenchanté, son constat donne une certaine mesure de l'état de l'art en France en cette fin de siècle. Il préfigure sans doute les tendances du marché de l'art aux XXe et XXIe siècles, au sein desquels la composante financière, sous la forme de produits

---

[206] *Idem*, p. 358.

[207] Jules Claretie, *L'art et les artistes français contemporains*, Paris, Charpentier, 1876, p. 384.

d'investissements, est au moins aussi importante que la dimension proprement artistique ;

Le second quant à lui condamne énergiquement Jean-Léon Gérôme (1824-1904), le gendre de Goupil et, par la même occasion, Delaroche qui avait été son maître. Leurs relations étroites avec l'un des plus grands et des plus influents marchands d'art et d'estampes ne peuvent que favoriser cette pratique dévoyée qui consiste à produire des peintures en vue de leur unique reproduction par des moyens mécanisés. Mais plus encore que la dimension lucrative qu'il condamne, Zola jette l'opprobre sur le peintre, seul responsable de sa défaite artistique *in fine* : « Ici, le sujet est tout, la peinture n'est rien : *la reproduction vaut mieux que l'œuvre*[208]. » Je ne crois pas que, dans l'histoire de la critique, l'on puisse trouver jugement plus sévère sur l'implication de l'artiste dans une pratique qui bouleverse des valeurs esthétiques tenues jusque-là pour immuables. Examiné en profondeur, ce point de vue apparaît comme celui d'une volonté de saper les fondements de la création artistique. Il ne s'agirait ni plus ni moins que d'une subversion.

Dans le même ordre d'idées – c'est-à-dire la supériorité de la reproduction par rapport au référent –, Gustave Planche ne ménage par Delaroche. Dans son *Salon de 1838*, il établit une comparaison entre la *Sainte Amélie*, pour laquelle il n'a pas de mots assez durs, et la gravure qu'en a fait Paolo Mercuri (1804-1884) qu'il porte aux nues. De son point de vue, la gravure est très supérieure à l'œuvre originale. Ailleurs, Planche indique que les gravures sont des exercices redoutables pour les peintures. En effet, elles constituent des épreuves décisives que des œuvres, secondaires ou mineures, n'affrontent jamais sans dommage. Et c'est bien ce qu'il dénonce aussi dans *Lord Strafford mené à l'échafaud* que la

---

[208] É. Zola, « Nos peintres au Champ-de-Mars » (1867), in *Écrits sur l'art*, Paris, Gallimard, 1991, p. 184 ; je souligne.

gravure de Henriquel Dupont, malgré tous ses mérites, ne parvient toutefois pas à sauver du désastre[209].

Delaroche fut chargé de rédiger un rapport sur le daguerréotype, commandé par son confrère Arago, comme lui académicien. Une tradition tenace témoigne avec insistance de son hostilité à l'égard de la photographie. Il reste de lui un aphorisme célèbre qui, à défaut d'être véridique, est volontiers invoqué pour appuyer cette thèse : « La peinture est morte à dater de ce jour. » Même si cette réflexion, que l'on date volontiers de 1839, est apocryphe, elle éclairerait l'opposition de l'artiste à la photographie, fossoyeuse de la peinture. Des études récentes prouvent que non seulement Delaroche n'y est pas hostile mais qu'il pressent le vrai danger du daguerréotype par rapport non pas à la peinture, qu'il ne concurrence pas, mais à la gravure à laquelle il met fin progressivement[210]. D'abord gravées, ses œuvres majeures sont ensuite photographiées. *Lady Jane Grey*, exposée au Salon de 1834, n'est présentée en gravure qu'à l'exposition rétrospective de 1857. Cette renommée, au milieu du XIXe siècle, Delaroche la doit au développement progressif et continu de la réputation qu'il s'est créée grâce à ses peintures, largement soutenue par ces nouveaux moyens de diffusion de masse.

De fait, la célébrité dont jouit Delaroche est due à sa renommée de peintre en Angleterre, en Allemagne, en Russie et en Europe centrale. Elle la doit aussi, selon Bann, aux « procédés de reproduction ne se limitant plus à la gravure, mais incluant désormais les techniques les plus innovantes de la lithographie et de la photographie. De plus,

---

[209] Voir G. Planche, *Études sur l'école française*, t. II, *op. cit.*, p. 149-150 et p. 171-172.

[210] Sur les rapports réels de l'artiste à la photographie, voir l'article en ligne de Stephen Bann, « Photographie et reproduction gravée », *Études photographiques*, 9 | Mai 2001, mis en ligne le 10 septembre 2008. URL : http://etudesphotographiques.revues.org/241.

son langage plastique correspondait précisément, sous divers aspects, aux exigences pratiques et idéales de ce code nouveau[211]. »

Enfin, on remarquera non sans quelque intérêt que sa renommée repose, en matière de reproduction, sur les photographies des gravures de ses œuvres et non de ses peintures. Tous ces apports techniques ont incontestablement contribué à façonner une culture visuelle d'images emblématiques, renouvelant une iconographie destinée à façonner une histoire du goût au XIXe siècle. Le phénomène est d'une telle ampleur que la thèse suivant laquelle l'art de Delaroche serait tombé en désuétude après son décès pour être totalement ignoré à partir de 1860 ne correspond pas à la réalité. Les techniques nouvelles permettent, au contraire, de faire perdurer l'œuvre d'un artiste bien après sa mort. Les reproductions ravivent constamment son souvenir dans l'imaginaire populaire. C'est du moins la position de Pierre-Lin Renié[212] qui rappelle que si la collaboration entre Goupil et Delaroche débute en 1830 et prend fin avec la mort de l'artiste, l'engouement pour peintre une fois mort ne s'est pas évanoui sous le Second Empire.

Les enjeux économiques de l'industrie de la reproduction et la naissance d'un marché international des images durant cette période vont à l'encontre d'un déclin précoce de la réputation de l'artiste. Jusqu'en 1904 pour les photographies et jusqu'en 1920 pour les estampes, les reproductions d'œuvres de Delaroche n'ont cessé d'être commercialisées. Cette popularité a largement dépassé l'Hexagone grâce à la diffusion des œuvres de l'artiste par les succursales à

---

[211] Stephen Bann, « Essor et déclin d'une réputation », in *Paul Delaroche. Un peintre dans l'histoire, op. cit.*, p. 31.
[212] P.-L. Renié, « Delaroche par Goupil : portrait du peintre en artiste populaire », in *Paul Delaroche. Un peintre dans l'histoire, op. cit.*, p. 172-199.

l'étranger de la maison Goupil. L'empire qu'a exercé son œuvre s'est érodé très lentement et ce n'est que dans les années 1880 qu'il se voit détrôné par des peintres tels que William Bouguereau (1825-1905). Le phénomène a également touché d'autres artistes, également liés à la maison Goupil, tels Horace Vernet (1789-1863) et Ary Scheffer (1795-1858).

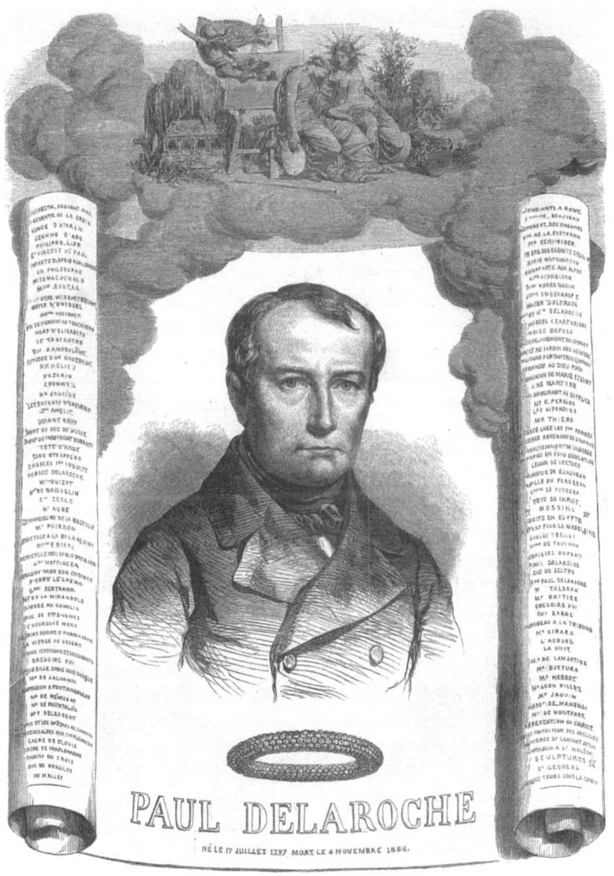

Portrait de Paul Delaroche.
Présenté sur un parchemin en trompe-l'œil, surmonté par la Peinture soutenue par la Renommée, entouré de part et d'autre des titres de ses principaux ouvrages.

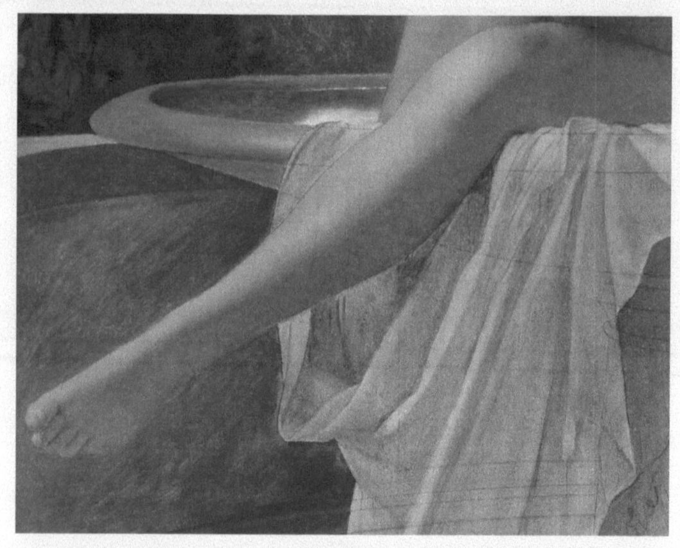

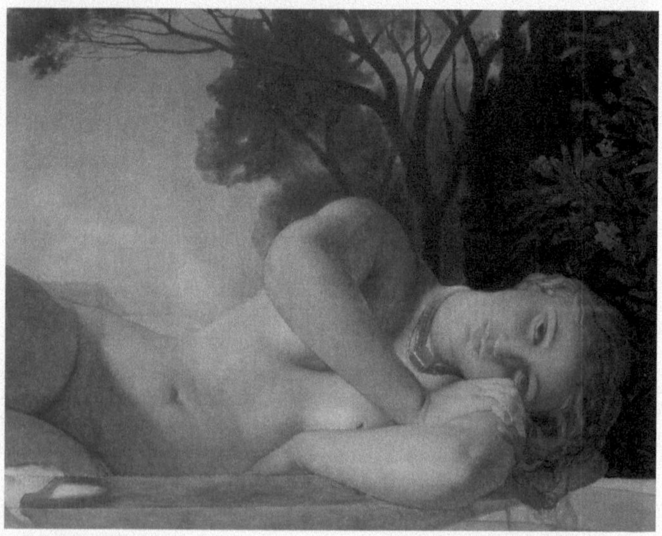

Paul Delaroche, *Jeune fille dans une vasque*, détails.

© Besançon, Musée des beaux-arts et d'archéologie.
Photo Charles Choffet.

LA NOTION DE « PROGRÈS »
EN PEINTURE :
BÉNÉFICES ET LIMITES DU CONCEPT

Les notions de « progrès » et d'« évolution » associées à l'œuvre peint de Delaroche semblent démentir le principe d'un artiste complet, au faîte d'une maturité artistique rapidement atteinte. Le peintre suit, au contraire, un long cheminement et, s'il parvient à une renommée acquise très tôt auprès du grand public, il n'en est pas de même auprès des critiques qui décèlent pour leur part un développement long et laborieux, deux thèses en présence, deux partis-pris qui expriment, à travers des signes identiques, des conceptions opposées, deux philosophies qui trahissent des idéologies inconciliables.

Pour son collègue académicien Jacques-Fromental Halévy (1799-1862), le progrès consiste en un témoignage authentique d'une recherche loyale qui signe le propre des grands créateurs. Ceux-ci s'affermissent sans cesse par la recherche constante et le travail assidu et ce, jusqu'à leur mort. C'est ainsi qu'en 1856 Delaroche travaillait encore peu de jours avant son décès au *Retour du Calvaire*, à l'*Évanouissement de la Vierge*, à la *Vierge en contemplation* et à la *Mort de la Vierge*. Mais le concept de progrès dans les arts renvoie également à l'idée d'une évolution positive de la peinture comme de la sculpture ou de l'architecture à toutes les époques et dans tous les pays. La vision historique est évidemment parcellaire et ne comprend pas les cultures extra-européennes. Pour autant, elle perdure jusqu'au XIXe siècle. *L'Hémicycle* du Palais des beaux-Arts, peint par Delaroche à partir de 1837, réunissant en un vaste panorama les soixante-quinze artistes de tous les temps, et l'*Apothéose d'Homère*, réalisé par Ingres en 1827, en sont deux exemples particulièrement significatifs[213]. Dix ans séparent les deux œuvres mais l'idée qui préside à leur exécution est identique : il s'agit de glorifier les génies de tous les temps, rassemblés de manière volontairement anachronique en un seul et même espace. Le dialogue des arts, indépendamment de leurs natures propres et abstraction faite de la concordance artificielle des temps, est lui aussi la très belle illustration de ce panthéon idéal de l'humanité. Il conduit *in fine* à l'idée de civilisation dont le XIXe siècle se voulait en quelque sorte l'aboutissement, voire la synthèse.

Dans une notice posthume, lue en séance publique annuelle de l'Académie des beaux-Arts le 2 octobre 1858, Halévy note des progrès toujours croissants dans les portraits que Delaroche peint de Guizot, Salvandy, Thiers ou Pereire. L'auteur de *La Juive* reconnaît là un mérite propre à l'artiste qui s'inscrit logiquement dans la *filiation des grands maîtres*. Posée sous cette forme, l'assertion n'est évidemment pas étrangère aux thèses évolutionnistes de Giorgio Vasari (1511-1574) dont Halévy retient les leçons : elles fondent l'hommage que le compositeur rend à son collègue et ami défunt en y inscrivant en filigrane l'une des prestigieuses références de l'histoire de l'art. Ces efforts toujours renouvelés sont bien la preuve du travail, jamais figé, d'un homme qui cherche à s'exprimer de la manière la plus fructueuse, tirant avantage et bénéfice des expériences artistiques précédentes. Les progrès sont vus sous l'angle d'une supériorité quasi vertueuse à porter au crédit du peintre : « C'est surtout cette beauté morale dont Delaroche est plus vivement touché à mesure qu'il marche vers la maturité de l'âge et du talent. C'est cette beauté qu'il sent, qu'il voit, qu'il cherche ; il aspire sans cesse à s'élever vers ces hautes régions. [...] le goût, qui est le sentiment des

---

[213] Le modèle de ces deux réalisations du XIXe siècle reste l'*École d'Athènes* peinte par Raphaël entre 1509 et 1512 (Palais du Vatican, Chambre de la signature).

rapports harmonieux, a toujours soutenu et guidé son pinceau[214]. »

Si Halévy souligne que les thèmes par lesquels Delaroche est le plus touché sont des sujets dramatiques, il s'empresse d'ajouter que sa peinture n'a rien d'affecté ni de théâtral, devançant les critiques attendues qui décèlent dans le travail de l'artiste un style bien peu naturel. Et si Delaroche est dramatique, c'est, dit-il, dans l'acception la plus positive du terme. Ce qu'il loue chez son ami défunt, c'est bien cette faculté d'évoquer des épisodes avec des moyens plastiques séduisants et savants, fermes et maîtrisés.

À cet égard, il faut en convenir, Alexandre Decamps[215] éclaire lui aussi d'un jour nouveau notre sujet. En 1834, il place au centre de sa réflexion sur le Salon la *question du progrès* en faisant de la création de Delaroche un art de transition vers des voies nouvelles jusqu'alors inexplorées. Avec *Jane Grey* et *Cromwell*, Delaroche rompt définitivement avec une histoire antique qui s'impose comme la seule et unique esthétique recevable. Decamps ajoute avec prudence que si le peintre ne fait pas évoluer l'art de manière radicale et absolue, il fait toutefois comprendre le progrès à une société qui aspire à d'autres représentations du monde. En somme, il a l'intuition de son temps et l'intelligence de son milieu ; il en comprend tous les désirs, toutes les craintes également.

Henri Delaborde ne craint pas d'écrire, quant à lui, dans une étude sur les beaux-arts en forme d'honneur posthume rendu à l'artiste en 1864, que « [...] jamais volonté plus obstinée ne poursuivit le progrès. C'est cette constance infatigable, c'est ce zèle de l'art et de tous les devoirs qu'il

---

214 Fromental Halévy, *Souvenirs et portraits. Études sur les Beaux-Arts*, Paris, Michel Lévy Frères, 1861, p. 252.
215 Alexandre Decamps, *op. cit.*, p. 36-37.

impose qui méritent d'être honorés chez M. Delaroche autant au moins que la supériorité du talent[216]. » L'assertion est flatteuse, à première vue seulement, car elle souligne que le progrès – l'obstination, l'ardeur et les obligations que se fixe le créateur – entrent à valeur presque égale dans le talent lui-même ! C'est, pour le dire autrement, une manière détournée de minimiser les qualités propres de l'artiste. Or, il n'est pas pensable que la remarque de Delaborde ressortisse à une maladresse de langage ; elle souligne plutôt la difficulté de tout observateur, y compris le plus bienveillant, à définir Delaroche par des caractéristiques franches et sans ambiguïté. N'y parvenant pas, le biographe ne peut que les relativiser par une formulation qui reste certes très positive, mais n'est toutefois pas dénuée d'une certaine réserve. Plus franc se révèle un autre propos du même auteur dans lequel il affirme que la longévité du succès de Delaroche est due à cette recherche personnelle du bien et du progrès qu'il n'a cessé de poursuivre dans son œuvre depuis l'époque de ses débuts jusqu'à la fin de sa vie[217].

Mais « progrès » et « évolution » ne revêtent pas toujours des connotations positives, alliant filiation esthétique, idéal civilisationnel, harmonie vertueuse et beauté morale. Les deux termes désignent aussi ce qu'il y a de plus consciencieusement laborieux et de plus sérieux. Théophile Gautier en fait ses choux gras dans la préface de *Mademoiselle de Maupin* : « Il y a quelques siècles, on avait Raphaël, on avait Michel-Ange ; maintenant l'on a M. Paul Delaroche, le tout parce que l'on est en progrès[218]. » L'arme critique du

---

[216] Henri Delaborde, *Étude sur les Beaux-Arts en France et en Italie*, tome II, Paris, Jules Renouard, 1864, p. 262.

[217] *Œuvre de Paul Delaroche, reproduit en photographie par Bingham accompagné d'une Notice sur la vie et les ouvrages de Paul Delaroche par F. Halévy et du Catalogue raisonné de l'œuvre par Jules Goddé*, Paris, Goupil et Cie éditeurs, 1858, p. 1-27.

[218] Théophile Gautier, *Mademoiselle de Maupin*, Paris, Charpentier, nouvelle édition, 1876, p. 27.

romancier reste l'humour et, quoi qu'on pense de Delaroche, la raillerie garde ici quelque chose de plaisant et de spirituel. Toute autre se révèle la plume des frères Goncourt dans *Manette Salomon*. Trempée dans le fiel, elle esquisse un peintre académique appartenant au juste-milieu artistique. Le portrait est d'autant plus cruel qu'il ressemble à s'y méprendre à celui de Paul Delaroche. C'est du moins ce que veulent faire accroire les deux frères qui s'acharnent sur l'artiste par littérature interposée : « Garnotelle montrait l'exemple de ce que peut, en art, la volonté sans le don, l'effort ingrat, ce courage de la médiocrité : la patience. À force d'application, de persévérance, il était devenu un dessinateur presque savant, le meilleur de tout l'atelier. Mais il n'avait que le dessin exact et pauvre, la ligne sèche, un contour copié, peiné et servile, [...]. Garnotelle était, en un mot, l'homme des qualités négatives, l'élève sans vice d'originalité, auquel une sagesse native de coloris, le respect de la tradition de l'école, un précoce archaïsme, une maturité vieillotte, semblaient assurer et promettre le prix de Rome[219]. » Peut-on hésiter à penser un seul instant que Garnotelle n'est pas le double de Delaroche à qui il emprunte ses caractéristiques, autrement dit tous ses défauts ? Rédhibitoires aux yeux des Goncourt, semblables traits concourent à établir le portrait d'un individu stérile et ambitieux, dont la réussite mondaine signe définitivement l'échec créateur. Ils concluent par ces mots qui en disent long sur le peu d'estime qu'ils portent à ce peintre parvenu, dénué de tempérament et d'originalité : « C'était le cabinet d'art élégant, froid, sérieux, aimablement classique et artistiquement bourgeois d'un prix de Rome, qui se consacre spécialement aux portraits de dames du monde[220]. »

---

219 Edmond et Jules de Goncourt, *Manette Salomon*, 1867, préface de Thierry Paquot, Paris, L'Harmattan, 1993, p. 64-65.
220 *Idem*, p. 152.

Plus généralement, les améliorations constatées sont toujours interprétées comme autant de victoires mesquines, d'avancées médiocres qui voilent le manque d'élévation d'une peinture sans inspiration, sans audace et sans originalité, une peinture bourgeoise en somme. Dans l'esprit du temps, la force du labeur et l'opiniâtreté sont des valeurs qui ressortissent aux classes moyennes. C'est évidemment mal juger des qualités intrinsèques des bourgeoisies françaises au XIXe siècle qui ne se résument pas au travail et à la persévérance. Ainsi s'opère l'amalgame du progrès, dans ce qu'il peut avoir de plus pitoyable, avec le peintre du juste-milieu. Delaroche en fait les frais, pas seulement sous la plume de Gautier ou des Goncourt. En incarnant l'artiste dont l'évolution picturale trahit la patiente médiocrité, il devient malgré lui un ouvrier minutieux totalement dénué de génie[221] : « Après cela, nous ne prétendons pas ôter à M. Delaroche le mérite d'un travail assidu et persévérant. Tout ce qu'on peut faire avec de la patience, il l'a fait ; mais malheureusement la patience ne suffit pas pour remplacer le savoir et la puissance[222]. » Ainsi s'exprime Gabriel Laviron dans un rude article qu'il rédige sur Delaroche à l'occasion du Salon de 1834, l'année où il présente l'*Assassinat du duc de Guise*. Le critique n'en reste pas là. S'il reconnaît que Delaroche se surpasse de toile en toile dans le rendu des textures, dans l'exécution des étoffes et des accessoires, il n'en devient pas pour autant un maître. Au mieux prouve-t-il qu'il est un homme habile et qu'avec le temps son adresse donne à sa peinture un aspect porcelainé, rien de plus, rien, en tout cas, qui l'élève au rang des créateurs appartenant au panthéon d'une histoire de l'art universelle.

Un dernier exemple suffit à montrer combien tout l'œuvre peint de Delaroche porte témoignage d'une *peinture*

---

[221] Voir à ce sujet le trait d'humour grinçant de T. Gautier, *Mademoiselle de Maupin*, *op. cit.*, p. 32.
[222] Gabriel Laviron, *op. cit.*, p. 78.

sérieuse, honnie par Delacroix qui note dans son *Journal* qu'elle exprime un art prétentieux. Trop sérieuse, elle révèle, pour peu qu'on suive Delacroix dans ses développements, un art conduit avec adresse mais qui n'exprime aucune qualité propre. Dénuée de vérité, elle ne communique pas la vie qui doit présider à l'exécution de l'œuvre. Le défaut est rédhibitoire pour l'auteur de la *Mort de Sardanapale*, qui n'hésite pas à noter assez perfidement dans son *Journal* que seule l'habileté technique[223] du peintre l'a fait accéder à la reconnaissance. Ces propos exagérés sont-ils représentatifs de deux rivaux que tout oppose, y compris les tempéraments ? Probablement dans une certaine mesure, mais ils n'expliquent pas tout. Ils éclairent deux conceptions différentes de la peinture, de ses moyens comme de ses fins, deux esthétiques opposées qui coexistent au sein d'une même époque, ralliant partisans et détracteurs. Ils procèdent d'une critique plus large, répandue à l'époque, qui brosse un portrait de l'artiste en creux, si je puis dire, dans lequel manquent un caractère fantastique et un tempérament fougueux, et où affleure un travail dur, laborieux et triste. Rien de moins !

---

[223] Ce qui fait dire aussi à A. Dumas : « Eh bien, c'est singulier à dire, Delaroche a le défaut d'être trop adroit. » *Mes Mémoires*, t. V, *op. cit.*, p. 27.

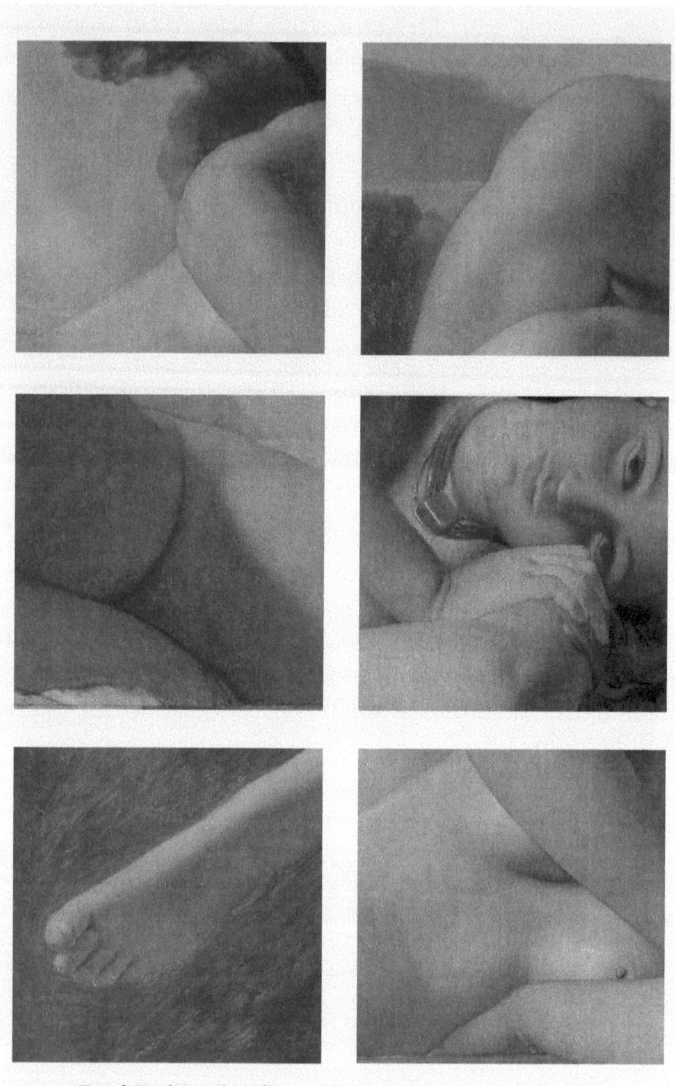

Paul Delaroche, *Jeune fille dans une vasque*, détails.

© Besançon, Musée des beaux-arts et d'archéologie
Photo Charles Choffet.

CONCLUSION

L'art de Delaroche fait naître, du vivant même de l'artiste, de très nombreux disciples, français et étrangers. En 1839, son atelier ne compte pas moins de quatre-vingt-cinq élèves. À la suite du décès du baron Gros, mort prématurément en 1835, il décide de reprendre son atelier afin de ne pas rompre une tradition séculaire. La longue hésitation qui précède sa décision indique qu'il a mesuré la charge mais aussi réfléchi aux bénéfices d'une telle décision aussi bien pour lui que pour ses élèves. Il existe de nombreuses anecdotes sur la manière dont Delaroche conçoit et mène son enseignement. Les unes signalent un pédagogue généreux, n'hésitant pas à sacrifier des commandes personnelles pour les donner à ses élèves dans le besoin, les autres raillent son côté petit-bourgeois[224], voire son amour-propre démesuré. Il est difficile de démêler le vrai du faux et sans doute la vérité se révèle-t-elle, comme souvent, non pas dans un clair-obscur caricatural mais bien plutôt dans des demi-teintes. L'enseignement que reçoivent ses élèves rayonne dans toute l'Europe et favorise un « style international » à la facture académique, dont les thèmes puisent leurs racines dans les passés nationaux. L'éclectisme devient une référence commune et les recettes d'atelier commandent toute une génération d'artistes qui répètent et, pour les meilleurs d'entre eux, renouvellent une facture et un style qui concourent à renforcer un genre nouveau : l'anecdote historique.

---

[224] Cf. *Mémoires du comte Horace de Viel Castel : sur le règne de Napoléon III (1851-1864)*, tome III, Paris, Chez tous les libraires, 1883-1884, p. 241.

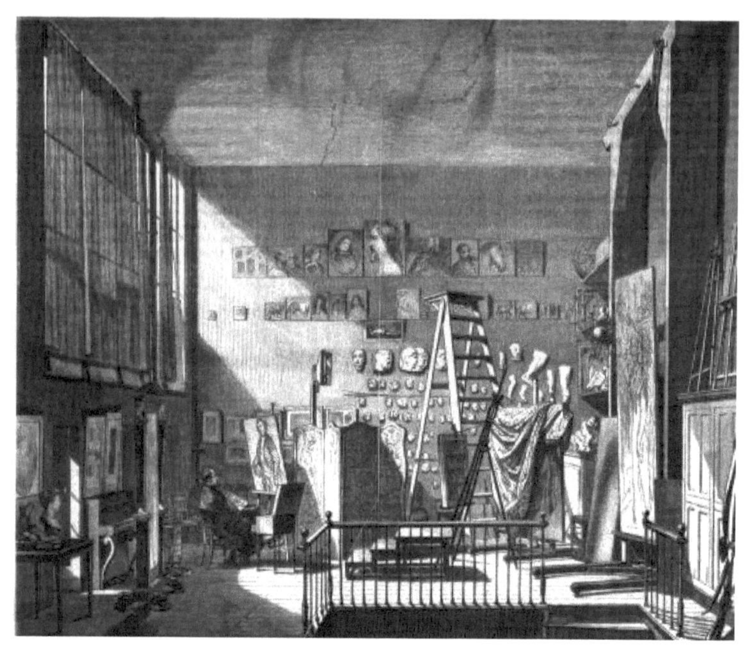

Atelier de Paul Delaroche.
Edmond Texier, *Tableaux de Paris*, tome 2, Paris,
Paulin et Le Chevalier, 1853, p. 41.

Cet atelier, qui ferme ses portes en 1843 à la suite d'un incident grave survenu à l'un de ses élèves, est donc probablement au moins aussi important que le rôle joué par les moyens de diffusion modernes de ses œuvres. Conjugués, l'un et l'autre assurent une popularité et un succès durables à l'un des artistes français les plus emblématiques du XIXe siècle. En France, ses élèves font quasiment tous des carrières honorables, quelquefois prestigieuses. Les plus célèbres d'entre eux sont parfois restés dans les mémoires de manière plus pérenne que leur maître : Ernest Hébert (1817-1908), Auguste Gendron (1817-1881), le sculpteur Cavelier (1814-1894), Alexandre Antigna (1817-1878), Prosper-Louis Roux (1817-1903), Charles Jalabert (1818-1901), Jean-Louis

Hamon (1821-1914), mais surtout Thomas Couture, l'auteur des *Romains de la Décadence* et Jean-Léon Gérôme, le grand orientaliste académique de la fin du XIXe siècle.

À l'exception de l'Angleterre et de l'Italie, la Belgique, l'Allemagne, l'Autriche, la Russie, l'Espagne et la Pologne sont largement influencées par les disciples et les élèves issus de l'atelier parisien de Delaroche. Éprise d'images nouvelles et originales, l'Europe en vient à produire une imagerie faite de recettes dont elle démultiplie les représentations. Indirectement, le rôle que joue Delaroche est bien réel dans le déplacement des goûts et le changement de nature de l'image populaire. En transformant la peinture d'histoire de type néo-classique en peinture de genre historique, lui et ses élèves élargissent le public auquel cet art est désormais accessible. Ici, c'est l'anecdote dans ce qu'elle a de plus touchant et facilement compréhensible qui importe. Lasse de la représentation des faits d'armes d'une l'histoire belliqueuse, l'Europe cherche à travers la résurrection de son passé des éléments qui parlent avant tout à la sensibilité. Elle trouve dans l'imaginaire de Delaroche et la veine artistique que diffuse son atelier de quoi s'émouvoir à moindres frais.

Sommes-nous fondés à soutenir que l'invention de l'imagerie se substitue à la création et les recettes d'atelier à un processus original ? L'expansion à très grande échelle de l'œuvre de Delaroche par le biais de la reproduction mécanisée et la diffusion de son esthétique par ses élèves à travers l'Europe ont contribué à dénaturer la force première de l'ensemble de son œuvre. D'unique elle est devenue multiple ; d'originale elle est devenue commune, d'où, incontestablement, un sens et une originalité qui ne se retrouvent pas dans l'ensemble des figurations dont le vieux continent est envahi. Les effets de mode alliés aux changements de goût accentuent le phénomène qui se transforme à son tour. La peinture académique devient « pompier » sous l'effet de cette poussée inhérente à la création mais aussi à la demande du marché de l'art. L'œuvre de Delaroche se trouve consacrée par un système qui finit par le dépasser, supplantant des compositions originales à des productions plastiques qui touchent en plein la sensibilité contemporaine, mais fixent dans l'esprit du public non pas une culture de l'image, mais bien celle d'une imagerie. Il est significatif que les toiles de Delaroche soient devenues des motifs iconiques d'une culture visuelle populaire. Mais il est tout aussi important d'ajouter que la multiplication de modèles à travers toute l'Europe a estompé l'originalité qui présidait au genre historique et l'a transformée en formules d'atelier *in fine*.

La conception historique de Delaroche est très éloignée de celle de Delacroix ; elle ne livre ni massacres ni destructions mais des moments d'effroi ou de pitié, des scènes parfois attendrissantes dans lesquelles la mort est attendue comme le dénouement le plus conséquent du conflit. L'évocation romantique est tout entière fondée sur une certaine retenue pleine de noblesse. Si l'idée de tension paraît importante, elle semble moins précieuse toutefois que l'*instant suspendu* à partir duquel s'élabore l'art de Delaroche. L'œuvre se concentre en effet sur les quelques instants qui précèdent l'issue fatale de chaque épisode, évitant au peintre de relater le spectacle sanglant en y substituant l'*effet de suggestion*. Allant à l'encontre des épopées grandioses de Gros ou de Delacroix, Delaroche préfère l'intimité de scènes dans lesquelles les indications données par l'artiste sont autant de signes à déchiffrer. Ces derniers étant d'une lisibilité aisée, il n'est en général pas difficile de prévoir l'évolution de chaque scénario. L'histoire se dit là non dans le sang, les armes, les batailles ou les meurtres, mais dans une perception de l'avenir, une intuition du futur, si sombres soient-ils. Le supplice n'est jamais donné à voir ; il est simplement mais très efficacement suggéré. La mort n'est pas montrée ; elle est seulement pressentie ou fortement prévisible. Le héros n'est qu'impuissance, fragilité et vulnérabilité, incapable de déjouer les pièges d'un destin qui s'acharne et finit toujours par avoir raison d'une situation dont il amplifie l'issue tragique.

En d'autres termes, la dramaturgie de l'humain se constitue comme un objet d'apparat, un écrin précieux habile à faire valoir les drames historiques les plus sanglants, les procédures picturales par lesquelles l'artiste reconstitue certaines périodes troublées de l'histoire qui font de ses peintures de vrais joyaux. Passionnante et ingénieuse s'affirme la manière dont il résout l'épineux problème de toute peinture d'action : *comment montrer sans démontrer, tout en ne négligeant rien de la dimension psychologique des protagonistes de la scène*. L'artiste est passé maître dans l'art de surprendre et surtout de *suggérer l'horrible* en choisissant de peindre le moment qui précède de quelques instants l'effroyable drame des *Enfants d'Édouard*, de *Jane Grey* ou d'*Élisabeth Ière*. On comprend maintenant pourquoi le peintre bannit toute forme de violence et de brutalité au profit de représentations anticipées de la mort, plus subtiles à bien des égards.

Anecdotique, érudition inutile, souci scrupuleux du détail au détriment d'une réelle vision de l'Histoire, l'art du *juste-milieu* est considéré comme médiocre aussi bien par sa facture appliquée que par le rabaissement des grandes pages historiques au niveau de la chronique bavarde et larmoyante. Ces particularités, qui s'opposent à celles de Delacroix, les critiques les ont mesurées les unes aux autres sans comprendre qu'elles relevaient d'esthétiques différentes difficilement comparables.

Il en résulte un extraordinaire malentendu qui grève aujourd'hui encore cette peinture dont j'ai spécifié l'originalité, fixé le sens, montré la subtilité, défini l'intense et discrète dramaturgie. Certaines remarques sont des remises en question de positions contestables d'historiens d'art qui, par un amalgame aussi injustifié que délibéré, accréditent la thèse selon laquelle cette peinture « bourgeoise » n'a aucune chance de rivaliser avec l'avant-garde d'un art dont l'originalité apparaît dans l'abandon définitif du sujet et une facture libérée des contraintes académiques. Cette conception historique n'a qu'un défaut : elle oublie que la représentation s'instaure sur une esthétique *autant* que sur une idéologie et qu'en tout état de cause l'artiste reste le seul à décider de l'orientation possible de sa création. S'il est exact que Delaroche n'a pas apporté à l'art d'éléments formellement nouveaux – il n'est du reste demeuré ni populaire ni célèbre –, il est indigne de le tenir en mésestime.

Enfin, il faut rappeler la *sensibilité théâtrale* de Delaroche, primordiale pour l'évolution de la peinture pendant la seconde moitié du XIXe siècle et le début du XXe. Ce peintre du juste-milieu annonce avec discrétion une direction que ne manqueront pas de suivre les peintres d'histoire. La scénographie apparaît clairement dans la composition de ses œuvres. Les relations qu'il entretient avec le monde du théâtre sont des éléments prépondérants dans sa manière de concevoir les scènes de ses toiles et les « tableaux » de scène. Gestuelle, éclairage, diversité des physionomies, mélange de vraisemblance et d'illusion, tout dans son œuvre parle indirectement de processus scéniques, de logiques théâtrales. Le fait est d'importance puisqu'il démontre que le phénomène qui s'amorce chez un peintre modéré va subir un glissement décisif pour l'avenir de la peinture. Celle-ci ne pourra plus compter sans le théâtre, et inversement. Les deux domaines, dorénavant liés de façon indissociable, s'enrichiront mutuellement au point de faire naître le mélodrame, ultime esthétique d'une théâtralisation outrée.

Delaborde considère l'art de Delaroche comme l'expression la plus évidente d'une « école moderne » dont la caractéristique est de rénover des doctrines vieillies, sans toutefois remettre en question un certain nombre de règles que l'artiste ne doit pas transgresser. En fait, tout se tient et se résume dans l'*art des limites* que la bienséance interdit de franchir, mais qu'il convient néanmoins d'interroger. Telle est sa qualité essentielle ; tel est le principal reproche de ses contemporains. Le dramaturge, quant à lui, y voit une vertu réconciliant des systèmes en apparence ennemis (Ingres opposé à Delacroix) et fait de Delaroche le médiateur idéal, l'interprète des aspirations de tous. Mais cette propriété, prétendument cardinale, est jugée différemment par d'autres observateurs ; certains perçoivent cette facilité à refléter successivement les modes et les courants de pensée de la société comme un défaut de personnalité, voire de conviction esthétique. Les qualités de Delaroche peuvent ainsi, selon l'angle de vue adopté, se transmuer en leur contraire, caractéristique rare chez un artiste qui leste toujours le regard que je porte sur ses œuvres.

C'est avec cette peinture à l'ostentation retenue, à la démonstration bridée que s'achève ce livre. Au fond, la singularité de Delaroche est fondée sur une idée simple : la violence de la peinture ne réside pas dans des ruptures de la figuration. L'opposition radicale à un système conventionnel de valeurs picturales ne suffit pas à faire un chef-d'œuvre. La singularité des procédures artistiques emprunte des détours infiniment plus subtils. Maintenir la souveraineté du pictural dans son mode figuratif, c'est revendiquer que l'œuvre « achevée[225] » livre contre l'époque un combat sans doute perdu d'avance, mais qui a le mérite de poser en termes radicalement différents les problèmes de l'*unité*, de l'*immanence* et de la *singularité* de l'œuvre.

Entre histoire et critique, l'histoire de l'art, nous l'avons vu, se prête difficilement à une analyse qui réduit *sans reste* le visible à un discours univoque. Ce qui est certain c'est qu'elle tente de redéfinir ses méthodes, d'aborder différemment ses sources, notamment parce que, consciente de ses propres

---

[225] Cf. A. Badiou, *Petit manuel d'inesthétique*, Paris, Seuil, 1988, p. 23.

limites, elle essaie de dépasser ces lois qui lui imposent des normes censées distinguer l'Art des productions mineures. La remise en question par Aloïs Riegl (1859-1905) d'un système qui ne donnait plus satisfaction a mis en demeure l'histoire de l'art d'inventer de nouvelles techniques d'interprétation qui tiennent compte de la contribution des analyses structurales et délaissent le déterminisme supposé de la création. Ainsi l'explication biographique et la conception selon laquelle l'œuvre est un pur reflet de la société [226] devraient laisser place à une interprétation novatrice visant une *théorie de la représentation*. Et plutôt que de s'engager dans une entreprise de déchiffrement historique en instrumentant l'œuvre, mieux vaut explorer les sens de celle-ci et les faire dialoguer avec le contexte historique qui les a vus naître.

Il en est, en somme, de l'histoire comme du sens. L'une et l'autre s'interpellent et se répondent mutuellement. Henri Zerner le rappelait naguère : « L'histoire s'organise en un système de différences et de discontinuités qui articulent la durée. C'est par ce souci du temps ou des temps que l'histoire de l'art a une problématique commune avec l'histoire tout court[227]. » Et de conclure, par une ambiguïté caractéristique mais nullement nouvelle, que la *violence de l'interprétation* est un corollaire nécessaire à toute entreprise herméneutique.

Il n'est plus possible d'entrer ici dans le détail de cette question. En revanche, il vaut la peine de s'arrêter un court instant sur les moyens mis en œuvre par Delaroche, grâce à qui formes et figures purent sortir du champ du possible pour entrer dans celui du *réel de la peinture*. C'est en effet par

---

[226] Cf. C. Delacampagne, *L'Aventure de la peinture moderne de Cézanne à nos jours*, Paris, Mengès, 1988.
[227] H. Zerner, « L'art », in *Faire de l'histoire, II, Nouvelles approches*, collectif, Paris, Gallimard, 1974, p. 262-263.

le destin cruel des grands de ce monde que l'artiste désigne à notre attention cette *puissance désorganisatrice*, habile à suggérer une *esthétique de l'horreur*. À travers les effigies bafouées, ce que l'artiste livre à notre regard est moins le dérèglement de l'instinct que la *subversion de la peinture*. Sans jamais s'affranchir de la parfaite maîtrise des moyens plastiques mis à sa disposition, l'artiste ne remet nullement en cause le statut de l'image, mais impose plus sûrement une magistrale mise en scène de la *peinture faite chair*. Ce que j'ai proposé ne fut rien d'autre que d'interroger les modalités de cette *jouissance du tableau*.

ET APRÈS...

La redécouverte d'œuvres, qu'on avait jusqu'alors remisées dans les musées, fit renaître de farouches querelles entre les tenants de l'art moderne et un académisme d'arrière-garde [*sic*], susceptible de porter atteinte à la suprématie, pourtant acquise, de l'impressionnisme. La politisation du débat au XXe siècle a mis en présence une esthétique inédite, par définition libérée des règles, des contraintes, du pouvoir, et un art qui ne serait ni plus ni moins que le reflet d'un ordre politique et social réactionnaire. Le problème n'est pas d'opposer à nouveau deux tendances d'une même conception dont le moins que l'on puisse dire est qu'elle ne s'embarrasse pas de nuances, ni d'opposer l'une à l'autre, encore moins de remettre en cause la qualité des œuvres impressionnistes, incontestable et incontestée, mais de définir avec précision ce que fut la peinture académique, celle qui relève d'une *doctrine*, non d'un style. Quoi de plus éloignés, en effet, que Bouguereau, Gérôme, Roll, Besnard, Henri Martin ou Puvis de Chavannes ? Si différents qu'ils aient pu être, dans quelle mesure sont-ils des artistes académiques ? Preuves et faits à l'appui, il s'agit de comprendre que les institutions de la IIIe République n'aliénèrent ni les artistes ni leurs créations. A contrario, l'absence d'esthétique officielle, la perte progressive des pouvoirs de l'Institut, le déclin de l'École des beaux-arts et de son corollaire, le prix de Rome, ont permis à toutes les sensibilités de se faire jour au sein d'une réelle pluralité. La tendance a néanmoins sa contrepartie. L'État, délaissant peu à peu ses prérogatives dans le domaine des beaux-arts, ne pouvait plus soutenir ses encouragements auprès des artistes, comme il le faisait par le passé. Ils incombaient dorénavant à l'initiative privée. Les pouvoirs publics n'avaient plus la direction des arts dont ils se firent désormais les conservateurs. Ce retrait progressif s'opéra sans solution de continuité durant tout le XIXe siècle et aboutit à la consécration des impressionnistes lors des Centennales de 1889 et 1900.

Il reste l'épineux problème de la peinture *fin de siècle* dont l'appréciation, encore très controversée de nos jours, a fait l'objet d'une « Conférence d'intérêt général » prononcée au Collège de France le 27 mars 1980 par Jacques Thuillier. Il y analysait les idées reçues d'une création pour laquelle il n'est pas facile de se prononcer. L'*art pompier*, en effet, que l'auteur situe entre 1848 et 1918, laisse quelque peu perplexe. Si la propagation du terme ne fait actuellement plus difficulté, le *concept*, sa définition et ses différentes applications posent, quant à eux, d'innombrables problèmes. Pendant longtemps, il a été de bon ton de mépriser cet art officiel qu'on opposait à la création vivante, en marge des institutions reconnues. « Du côté des "pompiers", la raideur officielle, l'expression figée, mais aussi la sécurité et la tradition avec ce qu'elle comporte de science et de certitude ; de l'autre, la flamme de l'enthousiasme, la hardiesse de la recherche, mais aussi les dangers de l'aventure, l'inexpérience, la destruction irréfléchie ». Le court essai de J. Thuillier consiste à remettre radicalement en cause ces dogmes qu'on tenait pour incontestables jusque dans les années 1970. Bien plus, il démontre également la relative et fragile limite qui sépare assez superficiellement les peintres pompiers des avant-gardes. Cette révision des faits, des concepts et des œuvres permet de reconsidérer la valeur intrinsèque de cette production prolixe au XIXe siècle, sans néanmoins remettre en question l'autorité des maîtres.

Visant essentiellement la peinture narrative et décorative, le « pompiérisme », à la si mauvaise réputation, fut pourtant à l'honneur tant dans les demeures bourgeoises et les Salons que dans les édifices prestigieux : le plafond de l'Odéon peint par Jean-Paul Laurens (1838-1921), celui de l'Opéra Garnier, réalisé par Lenepveu (1819-1898), témoignent avec éloquence d'une activité où se conjugue le prestige de la commande avec un rigoureux programme iconographique. Il n'est donc pas possible, sous prétexte de jugement de goût, de délaisser sinon un courant pictural, du moins toute une production d'œuvres privées ou publiques dont la caractéristique principale réside dans l'attachement au sujet et à sa signification. Or non seulement le sens manifeste d'une création ne lui enlève pas sa valeur, mais il peut aussi constituer l'un des meilleurs témoignages que l'histoire puisse fournir aux contemporains. Au moins cette peinture mérite-t-elle d'être appréhendée tel un ensemble de documents essentiels à l'histoire d'un pays à une époque donnée, à la valeur de ses programmes iconographiques, mais aussi comme un art à part entière dont l'esthétique est à considérer pour elle-même. La tâche est rendue d'autant plus délicate que les « pompiers » présentent une diversité de choix plastiques, de thèmes, de styles, d'œuvres, qui se dérobe à tout classement rigoureux et dont la cohérence profonde, si elle existe, laisse dubitatif.

Toutefois, je ne saurais manquer d'observer que les artistes ont privilégié la grande peinture narrative dont les sujets ont toujours puisé dans les domaines aussi variés que la mythologie, le roman, l'histoire, la poésie, la politique, la religion et les faits sociaux. Jacques Thuillier, nous l'avons vu, fait remonter l'art pompier à la période 1848-1918. Or, bien avant 1848, l'on peut déjà pressentir l'expression d'une tendance qui, bien qu'appartenant encore aux années romantiques (1815-1850), porte en elle les prémices de cet art qui caractérise principalement la seconde moitié du XIXe siècle. En d'autres termes, il n'est pas difficile de retrouver chez ces peintres académiques que furent Paul Delaroche, Léon Cogniet, Alexandre-Gabriel Decamps et Horace Vernet des créations qui préfigurent cette esthétique pompier.

Au terme de cette réflexion, il me faut répondre à cette question essentielle posée dans le titre de cet ouvrage : Paul Delaroche fut-il un peintre du juste-milieu ?

Incontestablement oui, si l'on entend que son existence en tant qu'artiste le rend à la fois unique dans sa particularité et représentatif de son milieu et de son temps. Il ne fut jamais un courtisan du régime. Sans adhérer à l'idéologie de Louis-Philipe, lui préférant Napoléon Ier dont il arbore la même mèche sur le front, il fréquente néanmoins une partie de la classe dirigeante de la monarchie de Juillet dont il est le portraitiste favori et l'un des peintres de prédilection. Il partage avec elle ce dégoût pour les provocations et les extrêmes, préférant ménager cette classe intermédiaire dont il fait partie. Ses convictions et ses valeurs libérales le portent donc naturellement, par inclination personnelle autant que par certitude, à privilégier la monarchie constitutionnelle. Forme équilibrée entre l'absolutisme monarchique et le républicanisme démocratique, elle ne peut qu'emporter l'adhésion chez cet artiste toujours en quête de mesure et de modération.

Indéniablement oui, dans la mesure où rien n'indique dans sa création picturale un goût pour le surnaturel, le fantastique, l'introspection romantique. On n'y trouve pas non plus de désenchantement et de « mal du siècle » chers aux poètes. En revanche, le respect des valeurs dominantes plaide la cause d'un peintre unanimement reconnu par la grande bourgeoise française, représentative du juste-milieu à l'Assemblée nationale, et, au-delà, par une aristocratie européenne qui achète ses peintures venant compléter ses collections à l'éclectisme assumé. Ce dernier en dit long, du reste, sur le changement de paradigme relatif aux mentalités et à l'histoire du goût, traduisant une ouverture d'esprit jusqu'alors inconnue et auquel Delaroche participa.

Indiscutablement oui, car il a, mieux que tout autre créateur de sa génération, compris que le désir de reconnaissance sociale ne pouvait passer que par l'image, une image qui plus est, démultipliée par la technique de la gravure et de la photographie. Car il s'agit bien de son désir propre en premier lieu, mais aussi de celui de cette élite dont il brosse le portrait. Hommes d'affaires ou ténors politiques, riches banquiers ou femmes du monde, tous posent devant celui qui leur renvoie une image d'eux-mêmes conforme à leurs attentes narcissiques.

Notoirement oui, car Delaroche, qui n'apprécie ni les débordements, ni les excentricités, finit par devenir la figure emblématique d'un certain conformisme propre à l'Académie, même s'il lutte contre celle-ci dans le cadre d'un renouvellement de l'enseignement voulu par Thiers. Décoré de la Légion d'honneur, membre de l'Institut, professeur à l'École des beaux-arts, accumulant honneurs et distinctions, il incarne un système artistique officiel. Et c'est sans doute ici que se situe, à mon sens, la limite de l'exercice de ce peintre particulièrement doué. Rien, en effet, ne signifie mieux la domination de la bourgeoisie dans l'ordre social que la propriété, le capital et le crédit, dans l'ordre politique que le contrôle par le juste-milieu de la Chambre des députés, dans l'ordre artistique que la dimension attendue et conventionnelle, sûre de plaire et certaine d'emporter l'adhésion de la classe intermédiaire.

J'ai beaucoup insisté, trop peut-être, sur les détracteurs de Delaroche. Il m'a semblé néanmoins qu'il fallait éclairer l'artiste par des témoignages contemporains en essayant de ne pas rejeter dans l'ombre des éléments essentiels à la compréhension de son œuvre, simplement pour les besoins de notre démonstration. Il n'est pas anodin, en effet, qu'un créateur suscite autant de polémiques autour de ses peintures, toujours très attendues lors des Salons. Mais il est encore plus significatif qu'en symbolisant une institution officielle il incarne aussi les aspirations légitimes et, dans une certaine mesure, les limites infranchissables du système artistique auquel il a largement contribué, non pas parce que ses combinaisons plastiques sont normatives et se répètent au détriment du message esthétique, en elles-mêmes, elles sont parfaitement recevables. Le grand public et la bourgeoisie ne s'y sont pas trompés, mais parce qu'il a contribué auprès de certains critiques à créer et à entretenir l'idée d'un amalgame, celui-là même qui réunit en une conception vague des notions aussi disparates que peinture populaire, art bourgeois, scènes anecdotiques et théâtrales, éclectisme, académisme… autant d'attributs qui, paradoxalement, disqualifient cette peinture pourtant novatrice au service d'un mode nouveau dont l'artiste est l'inventeur : le genre historique. On l'oublie trop souvent. Avec cette peinture du juste-milieu, Delaroche incarnera probablement toujours les forces et les faiblesses esthétiques d'un système dont il fut, de son temps, l'un des plus brillants représentants.

INDEX DES PRINCIPAUX NOMS PROPRES

BIBLIOGRAPHIE

OUVRAGES GÉNÉRAUX
et ARTICLES PRINCIPAUX

A

ANCILLON Johann Peter Friedrich, *Du juste milieu, ou du rapprochement des extrêmes dans les opinions*, 2 tomes, Bruxelles, Société belge de librairie, imprimerie, 1837.

B

BADIOU Alain, *Petit manuel d'inesthétique*, Paris, Seuil, 1988.

BANN Stephen, « Paul Delaroche à l'hémicycle de l'École des beaux-arts. L'histoire de l'art et l'autorité de la peinture », *Revue de l'Art*, n°146, 2004-4.

BANN Stephen, *Paul Delaroche, History painted,* Londres, Reaktion books, 1997.

BARANTE Prosper de, *Histoire des ducs de Bourgogne*, tome I, 4e édition, Paris, Ladvocat, 1826.

BARTÉLEMY Auguste, *Némésis*, tome I, Paris, 4e édition, Perrotin éditeur, 1835.

BASCHET Robert, *E.-J. Delécluze, Témoin de son temps, 1781-1863*, Paris, Boivin & Cie Éditeurs, s.d.

BAUDELAIRE Charles, *Curiosités esthétiques, Salon de 1846*, Paris, Michel Lévy frères, 1868 et Paris, Classiques Garnier, 1990.

BAUDELAIRE Charles, *Salon de 1846*, Paris, Michel Lévy frères, 1846.

BÉRALDI Henri, *Les graveurs du XIXe siècle, Guide de l'amateur d'estampes modernes*, tome VII, Paris, Librairie L. Conquet, 1888.

BIRÉ Edmond, *Les dernières années de Chateaubriand (1830-1848)*, Paris, Garnier frères, [1905].

BLANC Charles, *Histoire des peintres de toutes les écoles*, tome III, Paris, Vve Jules Renouard Libraire Éditeur, 1863.

BLANC Charles, *L'Art dans la parure et dans le vêtement,* Paris, Loones, 1875.

BLANC Charles, *Gazette des Beaux-Arts*, t. II, 15 décembre 1860.

BLANC Charles, *Gazette des Beaux-Arts*, t. VII, Paris, *s.n.*, 1860.

BLANC Louis, *Histoire de dix ans*, 1830-1849, tome I, Paris, Pagnerre, 1842.

BODIN Félix, « Le juste milieu et la popularité », in *Paris, ou le livre des cent-et-un*, tome XIII, Paris, Ladvocat, 1831.

BRETON Jules, *Nos peintres du siècle*, Paris, Société d'édition artistique, s.d.

BÜRGER [William], *Salon de T. Thoré, 1846,* présentation par W. Bürger, Paris, Librairie internationale, 1868.

BÜRGER [William], *Salons de T. Thoré, 1844 à 1848*, avec une préface par W. Bürger, Paris, Librairie internationale, 1868.

BÜRGER [William], *Salons de W. Bürger, 1861 à 1868*, tome I, avec une préface par T. Thoré, Librairie de Jules Renouard, 1870.

C

CALONNE Alphonse de, « Paul Delaroche et son œuvre », in *Revue contemporaine*, tome 31, Paris, Bureaux de la Revue Contemporaine, 1857.

CASTILLE Hippolyte, *Les hommes et les mœurs en France sous le règne de Louis-Philippe*, deuxième édition, Paris, Paul Henneton et Cie, Libraire-Éditeur, 1853.

CAZEAUX Euryale, Édouard Charton, *Le Magasin pittoresque, 1834*, 2e année, Paris, Aux bureaux d'abonnement et de vente 29 quai des Grands-Augustins, 1834.

CHATEAUBRIAND François-René de, *Les Quatre Stuarts,* Paris, Arnaud de Vresse, 1837.

CHATEAUBRIAND François-René de, *Mémoires d'outre-tombe*, Bruxelles, Meline, Cans et Compagnie, 1850.

CHAUVEAU Adolphe, *Journal du droit criminel ou Jurisprudence criminelle du Royaume*, Paris, Au bureau du journal du droit criminel, 1835.

CHENNEVIÈRES Philippe de, *Lettres sur l'art français en 1850*, Argentan, Imprimerie de Barbier, 1851.

CLAIR Jean, *L'hiver de la culture*, Paris, Flammarion, coll. « Café Voltaire », 2011.

CLARETIE Jules, *L'art et les artistes français contemporains*, Paris, Charpentier, 1876.

COSTE Laurent, *Les bourgeoisies en France, Du XVIe au milieu du XIXe siècle*, Paris, Armand Colin, 2013.

COUSIN Victor, *Cours de l'histoire de la philosophie moderne, première série,* tome II, Paris, Ladrange Éditeur, 1846.

COUSIN Victor, *Des principes de la Révolution française et du gouvernement représentatif* suivi des *Discours politiques*, nouvelle édition, Paris, Didier, 1864.

D

DECAMPS Alexandre, *Le Musée, Revue du Salon de 1834*, Paris, Imprimerie Everat, 1834.

DELACAMPAGNE Christian, *L'Aventure de la peinture moderne de Cézanne à nos jours*, Paris, Mengès, 1988.

DELACROIX Eugène, *Journal 1822-1863*, Préface de Hubert Damisch, Paris, Plon, coll. « Les Mémorables », 1931-1932 et 1980.

DELABORDE Henri, *Étude sur les Beaux-Arts en France et en Italie,* tome II, Paris, Jules Renouard, 1864.

DELABORDE Henri, *L'Académie des beaux-arts, depuis la fondation de l'Institut de France*, Paris, Plon, 1891.

DELABORDE Henri, *Mélanges sur l'art contemporain*, Paris, Jules Renouard, 1866.

DELABORDE Henri, *Revue des Deux Mondes*, XXVIIe année, seconde période, tome 8, Paris, Bureau de la Revue des Deux Mondes, 1857.

DELÉCLUZE Étienne-Jean, *Les Beaux-Arts dans les Deux-Mondes en 1855*, Paris, 1856.

DENIS Maurice, *Théorie, Du symbolisme et de Gauguin, vers un nouvel ordre classique*, Paris, 1920.

DESHAYES Olivier, *Le corps déchu dans la peinture française du XIXe siècle*, Paris, L'Harmattan, 2004.

DESHAYES Olivier, *Le Désir Féminin ou l'Impensable de la création. De Fragonard à Bill Viola*, Paris, L'Harmattan, 2010.

DESHAYES Olivier, *Le destin exceptionnel de Mme de Genlis (1746-1830). Une éducatrice et femme de lettres en marge du pouvoir*, Paris, L'Harmattan, 2014.

DIDEROT Denis, *Œuvres, Salons*, tome II, Paris, Chez J. L. J. Brière, 1821.

DIDEROT Denis, *Salons*, vol. III, éd. Jean Seznec et Jean Adhémar, 1963.

DIDEROT Denis, *Salon*, 1767, in *Œuvres de Denis Diderot. Salons*. Tome II, Paris, Chez J. L. J. Brière, 1821.

DUMAS Alexandre, *Mes Mémoires*, Paris, Alexandre Cadot éditeur, 1853.

DUMAS Alexandre, *Mes Mémoires*, tome V, Paris, Lévy, 1863.

DUMAS Alexandre, *Mes Mémoires*, tome IX, Paris, Lévy, 1884.

DURANDE Amédée, *Joseph Carle et Horace Vernet, Correspondance et biographie*, Paris, J. Hetzel libraire-éditeur, 1863.

F

FABRE Auguste, *La révolution de 1830 et le véritable parti républicain*, 2 tomes, Paris, Thoisnier-Desplaces, 1833.

FILLONNEAU Ernest, *Annuaire des Beaux-Arts*, Paris, première année, 1861-1862, Paris, Jules Tardieu éditeur, 1862.

FONTANEL Béatrice, WOLFROMM Daniel, *Quand les artistes peignaient l'histoire de France*, Paris, Seuil, 2011.

G

GAUTIER Théophile, *Mademoiselle de Maupin*, Paris, Charpentier, nouvelle édition, 1876.

GAUTIER Théophile, *Portraits contemporains*, deuxième édition, Paris, Charpentier et Cie Libraires-éditeurs, 1874.

GOMBRICH, *Histoire de l'art,* 1950, Paris, Phaidon-Gallimard, 2004 pour l'édition consultée.

GONCOURT Jules et Edmond de, *Études d'art : le Salon de 1852, la peinture à l'exposition de 1855*, préface de Roger Marx, Paris, Flammarion, 1893.

GONCOURT Jules et Edmond de, *Journal des Goncourt*, deuxième volume (1862-1865), Paris, G. Charpentier, 1888.

GONCOURT Jules et Edmond de, *Manette Salomon* (1867), préface de Thierry Paquot, Paris, L'Harmattan, coll. « Les Introuvables », 1993.

GOUJON Bertrand, *Monarchies postrévolutionnaires, 1814-1848*, Paris, Éditions du Seuil, 2012.

GUIZOT François, *Histoire de Charles Ier depuis son avènement jusqu'à sa mort (1625-1649)*, tome II, 6e édition, Paris, Didier et Cie, 1856.

GUIZOT François, *Histoire de la révolution d'Angleterre*, Paris, Pichon-Béchet Libraire, 1827.

GUIZOT François, *Mémoires pour servir à l'histoire de mon temps*, du tome 2 (1859) au tome 8 (1872), Paris, Michel Lévy frères.

H

H. C. *Le juste-milieu, cause de tous nos maux*, Toulouse, Bénichet imprimeur, 1832.

HALÉVY Fromental, *Notice sur la vie et les ouvrages de Paul Delaroche*, Paris, Firmin Didot Frères, Fils et Cie, 1858.

HALÉVY Fromental, *Souvenirs et portraits. Études sur les Beaux-Arts*, Paris, 1861.

HASKELL Francis, *De l'art et du goût, jadis et naguère*, (1987), Paris, Éditions Gallimard, 1989 pour la traduction française.

HASKELL Francis, *L'Amateur d'art,* Paris, Librairie générale française, coll. « Le Livre de Poche », 1997.

HASKELL Francis, *La Norme et le caprice*, Paris, Flammarion pour la traduction française, 1986.

HASKELL Francis, *L'historien et les images*, 1993, Paris, Gallimard, 1995 pour la traduction française.

HEINE Henri, *De la France*, Paris, Eugène Renduel, 1833.

HEINE Henri, *De la France*, 1833, Paris, Gallimard, 1994.

HEINE Henri, *Lutèce*, nouvelle édition, Paris, Michel Lévy frères, 1861.

HUGO Victor, *Choses vues*, Paris, G. Charpentier et Cie éditeurs, 1888.

HUGO Victor, *Cromwell*, in *Œuvres de Victor Hugo*, tome VII, Paris, Furne et Cie Libraires-Éditeurs, 1840.

HUGO Victor, *Les Misérables*, Paris, Pagnerre, 1862.

HUGO Victor, *Les Misérables*, Paris, Hetzel et Lacroix, s.d.

HUGO Victor, *Lucrèce Borgia*, in *Théâtre*, édition R. Pouilliart, Paris, Garnier-Flammarion, 1979.

HUGO Victor, *Œuvres complètes*, Roman II, *Les Misérables*, Présentation de Annette Rosa, Paris, Éditions Robert Laffont.

J

JAL Auguste, *Des ennuyés* in, *Paris, ou Le livre des cents-et-un*, tome 7, Paris, Ladvocat, 1832.

JAL Auguste, *Les causeries du Louvre, Salon de 1833*, Paris, Charles Gosselin libraire-éditeur, 1833.

K

KARR Alphonse, *Les Guêpes* (1840), tome I, nouvelle éd. Paris, Lévy frères, 1869.

L

LACAMBRE Jean, « Un style international en 1850 : à propos de l'exposition Delaroche », in *La Revue du Louvre*, n°5-6, 1984.

LANDON Charles Henri, *Annales du musée et de l'école moderne des beaux-arts*, Paris, Chez Pillet aîné, 1834.

LAVIRON Gabriel, *Le Salon de 1834*, Paris, Louis Janet Libraire, 1834.

LECHARNY Louis-Marie, *L'art Pompier*, Paris, PUF, coll. « Que sais-je? », 1998.

LECLERCQ Théodore, « Le juste milieu ou charité bien ordonnée commence par soi-même », in *Nouveaux proverbes dramatiques*, tome IX, Paris, Fournier jeune, 1833.

LENIAUD Jean-Michel, *Jean-Baptiste Lassus (1807-1857) ou le temps retrouvé des cathédrales*, Genève, Droz, 1980.

LENORMANT Charles, *Beaux-arts et voyages,* tome I, Paris, Michel Lévy frères, 1864.

LENORMANT Charles, *Les artistes contemporains. Salon de 1831,* tome I, Paris, A. Mesnier, 1833.

M

MARTIN-FUGIER Anne, *La vie d'artiste au XIXe siècle*, Paris, Hachette Littératures, coll. « Pluriel », 2007.

MICHELET Jules, *Histoire de France*, tome I, 2e édition, Paris, Hachette, 1835.

MICHELET Jules, *Histoire de France*, tome 2, Paris, Hachette, 1852.

MICHELET Jules, *Œuvres complètes*, tome I, Paris, Flammarion, 1893-1898.

MIEL Edme François Antoine Marie, *Essai sur les Beaux-Arts*, Paris, Didot le Jeune, 1817 et 1818.

MIRECOURT Eugène de, *Paul Delaroche*, Paris, G. Havard éditeur, 1856.

MIRECOURT Eugène de, *Delaroche*, Decamps, 3e édition, Paris, 1871.

MORAZÉ Charles, *Les bourgeois conquérants, I, La montée en puissance 1780-1848*, (1957), Paris, Éditions complexes, 1985.

MURET Théodore, *L'histoire par le théâtre, 1789-1851*, Troisième série, Paris, Amyot Éditeur, 1865.

MUSSET Alfred de, *La Confession d'un enfant du siècle*, (1836), in *Œuvres complètes en prose*, Paris, Gallimard, 1960.

MUSSET Alfred de, *Salon de 1836*, in *Œuvres de Alfred de Musset*, Paris, Charpentier, 1867.

N

NAYAT Emmanuel, POUEY-MOUNOU Anne-Pascale, *Éloge de la médiocrité, le juste milieu à la Renaissance*, Paris, Éditions Rue d'Ulm, 2005.

NOTHOMB Louis de Loménie, *Galerie des contemporains illustres, s.l.*, 1841.

NOUVION Victor de, *Histoire du règne de Louis-Philippe Ier, roi des Français, 1830-1848*, 4 tomes, Paris, Didier et Ce, de 1857 à 1861.

P

PERIER Casimir, *Mémoires pour servir à l'histoire de mon temps*, tome 3, Paris, Michel Lévy frères, 1860.

PLANCHE Gustave, *Études sur l'école française (1831-1852)*, Paris, Michel Lévy frères éditeurs, 1855.

PLANCHE Gustave, *La revue des Deux Mondes*, tome 18, Paris, Au Bureau de la Revue des Deux Mondes, 1847.

PLANCHE Gustave, *Portraits littéraires*, troisième édition, tome II, Paris, Charpentier Libraire-Éditeur, 1853.

PLANCHE Gustave, *Salon de 1831*, Paris, Imprimerie et fonderie Pinard, 1831.

PLANCHE Gustave, « Salon de 1838 », *Études sur l'école française*, tome II, Paris, Michel Lévy frères éditeurs, 1855.

PRAT Louis Antoine, *Paul Delaroche*, Paris, Ed. Le Passage/Ed. Musée du Louvre, 2012.

PRICE Munro, *Louis-Philippe, Le prince et le roi, La France entre deux révolutions* (2007), Paris, Éditions de Fallois, 2009 pour la trad. franç.

PROUDHON Pierre-Joseph, *Du principe de l'art et de sa destination sociale*, Paris, Garnier frères, 1865.

PROUDHON Pierre-Joseph, *Les confessions d'un révolutionnaire pour servir à l'histoire de la révolution de février*, 3e édition, Paris, Garnier frères, 1851.

PROUDHON Pierre-Joseph, *Du principe de l'Art et de sa destination sociale*, Paris, 1865.

Q

QUINET Edgar, *Œuvres complètes*, Paris, Pagnerre, 1858.

R

RÉMUSAT Charles de, *Politique libérale ou Fragments pour servir à la défense de la Révolution française*, Paris, Michel Lévy éditeur, 1860.

ROBERT Hervé, *La monarchie de Juillet*, Paris, PUF, « Que sais-je ? », 1994.

RODIN Auguste, *L'Art*, Entretiens réunis par Paul Gsell, Paris, Grasset, 1911.

ROLDÁN Darío, *Charles de Rémusat : certitudes et impasses du libéralisme doctrinaire*, Paris, L'Harmattan, 1999.

ROSEN Charles et ZERNER Henri, *Romantisme et réalisme, Mythes de l'art du XIXe siècle* (1884), Paris, Albin Michel, 1986.

ROSENTHAL Léon, *Du romantisme au réalisme, Essai sur l'évolution de la peinture en France de 1830 à 1848*, Paris, H. Laurens, 1914.

ROSENTHAL Léon, *Du romantisme au réalisme, La peinture en France de 1830 à 1848*, 1914, Paris, Édition Macula, 1987.

S

SAINTE-BEUVE Charles-Augustin, *Causeries du lundi*, tome 12, Paris, Garnier Frères, 1857.

SAND George, *Correspondance : 1812- 1876*, tome I, quatrième édition, Paris, Calmann-Lévy, 1883.

SHAKESPEARE William, *Richard III*, Paris, Garnier-Flammarion, 1964 pour la traduction française.

STAËL Germaine de, *De l'Allemagne* (1810), nouvelle édition, avec une préface de X. Marmier, Paris, Charpentier, 1844.

STAËL Germaine de, *Jane Gray*, in *Œuvres complètes*, tome II, Paris, Firmin Didot, 1871.

STENDHAL (BEYLE Henri), *Mélanges d'art (Salon de 1824 ; Des beaux-arts du caractère français ; les tombeaux de Corneto)*, Paris, Le Divan, 1932.

T

TABLEAUX DE PARIS, Anonyme, tome I, Hambourg-Neuchatel / Chez Virchaux & Compagnie-Chez Samuel Fauche, 1781, article « Le bourgeois », p. 36-41.

TAGUIEFF Pierre-André, *La bioéthique ou le juste milieu*, Paris, Fayard, 2007.

TEXIER Edmond, *Tableaux de Paris*, tomes I et II, Paris, Paulin et Le Chevalier, 1852 et 1852.

THEIS Laurent, *François Guizot*, Paris, Fayard, 2008.

THIERS Adolphe, *La Monarchie de 1830*, Paris, Alexandre Mesnier Libraire, 1831.

THUILLIER Jacques, *Peut-on parler de peinture « pompier » ?*, Paris, PUF, 1984.

TOCQUEVILLE Alexis de, *Souvenirs,* Paris, Calmann-Lévy, 1893.

TOLLEMONDE Georges de, *Du juste milieu : traité de philosophie et d'art*, Paris, L. Cerf, 1910.

U

ULBACH Louis, *Écrivains et hommes de lettres*, Paris, Delahays, 1857.

ULBACH Louis, « Paul Delaroche », *Revue de Paris*, t. XXXVI, Paris, Aux bureaux de la revue de Paris, 1857.

V

VIEL-CASTEL Horace de, « Salon de 1831 », *L'Artiste*, t. I, *s.n.*, 1831.

VIEL-CASTEL Horace de, *Mémoires : sur le règne de Napoléon III (1851-1864)*, tome III, Paris, Chez tous les libraires, 1883-1884.

VILLEMAIN Abel, *Histoire de Cromwell d'après les mémoires du temps et les recueils parlementaires*, 1819, Paris, Bruxelles, 1851.

VITET Ludovic, « M. Paul Delaroche. La salle des Prix à l'École des beaux-arts » (1841), in *Études sur les beaux-arts. Essai d'archéologie et fragments littéraires*, tome I, Paris, Comptoir des imprimeurs unis, 1847.

Z

ZIFF Norman D., « Dessins de Paul Delaroche au Cabinet des dessins du musée du Louvre », *La revue du Louvre et des Musées de France,* n°3, Paris, Revue du Louvre, 1975.

ZIFF Norman D., *Paul Delaroche : a study in nineteenth-century French history painting*, New York, Garland Pub., 1977.

ZOLA Émile, *Écrits sur l'art*, Paris, Gallimard, coll. « Tel », 1991.

OUVRAGES et ARTICLES EN LIGNE

B

BANN Stephen, « Photographie et reproduction gravée », *Études photographiques*, 9 | Mai 2001, mis en ligne le 10 septembre 2008. URL : http://etudesphotographiques.revues.org/241

BAUDELAIRE Charles, « De l'éclectisme et du doute », in *Curiosités esthétiques* [numérisé en mode texte], BnF-Gallica, cote NUMM-101426.

BLOCH Marc, *L'Étrange Défaite* [1940], version numérique, en ligne sur *classiques.uqac.ca*, à partir de l'ouvrage papier édité à Paris, Société des Éditions Franc-Tireur, 1946.

C

CHORON-BAIX Catherine, « Éclectisme et ethnologie », *Techniques & Culture* [En ligne], 48-49 | 2007, mis en ligne le 20 juin 2010. URL : http://tc.revues.org/2952

D

DESHAYES Olivier, « Diderot ou la naissance de la critique d'art », consultation en ligne sur L'Harmattan : http://www.editions-harmattan.fr/index.asp?navig=catalogue&obj=article&no=24263

H

Histoire des droites, Tome II, sous la direction de Jean-François Sirinelli, Paris, Gallimard, coll. « Tel », 2015 pour l'édition numérique, n.p.

M

Melai Maurizio, « La querelle politique des *Enfants d'Édouard* dans la presse de 1833 », article mis en ligne sur *Médias 19* : http://www.medias19.org/index.php?id=2877

CATALOGUES D'EXPOSITION

Catalogue des tableaux, esquisses, dessins & croquis de M. Paul Delaroche, vendredi 12 et samedi 13 juin 1957, Paris, Maulde et Renou imprimeurs de la Compagnie des Commissaires-Priseurs, 1857.

De Bellini à Bonnard, Chefs-d'œuvre de la peinture du musée des beaux-arts et d'archéologie de Besançon, sous la direction de Matthieu Pinette et Françoise Soulier-François, Besançon, Pierre Zech éditeur, 1992.

Explication des tableaux, dessins, aquarelles et gravures exposés au Palais des Beaux-Arts, le 21 avril 1857, Paris, Charles de Mourgues frères, 1857.

Hommage à Paul Delaroche (1797-1856), sous la direction de Arlette Serullaz et Isabelle Julia, Musée Hébert, Paris, Réunion des Musées Nationaux, 1984.

Le Musée du Luxembourg en 1874, sous la direction de G. Lacambre, Paris, Grand Palais, 1974.

Les années romantiques, La peinture française de 1815 à 1850, sous la direction de Jean Lacambre et Isabelle Julia, Paris, Éditions de la Réunion des musées nationaux, 1995.

L'invention du passé, Histoires de cœur et d'épée en Europe, 1802-1850, tome II, sous la direction de Stephen Bann et Stéphane Paccoud, Paris-Lyon, Éditions Hazan, 2014.

Paul Delaroche : un peintre dans l'histoire, sous la direction de Claude Allemand-Cosneau et Isabelle Julia, Nantes, musée des Beaux-Arts, Montpellier, musée Fabre, RMN, 1999.

DICTIONNAIRES PRINCIPAUX et ENCYCLOPÉDIES

Dictionnaire chronologique de l'opéra de 1597 à nos jours, Introduction de R. Liebermann, Paris, Ramsay, 1979 pour la traduction française, 1994 pour l'édition mise à jour.

Dictionnaire de l'Académie française, Paris, Firmin Didot, 1835.

Dictionnaire général de la politique, sous la direction de Maurice Block, 2 tomes, Paris, Lorenz, 1863-1864.

Dictionnaire politique : encyclopédie du langage et de la science politiques, Paris, Pagnerre, 1860.

Encyclopédie des gens du monde, répertoire universel des sciences, des lettres et des arts, tome 15, Paris, Librairie Treuttel et Würtz, 1841.

Encyclopédie du Romantisme, G. Pillement, F. Claudon, Cl. Noisette de Crauzat, Paris, Somogy, 1980.

Petit dictionnaire politique et social, Paris, Perrin, 1896.

AUTRES
Revues, journaux, études, catalogues, colloques, ouvrages collectifs…

Études transversales, Mélanges en l'honneur de Pierre Vaisse, Sous la direction de L. El-Wakil, S. Pallini, L. Umstätter-Mamedova, Lyon, PUL, 2005.

Faire de l'histoire, II, Nouvelles approches, collectif, Paris, Gallimard, 1974.

Galerie théâtrale ou *collection de portraits en pied*, Gravés par les plus célèbres Artistes, tome 3, Paris, Chez Bance Aîné Éditeur, s.d.

Histoire de l'art 1000-2000, 1995, sous la direction d'Alain Mérot, Paris, Hazan, 1999 pour l'édition consultée.

Journal des Débats politiques et littéraires, vendredi 17 décembre 1847.

La France des années 1830 et l'esprit de la réforme, sous la direction de Patrick Harismendy, Rennes, PUR, 2006.

La révolution inachevée, 1815-1870, ouvrage dirigé par Henry Rousso, coll. « Histoire de France », Paris, Belin, 2010.

La revue du Louvre et des musées de France, Paris, Réunion des musées nationaux - Grand Palais.

Le Correspondant, Recueil périodique, tome 8, Paris, Charles Douniol Libraire-Éditeur, 1858.

Le débat, n°44, Paris, Gallimard, 1987.

Le Livre du Centenaire du Journal des Débats, 1789-1889, collectif, Paris, Plon-Nourrit et Cie, 1889.

Le Rénovateur, tome I, août et mars 1832 et tome 2 mai 1832, Paris, Au bureau du rénovateur, 1832.

Œuvre de Paul Delaroche, reproduit en photographie par Bingham, accompagné d'une *Notice sur la vie et les ouvrages de Paul Delaroche* par F. Halévy et du *Catalogue raisonné de l'œuvre* par Jules Goddé, Paris, Goupil et Cie éditeurs, 1858.

Paris, ou le livre des cent-et-un, Quinze volumes, Paris ou Francfort, Ladvocat ou SM, à partir de 1831.

Revue contemporaine, Paris, Bureaux de la Revue Contemporaine, 1857.

Revue des Deux Mondes, XXVIIe année, tome 8, Paris, Bureau de la Revue des Deux Mondes, 1857.

Revue universelle des arts, 23 tomes, publiée par Paul Lacroix, Paris-Bruxelles, Renouard-Mertens et fils, 1863.

Salon de 1824, Revue des ouvrages de peinture, sculpture, etc. des artistes vivants, extrait du *Journal des Maires*, Paris, Pillet aîné, février 1825.

LANDRIN Xavier, « Droite, gauche, juste-milieu : la formalisation politique de l'entre-deux sous la Monarchie de Juillet », communication au colloque *Gauche-droite : usages et enjeux d'un clivage canonique,* Université Paris X – Nanterre, 17 juin 2008.

SITOGRAPHIE SÉLECTIVE

Assemblée nationale : http://www.assemblee-nationale.fr

Comédie française : http://www.comedie-francaise.fr

Institut national d'histoire de l'art : http://www.inha.fr

La Tribune de l'art : http://www.latribunedelart.com

L'Harmattan : http://www.editions-harmattan.fr

Médias 19 (Université Laval *Quebec*-Montpellier 3) :
http://www.medias19.org

Musée des beaux-arts et d'archéologie de Besançon :
http://www.mbaa.besancon.fr

Musée d'Orsay : http://www.musee-orsay.fr

Musée du Louvre : http://www.louvre.fr

Musée du Louvre, Département des arts graphiques :
http://arts-graphiques.louvre.fr

Musée national des châteaux de Versailles et de Trianon :
http://www.chateauversailles.fr

Patrimoine numérisé (Besançon) : http://memoirevive.besancon.fr

The National Gallery : http://www.nationalgallery.org.uk

TABLE DES MATIÈRES

Les Beaux Arts

aux éditions L'Harmattan

Dernières parutions

FRONTIÈRES & ARTS
De l'opacité à la fraternité
Le Corre Sandrine
Les arts donnent à penser les frontières. Sans doute, parce que les artistes sont des êtres de passages. Par leurs déplacements ils font bouger les frontières. Ce livre part des œuvres – six créations plastiques et deux littéraires. Leur analyse rend compte d'une approche artistique des frontières structurée en trois moments : matérialité des frontières, expérience de la traversée et mises à l'épreuve de l'humanité. Si l'approche est artistique, les enjeux sont esthétiques et politiques.
(Coll. Eidos série Retina, 17.50 euros, 162 p.)
ISBN : 978-2-343-07984-4, ISBN EBOOK : 978-2-336-39794-8

BANJO ATTITUDES
Le banjo à cinq cordes : son histoire générale, sa documentation
De Smaele Gérard - Préface d'Art Rosembaum et postface d'Etienne Bours
Ce prototype africain, dont le banjo à cinq cordes dérive, nous ramène aux origines, aux musiciens d'Afrique de l'Ouest, aux plantations des Amériques où il était l'instrument de prédilection des esclaves. Populaire au XIXe siècle par les *minstrel-shows*, il fut après la guerre de Sécession, élevé au rang d'instrument de salon et conquit l'audience des salles de concerts classiques. Il retrouvera un solide élan de popularité dans la seconde partie du XXe siècle, au cœur du folk revival et de la musique old time, sans oublier le bluegrass banjo.
(25.50 euros, 238 p.)
ISBN : 978-2-343-07416-0, ISBN EBOOK : 978-2-336-39714-6

JEAN-NOËL DUPRÉ
C'est peut-être ça la vie !
Cara Fabienne, Bonnard Marc-Fabien
Depuis sa disparition, en mars 2008, il nous appartenait, amis proches, confrères paroliers, compositeurs, producteurs... de rendre hommage à l'auteur Jean-Noël Dupré. Bien sûr, l'interprète nous a marqués à travers par exemple sa version personnelle de *Y'a d'la joie* de Charles Trenet. Tous les médias s'en étaient fait l'écho. Mais Jean-Noël était avant tout un auteur. Et si ce livre qui lui est consacré peut permettre d'apprécier ses textes, il aura atteint le but que nous nous sommes fixé.
(Coll. Cabaret, 16.50 euros, 152 p.)
ISBN : 978-2-343-06761-2, ISBN EBOOK : 978-2-336-39811-2

LE VISITEUR DU FUTUR
Les coulisses d'une web-série culte
El Shoura Olympe
Voici le récit de l'expérience de l'auteur au cœur d'une web-série qui aura marqué toute une génération connectée : *Le Visiteur du Futur*, écrite et réalisée par François Descraques. Lancée avec ses comparses sans moyens financiers mais avec une même passion, l'objectif était de partager avec le plus grand nombre une oeuvre originale et autoproduite. La web-série est devenue culte, observée de près par les professionnels de l'audiovisuel pour sa capacité à renouveler le potentiel créatif dans le domaine de la fiction française.
(Coll. De Visu, 12.50 euros, 104 p.)
ISBN : 978-2-343-07762-8, ISBN EBOOK : 978-2-336-39743-6

J'AURAIS TEMPS AIMÉ !
Aux frontières d'Argenton
Koest Bernard
Et si notre vie ne consistait à rien d'autre qu'à l'écrire ? Il suffirait de se retourner, de retourner dans son pays natal, où peut-être n'est-on même pas né, et voici alors que nous pourrions le choisir. La frontière entre temps et espace peut s'ouvrir pour peu que l'on y dérive, que l'on associe nos lieux avec nos images. Placez vos pas dans leurs empreintes et vous pourriez bien vous retrouver en même temps ici et là-bas, hier et aujourd'hui, dedans et dehors... La frontière n'existe que si on lui donne un sens. Celle d'Argenton, et les vôtres aussi.
(Coll. RETINA.CRÉATION, 15.00 euros, 92 p., Quadrichromie)
ISBN : 978-2-343-06988-3, ISBN EBOOK : 978-2-336-39748-1

ART ET ABANDON
Des artistes racontent
Lemare Pascale - Préface de Sandrine Dekens
Pascale Lemare a trouvé un chemin original pour nous faire partager l'expérience tragique de l'abandon, elle est allée à la rencontre d'une douzaine d'artistes et les a interviewés longuement. Dans une écoute attentive, dépouillée des constructions théoriques préexistantes, elle a recueilli les récits de ces femmes et ces hommes qui, alors qu'ils étaient nourrisson, enfant, voire adolescent, ont été adoptés. Chacun raconte avec sincérité un parcours qui s'est structuré par l'art.
(28.00 euros, 280 p.)
ISBN : 978-2-343-07582-2, ISBN EBOOK : 978-2-336-39580-7

POÏÉTIQUES DU DESIGN
Conception et politique
Sous la direction de Gwenaëlle Bertrand et Maxime Favard
Si l'on considère le vaste champ du design comme un lieu propice aux contestations et aux élaborations d'utopies contradictoires, on peut supposer que ce dernier participe à la définition politique du territoire. Ainsi fait de société, le design implique l'individu au cœur de la relation qu'il entretient avec la collectivité. Le citoyen pris à parti, encouragé à la participation, devient acteur de son environnement.
(Coll. Esthétique série Ars, 25.00 euros, 254 p.)
ISBN : 978-2-343-07730-7, ISBN EBOOK : 978-2-336-39487-9

PIERRE BAQUÉ, UN ART SINGULIER
Desiderio Mauro

4 films sur Pierre Baqué. *Moment de création, dans l'atelier de Pierre Baqué* (2015, 26 minutes). Pierre Baqué apporte les dernières retouches et évoque sa méthode, sa conception esthétique et technique de la création, en développant une réflexion de portée universelle. *Art commenté* (2015, 45 minutes). Dans son atelier, Pierre Baqué présente et commente un ensemble de ses œuvres. Un premier corpus est d'inspiration biblique et comprend une relecture de la «Cène» ainsi que des «Sept douleurs de la vierge». Un second interroge le «memento mori» et le «carpe diem». Un troisième est constitué de surprenantes vanités s'inscrivant dans une mouvance artistique très ancienne tout en renouvelant les formes. *L'Écume des jours*, une exposition d'œuvres de Pierre Baqué (2015, 45 minutes). À Paris, Pierre Baqué commente ses œuvres les plus récentes lors d'une exposition. *Penser l'Art* (2015, 12 minutes). Pierre aborde des éléments de méthode quant à sa technique et son esthétique.
(20.00 euros)
ISBN : 978-2-336-29746-0

L'UNIVERSALITÉ DES SIGNES GRAPHIQUES
Otte Marcel

Par la création de formes, l'humanité se dégage de l'emprise biologique, et chacune de ces images révèle une partie de l'inconscient enfin libéré. Mais, partis du naturel physiologique, les signes graphiques poursuivent ensuite leur propre trajectoire en total autonomie, ils attirent la destinée humaine dans leur aventure, jusqu'à l'écriture puis aux polices informatiques.
(16.50 euros, 152 p.)
ISBN : 978-2-343-07351-4, ISBN EBOOK : 978-2-336-39430-5

CRISE ET PATRIMOINE MONUMENTAL
Sous la direction de Mylène Le Roux

Voici évalués les effets de la crise économique sur le patrimoine monumental. *A priori* négatifs, ils peuvent aussi être envisagés sous un angle positif, en analysant les réactions - essentiellement des pouvoirs publics - visant à pallier les impacts de la crise (rationalisation, valorisation, intégration du développement durable), les réflexions menées face à des enjeux émergents, ainsi que la potentielle contribution du patrimoine monumental au redressement productif.
(Coll. Droit du Patrimoine culturel et naturel, 27.00 euros, 264 p.)
ISBN : 978-2-343-07016-2, ISBN EBOOK : 978-2-336-39540-1

CONCEPTION NON FORMELLE EN ARCHITECTURE
Expériences d'apprentissage et pratiques de conception
Estevez Daniel
Préface de Christophe Hutin

Les travaux présentés dans cet ouvrage concernent l'enseignement de la conception contemporaine en architecture. La conception non formelle est l'ensemble de procédures d'improvisation qui permettent aux concepteurs de s'écarter de la planification et de la modélisation, créant une architecture du moment. Cette conception est basée sur l'idée que savoir théorique et raison

pratique, conception et réalisation, ne sont pas opposés mais qu'au contraire ils se nourrissent mutuellement.
(Coll. Questions contemporaines, 22.50 euros, 222 p.)
ISBN : 978-2-343-07295-1, ISBN EBOOK : 978-2-336-39498-5

DEUX ROME
aris-Mexico 1784-1910 (I. Architectures et transferts)
Dasques Françoise
Cet ouvrage en trois tomes analyse les transferts en architecture opérés entre la France et le Mexique, dans le monde global du XIXe siècle que stimulent et conditionnent les normes de la modernité franco-anglaise. La question du fer, structurelle et symbolique du nouvel état industriel, le livre, premier moteur de l'influence, et enfin les hommes (constructeurs mexicains formés en France ou professionnels français intervenant au Mexique) forcent l'entrée de modèles par des voies dont ce volume sonde la pertinence.
(Coll. Historiques, série Travaux, 29.50 euros, 286 p.)
ISBN : 978-2-343-07128-2, ISBN EBOOK : 978-2-336-39660-6

DU STYLE PARISIEN À L'ÉCLECTISME PORFIRIEN
aris-Mexico 1784-1910 (II. Architectures et devenir des formes)
Dasques Françoise
Cet ouvrage en trois tomes analyse les transferts en architecture opérés entre la France et le Mexique, dans le monde global du XIXe siècle que stimulent et conditionnent les normes de la modernité franco-anglaise. L'analyse architecturale, objet de ce second tome, postule un devenir des formes, soit la singularité de bâtiments et monuments inspirés par les solutions françaises alors dominantes. L'architecture des Français du Mexique montre à l'examen que rien ne se transporte en l'état.
(Coll. Historiques, série Travaux, 25.50 euros, 244 p.)
ISBN : 978-2-336-30580-6, ISBN EBOOK : 978-2-336-39659-0

LA PENSÉE FRANÇAISE DE L'ARCHITECTURE MEXICAINE
aris-Mexico 1784-1910 (III. Architectures et univers mental)
Dasques Françoise
Ce livre en trois tomes analyse les transferts en architecture opérés entre la France et le Mexique, dans le monde global du XIXe siècle que stimulent et conditionnent les normes de la modernité franco-anglaise. Lien choisi (ancrages) ou subi (dépendances), la pulsion française du Mexique indépendant, thème de ce troisième tome, fait l'objet de manifestations pendulaires, indices des relations à la fois fusionnelles et chaotiques qui conduisent l'histoire des deux pays et dont témoignent les faits d'architecture.
(Coll. Historiques, série Travaux, 24.50 euros, 228 p.)
ISBN : 978-2-336-30581-3, ISBN EBOOK : 978-2-336-39658-3

669807 - Août 2016
Achevé d'imprimer par

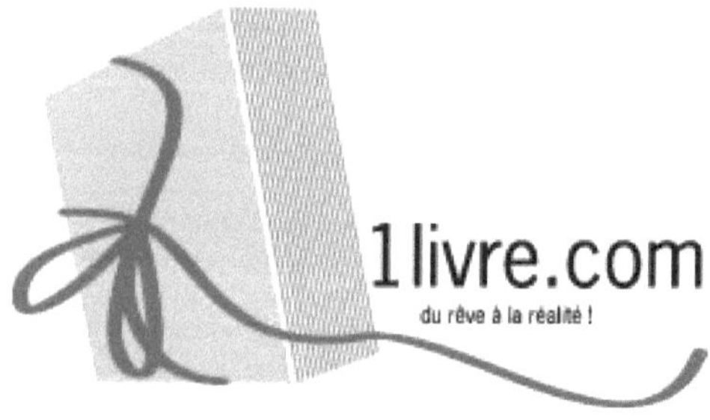